SÍLVIO DE SALVO VENOSA

LÍVIA VAN WELL

2022
SEGUNDA EDIÇÃO

CONDOMÍNIO EM EDIFÍCIO

TEORIA E PRÁTICA

2022 © Editora Foco

Autores: Sílvio de Salvo Venosa e Lívia Van Well
Diretor Acadêmico: Leonardo Pereira
Editor: Roberta Densa
Assistente Editorial: Paula Morishita
Revisora Sênior: Georgia Renata Dias
Revisora: Simone Dias
Capa Criação: Leonardo Hermano
Diagramação: Ladislau Lima
Impressão miolo e capa: FORMA CERTA

Dados Internacionais de Catalogação na Publicação (CIP) (Câmara Brasileira do Livro, SP, Brasil)

V464c   Venosa, Sílvio de Salvo

Condomínio em edifício: teoria e prática / Sílvio de Salvo Venosa, Lívia Van Well. - Indaiatuba, SP : Editora Foco, 2022.

168 p. ; 17cm x 24cm.

Inclui bibliografia e índice.

ISBN: 978-65-5515-487-0

1. Direito. 2. Direito Condominial. I. Well, Lívia Van. II. Título.

2022-582   CDD 346.81   CDU 347.238.1

Elaborado por Vagner Rodolfo da Silva - CRB-8/9410

Índice para catálogo sistemático:

1. Direito Condominial 346.81   2. Direito Condominial 347.238.1

DIREITOS AUTORAIS: É proibida a reprodução parcial ou total desta publicação, por qualquer forma ou meio, sem a prévia autorização da Editora FOCO, com exceção do teor das questões de concursos públicos que, por serem atos oficiais, não são protegidas como Direitos Autorais, na forma do Artigo 8º, IV, da Lei 9.610/1998. Referida vedação se estende às características gráficas da obra e sua editoração. A punição para a violação dos Direitos Autorais é crime previsto no Artigo 184 do Código Penal e as sanções civis às violações dos Direitos Autorais estão previstas nos Artigos 101 a 110 da Lei 9.610/1998. Os comentários das questões são de responsabilidade dos autores.

NOTAS DA EDITORA:

Atualizações e erratas: A presente obra é vendida como está, atualizada até a data do seu fechamento, informação que consta na página II do livro. Havendo a publicação de legislação de suma relevância, a editora, de forma discricionária, se empenhará em disponibilizar atualização futura.

Erratas: A Editora se compromete a disponibilizar no site www.editorafoco.com.br, na seção Atualizações, eventuais erratas por razões de erros técnicos ou de conteúdo. Solicitamos, outrossim, que o leitor faça a gentileza de colaborar com a perfeição da obra, comunicando eventual erro encontrado por meio de mensagem para contato@editorafoco.com.br. O acesso será disponibilizado durante a vigência da edição da obra.

Impresso no Brasil (03.2022) – Data de Fechamento (03.2022)

2022

Todos os direitos reservados à
Editora Foco Jurídico Ltda.
Avenida Itororó, 348 – Sala 05 – Cidade Nova
CEP 13334-050 – Indaiatuba – SP

E-mail: contato@editorafoco.com.br
www.editorafoco.com.br

ao Valter, Helmut e Raphael, meu imensurável amor
LÍVIA VAN WELL

Para Marisa, por nossas vidas
SÍLVIO DE SALVO VENOSA

SOBRE OS AUTORES

Sílvio de Salvo Venosa

Foi juiz no Estado de São Paulo por 25 anos. Aposentou-se como membro do extinto. Primeiro Tribunal de Alçada Civil, passando a integrar o corpo de profissionais de grande escritório jurídico brasileiro. Atualmente, é sócio-consultor desse escritório. Atua como árbitro em entidades nacionais e estrangeiras. Redige pareceres em todos os campos do direito privado. Foi professor em várias faculdades de Direito no Estado de São Paulo. É professor convidado e palestrante em instituições docentes e profissionais em todo o país. Membro da Academia Paulista de Magistrados. Autor de diversas obras jurídicas.

Lívia Van Well

É advogada no litoral de Santa Catarina. Formada pela Universidade do Ato Vale do Itajaí, presta assessoria e consultoria na área imobiliária. Autora de obras eletrônicas de Direito Civil.

APRESENTAÇÃO

Viver em condomínio sempre trouxe inúmeros reflexos para o Direito e muitos são os casos analisados diariamente pelos nossos tribunais. Os diversos temas relacionados à vida em condomínio foram enfrentados de forma simples, direta e prática para todos os operadores do Direito, mas também pode (e deve) ser lida por síndicos e outros auxiliares da administração de condomínio.

A parceria entre os autores vem de longa data. Sílvio Venosa, um dos maiores civilistas do Brasil, sempre demonstrou grande sensibilidade e interesse ao lidar com as questões relacionadas aos Direitos Reais. De fato, suas obras sempre revelaram capacidade ímpar para resolver casos complexos da vida em sociedade e a sua experiência prática e acadêmica são reveladas nessa obra. Lívia Van Well, por muitos anos advogada na área de incorporação e condomínio, trouxe boas e novas questões à tona e apontou os novos desafios enfrentados na sua atuação diária.

O primeiro capítulo trata dos aspectos históricos e conceituais do condomínio de forma geral. Também foram exploradas as modalidades de condomínio, bem como os direitos e deveres dos condôminos e a suas relações com a administração do condomínio. Nessa toada, o condomínio necessário que se revela por meio das paredes, cercas muros e valas e todas as consequências jurídicas daí advindas.

Trazidos os pilares conceituais e históricos, os autores partem para o segundo capítulo, que trata de forma mais aprofundada a respeito da incorporação e sua regulação pela Lei 4.591/1964. A importância de tratar da incorporação nessa obra se revela na medida em que a formação do condomínio em edifício se inicia justamente no procedimento de incorporação. Aqui os autores já denotam a relevância da discussão da sua formação na comissão de representantes e assembleia geral dos adquirentes, bem como do aprofundamento dos temas na convenção do condomínio.

O capítulo 03, por sua vez, trata do condomínio edilício, sua natureza jurídica, denominação, personificação, constituição, convenção e regimento interno. Atentam os autores para o fato de que a natureza jurídica do condomínio é *sui generis*, não podendo ser considerada uma pessoa jurídica, advertem os leitores sobre as formalidades da constituição do condomínio e trazem farta e recente jurisprudência sobre os temas abordados.

Questões relevantes são tratadas no capítulo 04. Nele os autores debatem os direitos e deveres dos condôminos bem com o descumprimento destas obrigações. O condômino nocivo ou antissocial também é tratado, ficando demonstrada a dificuldade de sua caracterização e aplicação da sanção prevista em lei. Da mesma forma, a responsabilidade civil do condomínio em relação aos condôminos também é tratada, demonstrando como a jurisprudência tem se comportado em relação aos casos concretos. Outro ponto relevante é o tratamento dado aos novos desenhos de condomínios voltados especificamente para pessoas idosas, bem como os loteamentos fechados, shoppings centers, clubes de campos e cemitérios.

O capítulo 05 é destinado à importante discussão relativa ao "time sharing" ou multipropriedade. Nele os autores debatem as polêmicas dessa nova estrutura condominial, bem como a dificuldade encontrada pelos condôminos e consumidores em resolver as demandas daí advindas já que a lei não traz estrutura adequada para a solução das pretensões resistidas e a necessidade de busca ao poder judiciário para tanto.

O capítulo 06, por sua vez, discute os terraços de cobertura, as garagens e a necessidade de regulamentação para a utilização desses espaços. Discute-se também a utilização dos edifícios garagens e as hipóteses em que as garagens são utilizadas por terceiros que não sejam condôminos.

Na mesma linha, coloca-se a polêmica de ter animais de estimação em condomínios e o bom-senso sempre esperado dos condôminos no cuidado e guarda os animais. A utilização dos espaços pelos inquilinos também é debatida nesse capítulo que, com chave de ouro, é encerrado ao tratar da mais atual polêmica da locação para temporada via plataformas digitais, especialmente pelo AIRBNB. De fato, o tema tem ganhado grande relevância e muitas já são as causas levadas ao judiciário para enfrentar o tema.

A administração do condomínio é amplamente discutida no capítulo 07, com enfoque especial em relação às funções de síndico e subsíndico, detalhando os autores a remuneração do síndico, a forma de eleição bem como a sua destituição. O papel dos conselhos fiscal e consultivo também é detalhado, sempre com a preocupação de trazer soluções práticas.

No capítulo 08 os autores se dedicam ao estudo das despesas condominiais, de que forma devem ser rateadas, conceitua as despesas ordinárias, extraordinárias, necessárias, úteis e voluptuárias. Tratam também da execução dos valores não pagos pelos condôminos, das salas térreas com acesso próprio á via pública e das taxas de manutenção criadas por associação de moradores.

Por fim, a assembleia geral de condôminos é estudada no capítulo 09, detalhando a sua convocação, contagem de votos, quórum para votação, necessidade de ata notarial e a mudança de destinação do edifício ou da unidade condominial. O impacto das novas tecnologias nas relações condominiais é estudado no capítulo 10, com ênfase para a Lei Geral de Proteção de Dados e pelo uso da inteligência artificial.

Em suma, uma obra de leitura agradável e que certamente de extrema utilidade para o dia a dia dos operadores do Direito e administradores de condomínio.

ROBERTA DENSA
EDITORA FOCO

SUMÁRIO

SOBRE OS AUTORES V

APRESENTAÇÃO... VII

CAPÍTULO 1 – CONDOMÍNIO EM GERAL 1

1.1   Introdução. Comunhão de direitos e condomínio............................... 1

1.2   Breve notícia histórica. Conceitos 2

1.3   Modalidades e fontes do condomínio 3

1.4   Direitos e deveres dos condôminos. Fração ideal 5

      1.4.1   Obrigações e direitos do condômino.................................... 6

      1.4.2   Divisão e alienação da coisa comum 9

      1.4.3   Defesa da coisa pelo condômino. Ações.............................. 13

      1.4.4   Administração do condomínio 13

      1.4.5   Condomínio necessário. Condomínio em paredes, cercas, muros e valas ... 15

            1.4.5.1   Direito de tapagem 15

            1.4.5.2   Demarcação 19

CAPÍTULO 2 – INCORPORAÇÃO IMOBILIÁRIA...................................... 21

2.1   Conceito. Natureza jurídica 21

2.2   Contrato. Particularidades 25

2.3   Partes. Objeto... 26

2.4   Conteúdo. Lançamento da incorporação. Construção.......................... 28

2.5   Construção por empreitada e por administração. Venda por preço global 29

2.6   Entrega do empreendimento. Penalidades. Adquirentes desistentes 32

2.7   Obrigações e direitos do incorporador... 34

2.8   Obrigações e direitos dos adquirentes. Inadimplemento contratual............... 35

2.9   Comissão de representantes e assembleia geral dos adquirentes. Convenção do condomínio 37

2.10   Inadimplência do incorporador 39

2.11   Inadimplência do adquirente 39

2.12   Extinção 40

2.13   Patrimônio de afetação... 40

CAPÍTULO 3 – CONDOMÍNIO EDILÍCIO. DENOMINAÇÃO. NATUREZA JURÍDICA. PERSONIFICAÇÃO. CONSTITUIÇÃO. CONVENÇÃO E REGIMENTO INTERNO 45

3.1 Denominação 45

3.2 Escorço histórico.. 45

3.3 Natureza jurídica. Divagações.. 46

3.4 Personificação do condomínio 47

3.5 Constituição do condomínio.. 48

3.6 Requisitos de validade – Elementos constitutivos do ato jurídico.................. 50

    3.6.1 Requisitos para constituição.. 51

    3.6.2 Regimento Interno... 55

    3.6.3 Especificação das unidades condominiais............................. 56

    3.6.4 Da documentação obrigatória 58

CAPÍTULO 4 – DO CONDOMÍNIO EM EDIFÍCIOS... 59

4.1 Obrigações condominiais. Direitos e deveres dos condôminos 59

4.2 Descumprimento de deveres dos condôminos. O condômino nocivo ou antissocial.. 66

4.3 Responsabilidade civil do condomínio. Abuso de direito 72

4.4 Condomínios especiais: condomínios para idosos, jovens, loteamentos fechados, *shopping centers*, clubes de campo, cemitérios.................................... 76

4.5 Condomínio de lotes.. 78

4.6 Extinção do condomínio... 79

CAPÍTULO 5 – MULTIPROPRIEDADE... 81

5.1 Princípios do *time sharing*... 81

5.2 Particularidades da multipropriedade 83

CAPÍTULO 6 – TERRAÇO DE COBERTURA. GARAGENS. ÁREAS COMUNS. ANIMAIS. INQUILINO NO CONDOMÍNIO. SISTEMA DE UTILIZAÇÃO RESTRITA NOS CONDOMÍNIOS (AIRBNB) 87

6.1 Coberturas.. 87

6.2 Garagens... 88

6.3 Áreas comuns 92

6.4 Animais em condomínio 93

6.5 Inquilino no condomínio 95

6.6 Condomínio e Airbnb 97

SUMÁRIO **XI**

CAPÍTULO 7 – ADMINISTRAÇÃO DO CONDOMÍNIO. O SÍNDICO. CONSELHOS....... 103

7.1　A sociedade condominial a administrar. O síndico... 103

7.2　Delegação de funções do síndico. Subsíndico.. 104

7.3　Atribuições do síndico 106

7.4　Remuneração do síndico. Sua destituição... 110

7.5　Conselhos. Consultivo e fiscal 111

CAPÍTULO 8 – DESPESAS CONDOMINIAIS.. 115

8.1　Conceito de despesas – Disposições gerais 115

8.1.1　Generalidades.. 116

8.1.2　Cobrança das despesas condominiais... 121

8.2　Despesas ordinárias... 123

8.3　Despesas extraordinárias... 124

8.4　Despesas necessárias, úteis e voluptuárias 125

8.5　Cobrança das despesas condominiais 126

8.6　Despesas condominiais. Alguns aspectos.. 129

8.6.1　Penhora do bem de família para pagamento 129

8.6.2　A execução de créditos relativos a despesas condominiais 131

8.6.3　As cotas condominiais e a responsabilidade dos compradores de unidades condominiais... 133

8.6.4　A inaplicabilidade do CDC nas relações jurídicas entre condomínio e condôminos.. 137

8.6.5　As taxas de manutenção criadas por associações de moradores......... 138

8.6.6　Sala térrea com acesso próprio á via pública – Despesas condominiais.... 141

CAPÍTULO 9 – ASSEMBLEIA GERAL DE CONDÔMINOS..................................... 143

9.1　Convocação.. 143

9.2　Contagem de votos. Quórum 146

9.3　Ata notarial... 148

9.4　Ainda sobre o conselho consultivo 148

9.5　Mudança de destinação do edifício ou de unidade condominial.................... 149

CAPÍTULO 10 – LEI GERAL DE PROTEÇÃO DE DADOS E O CONDOMÍNIO. PORTARIA REMOTA 151

10.1　Introdução... 151

10.2　A inteligência artificial no condomínio – Portaria remota 152

REFERÊNCIAS.. 155

Capítulo 1
CONDOMÍNIO EM GERAL

Sumário: 1.1 Introdução. Comunhão de direitos e condomínio. 1.2 Breve notícia histórica. Conceitos. 1.3 Modalidades e fontes do condomínio. 1.4 Direitos e deveres dos condôminos. Fração ideal. 1.4.1 Obrigações e direitos do condômino. 1.4.2 Divisão e alienação da coisa comum. 1.4.3 Defesa da coisa pelo condômino. Ações. 1.4.4 Administração do condomínio. 1.4.5 Condomínio necessário. Condomínio em paredes, cercas, muros e valas. 1.4.5.1 Direito de tapagem. 1.4.5.2 Demarcação.

1.1 INTRODUÇÃO. COMUNHÃO DE DIREITOS E CONDOMÍNIO

Há comunhão de direitos quando mais de uma pessoa possui direitos idênticos ou no mesmo nível sobre o mesmo bem ou conjunto de bens. Nem sempre, quando existe essa pluralidade, haverá uma comunhão de direitos ou interesses. Havendo várias hipotecas sobre o mesmo imóvel, por exemplo, os vários credores hipotecários não têm qualquer comunhão de interesses entre si, uma vez que os direitos de cada um são excludentes. A comunhão de interesses exige idêntica gradação, devendo ser harmônica e compatível, de formas que o direito de cada partícipe pode ser exercido em comum ou individualmente, sem exclusão dos demais.

Essa comunhão de direitos pode ocorrer, por exemplo, no direito de família, quando se estabelece a união conjugal; no direito obrigacional, nas obrigações indivisíveis e na solidariedade; no direito sucessório, com a transmissão da universalidade da herança aos vários herdeiros, e no direito das coisas, no condomínio ou copropriedade. Na comunhão, os titulares exercem o direito de forma simultânea e concorrente.

Destarte, o condomínio é modalidade de comunhão específica do direito das coisas. Cuida-se, de fato, de uma espécie de comunhão. Para que exista esse condomínio de que o objeto seja uma coisa, porque se o bem for de outra natureza terá outra conotação.

O fato de a propriedade ser exclusiva, oponível *erga omnes*, não impede que vários titulares possam deter um domínio único (Avvad, 2017:7). Esse mesmo autor pontua com fundamental consideração:

> Dá-se, portanto, o condomínio quando uma mesma coisa pertence a mais de uma pessoa, cabendo a cada uma delas igual direito, idealmente sobre o todo e cada uma de suas partes. O poder jurídico é atribuído a cada condômino, não sobre uma parte determinada da coisa, porém sobre ela na sua integridade, assegurando-se a exclusividade jurídica ao conjunto de comproprietários em relação a qualquer outra pessoa estranha e disciplinando-se os respectivos comportamentos, bem como a participação de cada um em função da utilização do objeto (ob. cit., loc. cit.).

No entanto, é fato que existem regras aplicáveis a todas modalidades de comunhão. Outras acorrem unicamente para com o condomínio.

O condomínio não é exclusivo da propriedade. Pode ocorrer condomínio no direito de enfiteuse, superfície, usufruto, uso e habitação.

1.2 BREVE NOTÍCIA HISTÓRICA. CONCEITOS

O Direito Romano era excessivamente individualista. A origem do condomínio nos primórdios de Roma era obscura. Os estudos procuram situá-lo na comunidade familiar. Não se admitia que mais de uma pessoa pudesse exercer direito sobre a mesma coisa. No entanto, como na sucessão hereditária, passaram a admitir o fenômeno. Por essa razão, o Direito Romano arquitetou a teoria condominial dentro do aspecto paralelo do direito de propriedade, como demonstra a codificação de Justiniano. Compreendia-se a unicidade do direito de propriedade com vários titulares. Estes exercem esse direito concomitantemente em quotas ideais sobre a propriedade indivisa. A divisão não é material, mas idealizada. Assim cada proprietário pode exercer os poderes inerentes à propriedade em sua plenitude, respeitando o direito dos demais. No sistema romano, a quota ou fração ideal, sob a terminologia moderna, é a medida da propriedade. Sob o prisma dessa fração, desenvolvem-se e repartem-se os benefícios e ônus, direitos e obrigações dos titulares do domínio.

O sistema germânico compreendeu o condomínio de forma diversa. Entende o instituto como uma comunhão de *mão comum*. Isto é, cada titular tem o direito conjunto de exercer o domínio sobre a coisa. Sua origem é a comunhão familiar. Nessa comunhão não há a noção de parte ideal. A propriedade é exercida por todos, sobre o todo. Cuida-se de concepção do direito feudal. Ao contrário do sistema romano, o sistema germânico impede que cada condômino, por exemplo, grave ou venda sua parte, ou mesmo peça a divisão da coisa comum. Não há divisão em quotas porque a coisa toda é objeto de uso e gozo comum. Ainda que não se divise nessa modalidade de propriedade uma pessoa jurídica, na prática o comportamento dos comunheiros é muito semelhante (Borda, 1984, v. 2:456).

Nosso direito ancorou-se na posição romana, baseando o condomínio na fração ideal. A tradição românica por nós adotada traduz a natureza do condomínio como propriedade em comum com partes ideais. Afasta-se a ideia de pessoa jurídica ou sociedade, por lhe faltar ou não ser essencial a devida *affectio*. Há uma coletividade de proprietários do mesmo bem, regulada pelo direito. A sociedade pode ser criada para administrar o bem comum, mas não se confunde com o condomínio.

Assim, o ordenamento não pode deixar de reconhecer o exercício simultâneo da propriedade com mais de um sujeito. Importa regulamentar seu regime legal para que a propriedade atinja suas funções sociais, em benefício dos comunheiros e da sociedade.

A concepção romana facilita também a distribuição equitativa de direitos, de forma homogênea, em relação a noção exclusivista do direito de propriedade. Cada condômino pode exercer os poderes inerentes à propriedade sobre a coisa; no entanto, seu *ius utendi, fruendi et abutendi* apresenta limitações impostas pela convivência dos mesmos direitos em relação aos demais consortes. Com relação a terceiros, contudo, como regra não se limita o direito de propriedade de cada um.

A dificuldade maior reside na conceituação exata do que se entende por parte ou fração ideal. Não se trata de ficção jurídica uma vez que propriedade existe. Nem se trata de mera abstração porque o condômino é efetivamente proprietário e o Direito não regula meras abstrações. Cuida-se, na verdade, de expressão de modalidade de domínio, que se traduz em porcentagem ou fração, com a finalidade de ser estabelecida a proporção do direito de cada titular, com reflexos dos direitos e deveres decorrentes dessa modalidade de propriedade. Daí a apresentação da porcentagem ou fração ideal. A parte ideal é um critério aferidor para facilitar a compreensão do fenômeno. Cada condômino possui o direito de usar e gozar da propriedade dentro dos limites estabelecidos e respeitados os direitos dos demais condôminos.

1.3 MODALIDADES E FONTES DO CONDOMÍNIO

O condomínio pode ter origem voluntária ou convencional: duas ou mais pessoas adquirem um mesmo bem. Cuida-se da hipótese mais comum. No entanto, há fenômenos jurídicos e naturais que fazem nascer o condomínio se ou mesmo contra a vontade dos participantes: várias pessoas, por qualquer razão, recém coisa indivisível e ainda a comistão, confusão, os muros, cercas e valas comuns. Destarte, assim se distingue o condomínio voluntário daqueles que possuem origem forçada, necessária ou eventual.

A indivisibilidade hereditária estabelece uma comunhão eventual, forçada e transitória que apenas terminará com a partilha. O condomínio poderá permanecer mesmo depois desta, se se tratar de bem indivisível. Contudo, pelo simples fato da morte, pelo princípio da *saisine*, o que se estabelece é uma comunhão e não um condomínio. Note que o testamento pode impor condomínio a legatários, o que na prática nem sempre será conveniente. O espólio representa os herdeiros processualmente até a partilha. Desse modo, a comunhão hereditária, estabelecida pela morte do autor da herança, distancia-se do condomínio, pois se trata de mera comunhão, que se extinguirá com a partilha. Na hipótese de a partilha atribuir bem indivisível a mais de um herdeiro, nesse caso se estabelece um condomínio.

Como o condomínio é modalidade de comunhão, por vezes, as regras do primeiro serão aplicadas por analogia às várias manifestações de comunhão.

Destarte, pode-se concluir que o condomínio tem origem no acordo de vontades, em ato de última vontade e em decorrência da lei. Também a usucapião pode gerar condomínio quando se tratar de composse dos usucapientes. Assim como ocorre na composse, o condomínio pode ser *pro diviso* ou *pro indiviso*.

No condomínio *pro diviso* existe mera aparência de comunhão, porque os titulares localizam-se em parte certa e determinada do imóvel comum, sobre a qual exercem exclusivamente o direito de propriedade.[1] Nos edifícios de apartamentos e outros con-

---

1. Usucapião – *Condomínio pro Diviso Sobre Imóvel Rural* – Autora titular de parte ideal de imóvel rural, que alega exercer posse localizada e antiga sobre parte certa, em situação de condomínio pro diviso – Possibilidade, em tese, de reconhecimento do domínio sobre a parte certa ocupada – Usucapião tabular e entre condôminos admitidos pela doutrina e jurisprudência – Usucapião não é somente modo originário de aquisição da propriedade pelo possuidor, como também modo de sanear aquisições derivadas imperfeitas – Irrelevância de ser a área ocupada inferior ao módulo rural – Ausência de vedação expressa no Estatuto da Terra , no que se refere a aquisições originárias – Afastada a carência da ação – Recurso provido, para o fim de anular a sentença e determinar o retorno dos autos à origem para regular prosseguimento, com citação dos demais condôminos como litisconsortes passivos,

domínios assemelhados, cada unidade autônoma é independente das demais, por força de lei. Os condôminos exercem a comunhão *pro indiviso* apenas no tocante às áreas comuns dos prédios.

Por vezes, vários são os proprietários de determinada área, mas já localizados, exercem a posse exclusiva sobre ela, cercam-na e obedecem aos limites. Nessas hipóteses, a comunhão existe de direito, mas não de fato. Cabe apenas aos titulares regularizar a propriedade de cada gleba no cartório imobiliário.

Na comunhão pro indiviso, a indivisibilidade é de direito e de fato. A propriedade é exercida em comum, sob o prisma das quotas ou frações ideais. Apesar de o fenômeno ser mais corrente nos imóveis, também pode afetar os móveis.

Não importando sua origem e natureza, o condomínio é sempre um pomo de discórdia. O ser humano tem dificuldade de compartilhar direitos e deveres harmoniosamente. Por essa razão, o ordenamento tudo faz para facilitar e incentivar a extinção do condomínio, mormente o voluntário: *"Não poderá exceder a cinco anos a indivisão estabelecida pelo doador ou testador* (art. 1.320, § 2º do Código Civil)[2]. Essa ideia já estava presente no Código de 1916. Nessas hipóteses, será ineficaz prazo que ultrapasse a cinco anos. Contudo, mais atento a realidade, o vigente Código descreve:

> Podem os condôminos acordar que a coisa fique indivisa por prazo maior de cinco anos, suscetível de prorrogação ulterior (art. 1.320, § 1º).

De outro modo, decorrido o prazo avençado ou legal, pode ser pleiteada a divisão e extinção do condomínio, por qualquer condômino, a qualquer tempo. O pedido de extinção de condomínio é imprescritível, pois se trata de direito potestativo: permanece enquanto perdurar a situação jurídica.

É correntio que a realidade social se afasta em muitas oportunidades do ideal. Se o condomínio ortodoxo ou comum pode ser evitado, a cada época a pressão social e populacional faz surgir novas modalidades de comunhão, em edifícios, loteamentos ditos fechados, multipropriedade e situações assemelhadas às quais o Direito não pode se quedar inerte.

---

ciência às Fazendas Públicas e produção de provas – Recurso provido. (*TJSP* – AC 1005885-49.2020.8.26.0269, 24-2-2021, Rel. Francisco Loureiro).

2. Apelação cível – *Extinção de condomínio* – Alienação de coisa comum – Réu que exerce a administração do imóvel comum – Circunstância que aconselha a alienação do bem imóvel – Extinção do condomínio que corresponde a direito potestativo do condômino de, a qualquer tempo, postular a extinção (art. 1.320, do CC) – Alegações concernentes à impossibilidade jurídica e administrativa de venda do imóvel e consequente divisão de valores que são estranhas à lide e não representam impedimento para a extinção do condomínio e alienação judicial do bem – Concordância tácita dos demais coproprietários quanto à administração do imóvel comum que não implicou a possibilidade de utilização do bem pelo réu sem nada pagar – Sentença mantida – Recurso do réu Juarez improvido. Apelação Cível – Arbitramento de aluguéis – Possibilidade em caso de uso exclusivo da coisa comum por um dos condôminos – Hipótese dos autos, todavia, em que restou incontroversa a locação do imóvel comum pelo réu a terceiros – Uso exclusivo da coisa comum não caracterizada – Administração do imóvel comum que evidencia a necessidade de prestação de contas – Via eleita inadequada – Recurso do autor improvido. Sucumbência Recursal – Honorários advocatícios – Majoração da verba honorária arbitrada em desfavor do réu Juarez – Observância do artigo 85, §§ 8º e 11, do CPC – Execução dos valores sujeita ao disposto no art. 98, § 3º, do NCPC. (*TJSP* – AC 1012150-79.2018.8.26.0320, 23.07.2020, Rel. José Joaquim dos Santos).

1.4 DIREITOS E DEVERES DOS CONDÔMINOS. FRAÇÃO IDEAL

Tendo em vista a pluralidade de proprietários sobre a mesma coisa, seus direitos e deveres devem ter em mira suas próprias relações internas, seus direitos e deveres entre si, bem como as relações externas, aquelas que afetam o condômino e terceiros.

O Código Civil vigente sintetiza esse aspecto no art. 1.314:

> Cada condômino pode usar da coisa conforme sua destinação, sobre ela exercer todos os direitos compatíveis com a indivisão, reivindicá-la de terceiro, defender sua posse e alhear a respectiva parte ideal, ou gravá-la.

A utilização livre da coisa, conforme sua destinação, é corolário do direito de propriedade, que encontra limitação apenas no direito dos demais condôminos. Compete à maioria decidir o destino da coisa: desfrutá-la, emprestá-la, alugá-la. O exercício do direito do condômino deve se sujeitar e se harmonizar com o interesse da maioria. Nesse sentido deve ser entendida a expressão *usar livremente* utilizada pelo Código revogado e não mais repetida no atual. Assim, se a maioria decidir utilizar imóvel para fins comerciais, não pode o condômino nele pretender residir. Nesse sentido pontifica o parágrafo único do art. 1314:

> Nenhum dos condôminos pode alterar a destinação da coisa comum, nem dar posse, uso ou gozo dela a estranhos, sem o consenso dos outros.

Trata-se, na verdade, de princípio pétreo da instituição do condomínio, que vai se aplicar igualmente nos edifícios de unidades autônomas e situações assemelhadas. O mais recente Código Civil argentino nos dá uma noção mais aberta e que parece mais lógica ao tratar da destinação da coisa: "A destinação da coisa comum de determina pela convenção, pela natureza da coisa e pelo uso ao qual estava afetada de fato". Essa disposição, de liminar clareza, pode ser aplicada entre nós, mormente quando surgem dúvidas insolúveis sobre o assunto em caso concreto.

Por outro lado, os atos conservatórios podem ser praticados, em princípio, livremente.

Essa decantada maioria é computada conforme a fração das quotas ideais. No silêncio do ato organizador do condomínio ou sua instituição, presume-se que essas quotas sejam iguais, como aliás constava do art. 639 do Código de 1916. Essa solução, fonte de muitas disputas, adquire nova óptica no estatuto civil atual. Dispõe que a maioria, no exame da vontade negocial, será calculada pelo valor dos quinhões (art. 1.325). Nessa premissa, o condômino com quinhão maior poderá ser vontade preponderante ou única nesse universo. O Código também afirma que se presumem iguais as partes ideais dos vários titulares (art. 1.315, parágrafo único). Todavia, havendo dúvida, pelo atual Código o valor do quinhão deverá ser avaliado judicialmente e não mais se presume a igualdade (art. 1.325, § 3º). Esse critério, embora mais custoso, é mais justo, pois nem sempre parece cristalino que o quinhão de cada condômino é igual.

Assim, a presunção de igualdade de frações ideais é relativa e cairá por terra perante evidências em contrário.[3]

---

3. Apelação – Ação de danos materiais e morais – Enriquecimento Ilícito – Apropriação para exclusivo de parte comum de condomínio – Terraço de cobertura – Indenização correspondente à fração ideal titularizada por cada

1.4.1 Obrigações e direitos do condômino

Paralelamente, entende-se também que obrigações foram contraídas proporcionalmente às quotas de cada um, se não houver discriminação dos gastos ou não se estipulou solidariedade (art. 1.317). Como é expresso em nosso sistema, a solidariedade, entre nós, somente decorre da lei ou da vontade das partes.

Ao lado dos direitos, colocam-se necessariamente as obrigações. Nesse sentido dispõe o art. 1.318:

> As dívidas contraídas por um dos condôminos em proveito da comunhão, e durante ela, obrigam o contraente; mas asseguram-lhe a ação regressiva contra os demais.

Cobrar-se-á no regresso, é evidente, a quota-parte de cada um.

O Código de 1916, nessa hipótese, dispunha que se existisse condômino não concordante, proceder-se-ia à divisão da coisa (art. 625). Era, de fato, solução que não atenderia s finalidades sociais da propriedade. O Código vigente não apresenta essa

---

condômino – Presunção de igualdade entre as frações – Danos Morais – Ônus probatório sobre fato constitutivo – Persistência do ônus – Improcedência – O terraço de cobertura representa área comum do condomínio, conforme previsão contida no art. 1.331, § 5º, do Código Civil. A apropriação para uso exclusivo de área comum enseja o dever de indenizar os demais condôminos. A indenização corresponderá à fração ideal que cada condômino possui sobre a área total do imóvel. Diante da ausência de diferenciação expressa, presumem-se iguais as frações ideais titularizadas pelos condôminos. A ocorrência de meros aborrecimentos, contrariedades da vida cotidiana, como os provenientes de uma relação contratual insatisfatória, não caracteriza dano moral, o qual somente deve ser reconhecido quando demonstrada efetiva violação de direitos da personalidade, como a dignidade, honra, imagem, intimidade ou vida privada. (*TJMG* – AC 1.0000.19.137815-7/001, 29-1-2020, Rel. Octávio de Almeida Neves).

Apelação – União Estável – Casamento – Divórcio – Partilha de Bens – Declaração de união estável em que definida a data inicial da entidade familiar, subscrita pelas partes, que são advogados - Prevalência de tal data sobre datas de atos isolados anteriormente ocorridos – Veículo adquirido mediante financiamento antes do início da união estável – Parcelas pagas durante a União – Direito de meação que recai não sobre o valor gasto no pagamento das parcelas, mas sim sobre a parte ideal do veículo adquirida proporcionalmente com aquelas parcelas, efetivamente quitadas durante a sociedade conjugal, a ser apurada em liquidação – Condomínio sobre o veículo que garante aos condôminos o uso e fruição do bem, admitida em tese indenização a ser paga por quem priva o outro de fazer uso do bem – Ausência de prova de sub-rogação de bem anterior na aquisição de imóvel durante a sociedade conjugal, regida pela comunhão parcial de bens – Presunção absoluta de esforço comum na aquisição onerosa do bem – Litigância de má-fé por parte do réu bem caracterizada – Valor da multa excessivo, dado o valor da causa – Redução da multa para 2% do valor da causa – Preclusão do direito de impugnar o valor da causa – Não conhecimento do recurso do réu nesta parte – Inocorrência de litigância de má-fé por parte da autora – Partes que não fazem jus à gratuidade de justiça, por atuarem como advogados e em face do patrimônio formado – Quotas de sociedade de advogados que foram doadas durante o casamento e por isso não cabem na partilha – Ausência de prova de que a autora esteja na posse de documentos do bens que guarnecem a residência do casal – Reconvenção admitida como pedido contraposto – Descabimento da fixação de verbas sucumbenciais na reconvenção – Honorários advocatícios da ação fixados em valor módico de R$1.000,00 em desfavor de ambas as partes – Majoração para R$5.000,00 – Sentença parcialmente reformada –. Não conheceram de parte do recurso do réu e deram parcial provimento aos recursos. (*TJSP* – AC 1007421-48.2018.8.26.0566, 18.05.2020).

Agravo de instrumento – *Condomínio* – Cobrança de quotas condominiais – Impugnação ao cumprimento de sentença – Penhora de valores existentes em conta-poupança – Conta-Conjunta – Arguição de impenhorabilidade – Não comprovada – Embora seja lícito presumir que, em se tratando de conta-conjunta, os valores contidos na mesma pertençam metade a cada correntista, trata-se de presunção relativa que comporta prova em contrário. Hipótese em que o magistrado a quo manteve a penhora sobre o valor que supera a margem impenhorável de 40 salários mínimos, postulando a parte agravante a liberação de todo o valor constrito, eis que a cada titular caberia o valor de 40 salários. Contudo, existindo elementos nos autos demonstrando que os valores depositados não condiziam com os proventos percebidos pela cotitular da conta (mãe da parte executada), impositiva a conclusão de que apenas a parte agravante/devedora os efetuava, justificando-se a manutenção da decisão agravada. Agravo de instrumento desprovido. (*TJRS* – AI 70075760884, 21.01.2018, Rel. Des. Marta Borges Ortiz).

solução drástica. Em contrapartida, no art. 1.316, estabelece que o condômino pode se exibir do pagamento respectivo de despesas e dívidas, renunciando à sua parte ideal. Cuida-se de renúncia da propriedade.

Não é justificável, nem equitativo que a comunhão seja extinta unicamente porque um dos condôminos se nega a contribuir com o pagamento de despesas. Se a despesa era autorizada ou necessária, essa é matéria para discussão no caso concreto. Perante terceiros, como regra, a dívida de responsabilidade do contraente. Isto porque não se atribui ao condomínio em geral personalidade jurídica ou processual, como ocorre com o condomínio em edifícios e outras situações semelhantes, que denominamos "personificação anômala". Importa verificar se as despesas questionadas foram autorizadas pela maioria dos condôminos ou se foi convencionada a solidariedade.

Como é patente, deve ser obedecida a vontade da maioria: o condômino não pode alterar a coisa comum sem o consentimento dos demais (art. 1.314, parágrafo único). Essa regra terá importante reflexo no condomínio em propriedades horizontais, onde é repetida, quando não se pode alterar as fachadas, áreas de uso comum e o aspecto externo dos prédios.

Os frutos devem ser repartidos proporcionalmente entre os consortes. Assim como eventuais danos: "Cada consorte responde aos outros pelos frutos que percebeu da coisa comum, e pelo ando que causou" (art. 1.319). Frutos de qualquer natureza, civis e naturais, salvo disposição contrária em convenção. No silêncio de avença, presume-se que os frutos devem ser repartidos igualitariamente ou proporcionalmente.[4]

---

4. *Ação de cobrança proporcional* dos frutos decorrentes de imóvel em condomínio – Teórico cerceamento de defesa – Prova oral não produzida em face do desinteresse do réu. Incabível a reabertura da fase instrutória. Ausência de nulidade a ser sanada. Impugnação da avaliação do imóvel. R. Sentença que não valorou o imóvel comum. Matéria não conhecida. Crédito suficientemente comprovado. Pretendida compensação com supostas despesas para a conservação do imóvel que demandava o ajuizamento de reconvenção. Pretensão que deve ser articulada em ação própria. Apelo parcialmente conhecido e desprovido. (*TJSP* – AC 1032355-45.2020.8.26.0002, 23-7-2021, Rel. Rômolo Russo).

Coisa comum – *Ação de indenização por frutos e rendimentos* – 1 – Destacados rendimentos dos imóveis havidos em condomínio, sem repasse da quota pertencente à autora. Parte dos bens, no entanto, objeto de ação de prestação de contas. Definição do assunto, naquela sede, que afasta a discussão autônoma, ainda que relacionada a período de maior abrangência. Extinção do processo sem resolução de mérito (art. 485, inc. V, do CPC). Reconhecida transferência da massa patrimonial à pessoa jurídica. Impossibilidade, assim, de demandar as condôminas pelo recebimento dos valores. 2 – Imóveis não contemplados na precedente ação. Bens, outrossim, que não pertencem à pessoa jurídica constituída para a gerência do patrimônio comum das litigantes. Falta, no mais, de comprovada entrega da quota titularizada pela autora. Procedência, em relação aos imóveis, mantida. Incidência do art. 1.319 do Código Civil. Apelo acolhido para extinguir o processo sem resolução de mérito em relação aos imóveis de fls. 16/17 (A, B, C1, C2, D1, D2, E, F) preservando-se, no mais, o decreto de procedência (G1, G2, H). (*TJSP* – AC 1013013-02.2014.8.26.0344, 8-6-2021, Rel. Donegá Morandini).

Apelação Cível – Inventário e partilha – Frutos decorrentes do uso e gozo do imóvel comum – Período anterior à partilha – Art. 2.020, CC – Necessidade de sobrepartilha – Frutos havidos após a partilha – Condomínio – Art. 1.319, CC – Legitimado Passivo – Coproprietário administrador do bem – Os frutos dos imóveis objeto de inventário, havidos no período compreendido entre a abertura da sucessão e a efetiva partilha dos bens, devem ser acrescidos ao quinhão hereditário ou demandados, posteriormente, em sobrepartilha (art. 2.020, CC). Após a partilha de imóvel objeto de inventário, os frutos havidos pelo uso e gozo da coisa comum devem ser demandados do coproprietário que se encontra na administração do bem (art. 1.319, CC). (*TJDFT* – Proc. 07033660720188070001 – (1246667), 15.05.2020, Rel. Carmelita Brasil).

Apelação – Direito processual civil – Vício na sentença – Rejeitar – Intempestividade da contestação – Preclusão – Direito Civil – Imóvel – Uso exclusivo por um dos coproprietários – possibilidade de arbitramento de aluguel proporcional ao quinhão – 1. Tem-se que não há que se falar em julgamento ultra petita uma vez que houve pedido expresso de realização de perícia para fins de fixação do valor do aluguel. O valor líquido citado na inicial refere-se

Todas as despesas com a coisa comum, como é óbvio, serão divididas proporcionalmente (art. 1.315):

O condômino é obrigado, na proporção de sua parte, a concorrer com as despesas de conservação ou divisão da coisa e suportar os ônus, a que estiver sujeita.[5]

---

apenas a um pedido de fixação de alugueres provisório. Assim, a fixação de alugueres no valor apresentado na prova pericial realizada nos autos não configura vício de julgamento ultra petita. 2. Conforme se extrai dos autos, às fls. 81, houve a devida análise do pedido de intempestividade da contestação. Tal pedido foi afastado uma vez que o prazo para contestar, no presente caso, deveria obedecer ao disposto no artigo 191 do CPC/73, ou seja, devem ser contados em dobro diante da existência de litisconsortes com procuradores diversos. Assim, ausente a interposição de recurso adequado em face daquela decisão de saneamento do feito, tem-se que está preclusa a discussão a respeito da intempestividade da contestação. 3. Cada consorte responde aos outros pelos frutos que percebeu da coisa comum. Não deve prevalecer o entendimento da parte apelante de que não exploram atividade locatícia, comercial ou produção agrícola no local, não auferindo frutos, uma vez que os frutos ora percebidos referem-se ao uso e gozo do imóvel de forma exclusiva. Assim, uma vez comprovada a copropriedade do imóvel entre os litigantes e o uso exclusivo por partes dos réus, ora apelantes, estes devem pagar aos demais alugueres na proporção da cota parte de cada uma, ante o uso e gozo exclusivo do imóvel. (*TJMG* – AC 1.0525.13.008177-7/001, 28.11.2016, Rel. Mota e Silva).

Agravo de instrumento – Cumprimento de sentença – Insurgência contra decisão que indeferiu a compensação de valores – Condômino é obrigado a concorrer, na proporção de sua quota-parte, com as despesas que recaem sobre o bem comum (art. 1.315 do Código Civil), tanto aquelas atinentes a conservação do bem (impostos e taxas), sempre proporção da quota-parte. Comando constante da sentença. Possibilidade de compensação entre "dívidas líquidas, vencidas e de coisas fungíveis" (art. 369 do Código Civil). Admissível, ademais, a oposição de compensação em execução (art. 525 do CPC). Agravo provido. (*TJSP* – AI 2190205-54.2020.8.26.0000, 1-2-2021, Rel. Rômolo Russo).

Apelação cível – Extinção de condomínio e arbitramento de aluguéis – Parcial procedência da ação principal e improcedência da reconvenção. Recurso do réu-reconvinte – Usucapião em face de herdeiros – Possibilidade de um herdeiro usucapir contra coerdeiro, desde que comprove exercer posse exclusiva e com manifesta intenção de possuir a coisa toda para si (*animus domini*), excluindo os demais. Caso, entretanto, que a posse de cada herdeiro em relação a cada um dos imóveis jamais foi sem oposição e com intuito de excluir os demais. Prova dos autos de que as partes sempre litigaram em relação à partilha e aos custos de manutenção do imóvel. Recurso do autor-reconvindo. Justiça gratuita. Cabimento. O pleiteante é aposentado, auferindo renda compatível com a alegada hipossuficiência. Impossibilidade de o juiz indeferir o pedido sem que haja, nos autos, elementos que evidenciem a falta dos pressupostos legais para a concessão de gratuidade (Art. 99, § 2º, CPC). Sentença *infra petita*. Não configuração. Pedido de condenação do réu a arcar com alugueres em relação a dois imóveis. Descabimento. Uso exclusivo que restou comprovado somente em relação a um deles. Imóvel desocupado e sem destinação econômica que não enseja o ressarcimento de um condômino a outro, em especial porque cabe a ambos a devida destinação do bem, a fim de auferir frutos. Exegese do Art. 1314 e 1319 do Código Civil. IPTU e despesas do imóvel desocupado. O condômino é obrigado, na proporção de sua parte, a concorrer para as despesas de conservação ou divisão da coisa, e a suportar os ônus a que estiver sujeita. Inteligência do Art. 1315, do Código Civil. Termo inicial dos alugueres devidos pelo réu. Fixação a partir da citação. Inadequação. Arbitramento que deve incidir desde a notificação extrajudicial do condômino, a partir de quando cessou o caráter gratuito da posse e se passou a exigir retribuição pela privação do bem comum. Recurso do autor-reconvindo parcialmente provido e recurso do réu-reconvinte desprovido. (*TJSP* – AC 1013669-75.2014.8.26.0564, 10-6-2021, Rel. Rodolfo Pellizari).

5. *Agravo Retido* – Interposição pelos réus – Reiteração em contrarrazões – Incidência do artigo 523 do Código de Processo Civil de 1973 (vigente à época) – Conhecimento – Alegada prescrição quinquenal, prevista no artigo 178, § 10, inciso IV, do Código Civil de 1916 , que dispunha sobre os "aluguéis de prédio rústico ou urbano" – Não caracterização – Pretensão indenizatória diante do uso exclusivo de bem comum que é comparável a aluguel, mas não se confunde com este instituto – Prazo prescricional trienal, à luz do artigo 206, § 3º, inciso IV, do Código Civil vigente –. Recurso não provido – nulidade – julgamento "extra petita" – não configuração – Alegação de que a r. decisão recorrida extrapolou o objeto da demanda ao determinar a compensação dos alugueres com as despesas de conservação dos imóveis comuns – Valores locatícios e gastos oriundos dos imóveis que representam decorrência lógica da tutela jurisdicional pretendida – Demonstrada a correlação entre a sentença, os pedidos e causa de pedir – Preliminar afastada. Coisa Comum – Indenização – Imóveis em condomínio entre coerdeiros, com uso exclusivo por alguns deles – Direito da autora ao recebimento de alugueres na proporção de sua parte ideal, pela não fruição dos bens – Ausente previsão de reajuste anual dos alugueres vincendos – Necessária atualização pela variação do IGP-M, índice usualmente aplicado no mercado imobiliário – Determinação de rateio das despesas necessárias à conservação e manutenção dos imóveis, incluindo tributos e taxas condominiais, que devem ser compensadas com os alugueres – Insurgência da autora, pois terá que arcar com todos os gastos relacionados aos imóveis, proporcionalmente à sua cota parte na herança – Parcial acolhimento – Tributos e taxas condominiais que são inerentes à própria fruição ex-

1.4.2 Divisão e alienação da coisa comum

Como modalidade de propriedade, o condomínio se extingue pelas mesmas formas de extinção da propriedade móvel e imóvel. A pluralidade de titulares por vezes avulta as dificuldades.

O condômino possui o direito potestativo, a ser exercido a qualquer tempo da existência da comunhão, de pedir a alienação ou divisão da coisa. A noção do condomínio na lei é sempre permitir e incentivar tanto quanto possível, sua extinção:

> A todo tempo será lícito ao condômino exigir a divisão da coisa comum, respondendo o quinhão de cada um pela sua parte nas despesas da divisão (art. 1.320).

O processo de divisão é regulado pelo CPC, arts. 588 a 598. A demarcação, isto é, fixação dos limites da área de cada condômino, é regulada no estatuto processual nos arts. 574 a 587.

As sentenças da ação de divisão estão sujeitas a registro imobiliário, para efetivação da sequência registraria e para o efeito *erga omnes*, embora não tenham efeito constitutivo da propriedade, mas essencialmente declaratório (Lei 6.015/73, art. 167, I, 23). A divisão também pode ocorrer de forma amigável, por escritura pública, no caso de imóveis. Será necessariamente judicial se houver condôminos incapazes.

É evidente que somente caberá a divisão se o bem assim o permitir, caso contrário a solução para o condômino que o desejar, é a alienação de seu quinhão ou da coisa comum, com os princípios aqui examinados. A ação de divisão pode ser cumulada com a ação de demarcação total ou parcial da coisa comum. Assim como a reivindicação.

Há imóveis que por disposição de lei não podem ser divididos. Nesse sentido a definição dada pelo estatuto da Terra (Lei 4.504/640, levando em conta o módulo rural:

> O imóvel rural não é divisível em áreas de dimensão inferior à constitutiva do módulo da propriedade rural.

O módulo rural é estabelecido para cada região do País, considerando-se a área mínima produtiva. Procura-se evitar o chamado minifúndio. Imóvel inútil e gravoso para exploração e produção do agricultor e sua família. Nessa situação, a dissidência dos condôminos apenas autoriza a alienação ou a adjudicação a um dos comunheiros.

Se isso é real para os imóveis indivisíveis por lei, também pode ocorrer para os móveis: inviável, por exemplo, dividir um diamante de muitos quilates em várias partes, quando ocorreria substancial diminuição de seu valor. Assim, para dividir um objeto não é suficiente quer isso possa ocorrer materialmente; é necessário que tal seja econômica e juridicamente possível.

---

clusiva dos bens, não admitindo, portanto, compensação – Por outro lado, as despesas de conservação dos imóveis, incluídas as benfeitorias, devem ser rateadas entre os condôminos, na proporção da fração ideal de cada um, e são passíveis de compensação – Inteligência do artigo 1.315 do Código Civil – Laudo pericial a corroborar a necessidade de contratação de mão de obra para serviços de reforma, bem como a compra de materiais, aumentando a vida útil e evitando a degradação dos bens – Sentença reformada, em parte –. Recurso de apelação autora parcialmente provido. (*TJSP* – Ap 0022369-44.2006.8.26.0562, 28.01.2019, Rel. Elcio Trujillo).

Por vezes, pode se tornar impossível que os quinhões da divisão correspondam ao valor de cada quota ideal. Serão necessárias reposições em dinheiro ou compensações no juízo divisório.

Quando impossível ou inconveniente a divisão, a solução é a alienação da coisa comum, ou o quinhão do condômino.

A ideia é completada pelo art. 1.322:

> Quando a coisa for indivisível, e os consortes não quiserem adjudicá-la a um só, indenizando os outros, será vendida e repartido o apurado, preferindo-se na venda, em condições iguais de oferta. O condômino ao estranho, e entre os condôminos aquele que tiver na coisa benfeitorias mais valiosas, e não as havendo, do de quinhão maior.[6]

---

6. Apelação cível – *Ação de extinção de condomínio* – Revogação da gratuidade – Desacompanhado de provas – Gratuidade mantida – Desmembramento imóvel – Pedido em contestação – Via inadequada – Rateio de despesas condomínio – Art. 1.315, CC – Equidade – Critério Subsidiário – Honorários – Valor atualizado da causa – Sentença parcialmente reformada – 1 – Concedido o benefício da gratuidade de justiça na primeira instância, a sua revogação exige a apresentação de elementos que demonstrem a ausência dos requisitos legais ou alteração do quadro fático do qual foi extraída e justificada a concessão da gratuidade. 2 – O pedido de desmembramento do imóvel não foi postulado na inicial, bem como não foi objeto do pedido da reconvenção. Assim, a demanda correspondente ao pleito de desmembramento do imóvel, postulado em contestação, ultrapassa os limites objetivos da demanda, os quais vinculam o Juízo em obediência ao princípio adstrição. 2.1. Por se tratar de demanda que tramita pelo rito comum, não existe a possibilidade de pedido contraposto em contestação, devendo ser feito por ação autônoma ou por reconvenção. Precedentes TJDFT. 2.1. Como elemento de contestação ao pleito autoral de alienação do imóvel indivisível, caberia ao réu comprovar a possibilidade de desmembramento, a fim de que o bem não fosse alienado na sua integralidade, mas apenas em parte, entretanto não se desincumbiu do ônus probatório estabelecido no art. 373, II, do CPC, sobretudo quando o 6º Registro de imóveis informou sobre a impossibilidade, uma vez que de acordo com o PDTO e art. 4º, parágrafo único da Lei 5861/72 , os lotes adquiridos da TERRACAP e NOVACAP são indivisíveis. 3 – É direito potestativo da parte a alienação da sua parte em bem indivisível, conforme art. 1.322 do Código Civil. Precedentes TJDFT. 3.1. Quando não há acordo entre os interessados sobre o modo como deve ser realizar a alienação do bem, o juiz, de ofício ou a requerimento dos interessados ou do depositário, mandará aliená-lo em leilão (art. 730, do CPC.). 4 – Nos termos do art. 1.315, do CC, o condômino é obrigado, na proporção de sua parte, a concorrer para as despesas de conservação ou divisão da coisa, e a suportar os ônus a que estiver sujeita. 5 – A ordem processual civil estabelece que os honorários advocatícios devem ser fixados entre o mínimo de dez e o máximo de vinte por cento sobre o valor da condenação, do proveito econômico obtido ou, não sendo possível mensurá-lo, sobre o valor atualizado da causa, de acordo com o § 2º do art. 85 do CPC. Somente quando o proveito econômico é inestimável ou irrisório, ou quando o valor da causa é muito baixo, é admissível o uso da equidade para fixação da verba. 5.1. Os honorários advocatícios de sucumbência devem ser fixados com base em percentual do valor atualizado da causa (§ 2º do artigo 85 do CPC). 6- Conheço dos recursos de apelação nego provimento ao apelo do réu e dou parcial provimento ao apelo da autora. Honorários majorados. Sentença parcialmente reformada. (*TJDFT* – Proc. 07013910720198070003 – (1323986), 17.03.2021, Rel. Roberto Freitas).

Extinção de condomínio – Alienação de coisa comum – Admissibilidade – Bem imóvel comum – Inteligência do artigo 1.322 do Código Civil — Descabida a juntada, apenas em sede de recurso, de certidão de autorização para venda dos bens firmada pela apelada, haja vista não se tratar de documento novo ou que se pudesse ignorar a existência, a autorizar a aplicação do disposto no artigo 435 do Código de Processo Civil – Inexistência de nulidade em relação à alienação judicial dos bens – Direito de preferência do condômino que deve ser exercido no momento oportuno – Sentença mantida – Recurso não provido. (*TJSP* – AC 1012274-04.2019.8.26.0037, 27.05.2021, Rel. Moreira Viegas).

Extinção de condomínio e alienação de coisa comum – Autores pretendem a extinção de condomínio sobre bem imóvel que mantém com os réus. Sentença de procedência. Apelo dos réus. Impossibilidade de divisão cômoda do imóvel. Divisibilidade que deve ser jurídica, e não apenas física. Possibilidade de extinção do condomínio por meio da alienação judicial. Precedentes. Arts. 87 e 1.322 do CC. Imóvel que conta com 8 condôminos, sendo que 7 deles não concordam com a divisão. Sentença mantida. Recurso desprovido. (*TJSP* – AC 1008780-85.2017.8.26.0269, 18-2-2021, Relª Mary Grün).

Apelação – *Condomínio* – Ação de adjudicação compulsória cumulada com obrigação de não fazer – Direito de preferência do condômino – Imóveis localizados dentro do todo maior – Imóvel faticamente dividido – Indivisão jurídica – Direito de preferência. Se o imóvel estiver em condomínio, mas não for a hipótese de indivisibilidade, afasta-se a norma que estabelece o direito de preferência. Precedentes jurisprudenciais. O imóvel adquirido pelos

Quando os condôminos não chegam a um acordo para a venda, devem recorrer ao procedimento de jurisdição voluntária (arts. 719 ss. do CPC). Já disseram os doutos no passado que essa jurisdição nem é jurisdição, nem é voluntária. Trata-se de administração de interesses privados com intervenção judicial.

O art. 730 do CPC determina que nas alienações judiciais o juiz, de ofício ou a requerimento dos interessados, mandará o bem a leilão, aplicando-se os dispositivos dos arts. 879 e seguintes do CPC. É importante pontuar que o leilão deve ser evitado tanto quanto possível, pois a alienação por iniciativa particular será mais eficiente e vantajosa na maioria das vezes (art. 879, I do CPC). Em casos práticos que atuamos na magistratura sempre logramos encaminhar as partes para essa venda por corretores de confiança das próprias partes ou do juízo, quando não chegassem a um nome comum, gerando eficiente economia de gastos. Não se pode esquecer, contudo, que antes de ingressar com pedido judicial de venda, incumbe às partes negociar a alienação ou divisão, evitando as custas, despesas e outros entraves de um procedimento judicial.

Deve ser lembrada também a regra do art. 504 do Código Civil:

> Não pode um condômino em coisa indivisível vender a sua parte a estranhos, se outro consorte a quiser, tanto por tanto. O condômino, a quem não se der conhecimento da venda, poderá, depositando o preço, haver para si a parte vendida a estranho, se o requerer no prazo de cento e oitenta dias, sob pena de decadência.
>
> Parágrafo único. Sendo muitos os condôminos, preferirá o que tiver benfeitorias de maior valor e, na falta de benfeitorias, o de quinhão maior. Se as partes forem iguais haverão a parte vendida os coproprietáros, que a quiserem, depositando previamente o preço.

É da compreensão elementar do condomínio que a comunidade de consortes não deve admitir estranhos a ela, sem sua aquiescência. Essa deve ser a compreensão desse dispositivo. Na hipótese de alienação de quota condominial, o Código institui preferência em favor dos condôminos porque a intenção é, sempre que possível extinguir o condomínio, evitando o ingresso de estranhos o que poderia fomentar maior discórdia entre os partícipes da copropriedade. Veja que o condômino preterido pode depositar o preço em 180 dias, havendo para si a parte alienada a estranhos. Prazo de decadência. Esse prazo começa a correr do dia em que o negócio se consumou e foi de conhecimento geral, sendo contínuo e peremptório. Segundo o princípio decadencial. É importante identificar no caso concreto que sempre apresentará particularidades, que esse prazo se inicia na data em que efetivamente tomou ciência da negociação, pois nem sempre o documento será levado

---

autores restou devidamente individualizado, inclusive com o devido registro imobiliário. Circunstância que afasta a indivisibilidade necessária para o exercício do direito de preferência. Honorários. A fixação dos honorários deve obedecer à equidade e valorar as moduladoras elencadas nas alíneas do § 3º c/c § 4º do art. 20 do CPC, modo a não ensejar o aviltamento da profissão de advogado. Redução não reconhecida. Prequestionamento. O Julgador não está obrigado a se manifestar sobre todos os artigos de lei invocados pela parte. Prequestionamento descabido. Apelo desprovido. Unânime. (*TJRS* – AC 70062762869, 11-9-2019, Rel. Des. Glênio José Wasserstein Hekman).

Agravo de instrumento – *Alienação de coisa comum* – Irresignação em face de decisão que determinou a expedição do mandado de levantamento em favor do autor, no valor de 50% da quantia depositada a título de arrematação. Descabimento. Na alienação de coisa comum o valor auferido deve ser partilhado na proporção de cada quota-parte. Inteligência do art. 1.322 do CC. Inaplicável o art. 843, 2º, do CPC/2015, que resguarda o direito do coproprietário ou cônjuge de receber o equivalente ao valor da avaliação de imóvel penhorado em processo que não participou. Recurso improvido. (*TJSP* – AI 2025084-71.2020.8.26.0000, 19.05.2020, Rel. James Siano).

a registro. De qualquer forma, no caso de venda imobiliária, o registro é o termo inicial apropriado. Quando se tratar de coisa móvel, o termo será a tradição da coisa.

A noção é a mesma do art. 1.332. A ordem de preferência, havendo vários condôminos interessados, é estabelecida no parágrafo único. Preferirá o que tiver benfeitorias de maior valor, e na falta desta, o titular de quinhão maior. Quando não for possível utilizar os critérios apontados pela lei, estando dois ou mais condôminos interessados na aquisição, esta deverá ser conjunta, sempre com o depósito do preço.

Essa disposição se aplica ao condomínio tradicional, não se aplicando evidentemente ao condomínio de apartamentos ou assemelhados, com unidades autônomas.

Nesse texto legal, assim como no exposto no art. 1.332, cuida-se da hipótese do direito de preempção ou preferência, regulado nos arts. 513 a 520, para cujos princípios chamamos a atenção do leitor.[7] O condômino não nem no negócio outro direito senão o de comprar a coisa. Trata-se de direito e não de obrigação. Por outro lado, o condômino alienante não está obrigado a vender sua parte, mas se o fizer, terá de oferecê-la aos demais condôminos, que terão preferência nas mesmas condições oferecidas a terceiros. A matéria se aplica apenas à compra e venda e à dação em pagamento, por força do art. 513, que é expresso a esse respeito.

Entende-se que esse depósito no prazo decadencial deve corresponder ao preço integral, atualizado se for o caso.

---

7. Direito civil – Recurso Especial – *Ação de preferência* – Imóvel em condomínio – Depósito do preço do bem – Montante obtido através de empréstimo – Irrelevância para o exercício do direito de preferência – 1 – Ação de preferência, fundada no art. 504 do CC/02. 2 – Ação ajuizada em 26/09/2007. Recurso especial concluso ao gabinete em 31/03/2020. Julgamento: CPC/2015. 3 – O propósito recursal é definir se a tomada de empréstimo para cumprimento do requisito do depósito do preço do bem, previsto no art. 504 do CC/02, configura abuso de direito hábil a tolher o exercício do direito de preferência do recorrente. 4 – O art. 504 do CC/02 enumera taxativamente requisitos a serem observados para o exercício do direito de preferência: i) a indivisibilidade da coisa; ii) a ausência de prévia ciência, pelo condômino preterido acerca da venda realizada a estranho; iii) o depósito do preço, que deve ser idêntico àquele que fora pago pelo estranho na aquisição; e iv) a observância do prazo decadencial de 180 (cento e oitenta) dias. 5 – A origem do dinheiro utilizado para o depósito do preço do bem não tem qualquer relevância para o exercício do direito de preferência. 6 – Na hipótese, verifica-se que o TJ/SP concluiu, com base unicamente nos fatos de que a autora não possuía patrimônio para fazer frente à aquisição do bem e de que o empréstimo realizado ocorreu sem a prestação de qualquer garantia, que teria havido suposto abuso de direito no exercício do direito de preferência. Tais argumentos, contudo, não são suficientes para, por si sós, tolher o exercício do direito de preferência da autora que prestou observância aos requisitos exigidos pelo art. 504 do CC/02. 7 – Recurso especial conhecido e provido (*STJ* – REsp 1.875.223/SP – (2019/0320840-6), 31.05.2021, Relª Minª Nancy Andrighi).

   Extinção de condomínio – Insurgência da ré em face da decisão que autorizou a alienação particular do imóvel pelo autor. Nulidade de citação. Não acatamento. Parte ré devidamente citada. Decisão proferida após contestação e réplica. Intimação. Desnecessidade. Decisão que determinou a alienação do imóvel. Intimação pessoal não necessária. Direito de preferência. Ré que não demonstrou ter condições de exercê-lo para compra do imóvel. Não impugnação das avaliações trazidas pelo autor. Condomínio. Caso em que metade do imóvel pertence ao autor. Inexistência de hipótese de incomunicabilidade. Agravante que confirmou ter transferido metade do imóvel para o agravado no ano de 2001, por escritura pública. Anulação da transferência. Impossibilidade de anulação dessa transferência por dolo do autor. Decadência desse direito (art. 178 do CC). Impenhorabilidade. Vedação legal sobre bem de família que não se aplica em desfavor do coproprietário. Regra aplicável em face de terceiro credor. Coproprietário que pode pleitear a qualquer tempo a extinção do condomínio (art. 1.320 do CC). Agravo desprovido. (*TJSP* – AI 2090740-38.2021.8.26.0000, 25-6-2021, Rel. Carlos Alberto de Salles).

   Ação de extinção de condomínio – Sentença de procedência, para determinar a extinção do condomínio do bem imóvel existente entre as partes, bem como a alienação judicial. Apelam os autores, alegando fazer jus aos benefícios da justiça gratuita; tem direito de preferência sobre o bem, devendo lhes ser vendido conforme lhes foi ofertado. Descabimento. Direito de preferência. Na qualidade de condôminos, fazem jus à preempção em relação a terceiros, a teor do que dispõe o art. 504 do CC. Recurso improvido. (*TJSP* – AC 1027352-64.2016.8.26.0224, 09.05.2019, Rel. James Siano).

1.4.3 Defesa da coisa pelo condômino. Ações

Qualquer condômino, como possuidor da coisa, pode recorrer às ações possessórias contra terceiros, para proteger a coisa, independentemente da autorização dos demais comunheiros. Trata-se de regra básica da composse (art. 1.199). Esse direito é ratificado pelo art. 1.314, que também permite ao condômino gravar sua parte indivisa, com penhor, hipoteca.[8] Só poderá onerar toda a propriedade com a autorização dos demais condôminos. Se a coisa for divisível, poderá gravar em princípio isoladamente sua parte, sem anuência dos demais consortes.

Se o condômino tiver posse setorizada e determinada na coisa comum, posse *pro diviso*, portanto, pode opor meios possessórios contra outros consortes, ocorrendo turbação ou ameaça (Lopes, 1964, v. 6:297). Nessa hipótese, pode ocorrer usucapião da área determinada. Fora dessa situação, não pode ser declarado usucapião entre condôminos.

Além dos remédios possessórios, o condômino também tem o direito de *reivindicar* a coisa comum de terceiros.[9] Se pode defender a posse, com maior razão pode reivindicar a coisa. Evidentemente reivindica toda coisa, o que irá beneficiar todos os condôminos. Como titular do domínio, assim como pode reivindicar, pode discutir servidões, por exemplo.

1.4.4 Administração do condomínio

Quando há vários proprietários sobre a mesma coisa, há que se estabelecer uma gerência, para que o bem cumpra sua finalidade coletiva social. Em qualquer corpo social coletivo, há necessidade de alguém assumir a direção, ainda que inexista hierarquia.

Como todos não podem comandar ao mesmo tempo, também não podem administrar sem orientação preponderante, sob pena de imperar o caos. Nesse desiderato o art. 1.323:

> Deliberando a maioria sobre a administração da coisa comum, escolherá o administrador, que poderá ser estranho ao condomínio; resolvendo alugá-la, preferirá o condômino ao que não o é.

---

8. Apelação – *Condomínio* – Ação Reivindicatória – Ação proposta por condômino visando retomada do bem que se encontra na posse de terceiro em razão de locação firmada com um dos condôminos, sem anuência dos demais. Acolhimento. Nenhum dos condôminos pode dar posse, uso ou gozo da coisa comum a estranhos sem o consenso dos outros (art. 1.314, parágrafo único do CC), o que autoriza ação do condômino para retomar a posse do bem, seja por meio de possessória ou até mesmo com ação reivindicatória. Adequação da medida, não se exigindo ação de despejo, pois perante o condômino que não consentiu a posse exercida não é legítima e não decorre de relação contratual. Alegação de que a locação antecede a constituição do condomínio e que foi firmada com herdeiro e condômino que seria representante do proprietário. Não acolhimento. Contrato original firmado em nome próprio do condômino e não como procurador. Ausência de demonstração da representação. Alegação do réu de que vem reiteradamente renovando e renegociando a locação com o condômino, o que constitui a irregularidade que autoriza os demais condôminos reclamarem restituição da coisa. Não se trata de obrigação assumida validamente antes da constituição do condomínio e que vincularia os sucessores. Recurso improvido. (*TJSP* - AC 1002230-65.2017.8.26.0272, 30.06.2020, Rel. Enéas Costa Garcia).

9. Civil e processual civil – Agravo de instrumento – Ação reivindicatória – Legitimidade do coproprietário para o ajuizamento da ação – Desnecessária a formação de litisconsórcio – Recurso improvido – 1 – No caso dos autos, deve-se apreciar a legitimidade ativa do coproprietário, ora agravado, para reivindicar o imóvel em questão à luz do que dispõem as normas que regem o condomínio. 2 – Ante o estado de indivisão da coisa, cada coproprietário titulariza fração ideal do todo e, ao agir individualmente em proteção de toda a coisa, ele está a resguardar a sua quota ideal. 3 – Tal como ocorre em relação a um condômino, ao coerdeiro é dada a legitimidade *ad causam* para reivindicar, independentemente da formação de litisconsórcio com os demais coerdeiros, a coisa comum que esteja indevidamente em poder de terceiros. 4 – O agravado, além de coproprietário, é também herdeiro e administrador natural dos bens do espólio, na condição de cônjuge supérstite e, portanto, indiscutível a sua legitimidade para a propositura da ação de origem. 5 – Recurso improvido. (*TJES* – AI 0000219-22.2016.8.08.0012, 04.05.2016, Rel. Des. Carlos Simões Fonseca).

É da ordem natural da sociedade e da natureza humana que a vontade coletiva tenha ao menos um interlocutor, se não possuir comando, que é o ideal. Não havendo escolha de administrador, emerge a disposição do art. 1.324:

O condômino que administra sem oposição dos outros presume-se representante comum.

Essa regra é importante com relação a terceiros que tratem com o condomínio e com esse administrador. Há possibilidades de medidas urgentes que exigem pronta providência do corpo condominial. A obtenção de autorização de todos os condomínios pode trazer riscos. Se a atuação desse mandatário de fato prejudicar os consortes, essa é questão que deve ser decidida *interna corporis*, sem atingir terceiros.

Esse mandatário tácito descrito no art. 1.324 possui apenas poderes de administração.[10] Não tem poderes para alienar e gravar a coisa comum. Essa modalidade de administração surge, de forma geral, pela passividade, omissão ou ausência dos demais condôminos. O ideal é que se nomeie administrador pela vontade comum, prevalecendo o interesse da maioria das quotas condominiais. Deve ser atendido o interesse peculiar da maioria. Caberá a esta definir a duração do mandato do administrador e seus poderes.

Conforme expõe o art. 1.323, que permite que estranho possa ser nomeado administrador, menciona também que a coisa poderá ser alugada. Resolvida a locação, terá preferência o condômino ao que não é, em igualdade de condições. A ideia é sempre evitar que se coloque um estranho na vida condominial. Concorrendo mais de um consorte à locação, aplicam-se os mesmos princípios de venda da coisa comum.

Na escolha do administrador é fundamental que todos os consortes sejam convocados e que se documente a deliberação, que se aproxima de uma assembleia. As decisões serão tomadas por maioria absoluta e obrigam todos os condôminos.

O art. 1.325 expõe como é calculada a maioria, calculada pelo valor dos quinhões. O julgador decidirá caso não seja alcançada maioria. A requerimento de qualquer condômino (§ 2º). O § 3º dispõe que se houver dúvidas sobre valor dos quinhões, deve ser feita avaliação judicial. A presunção de quinhões iguais é relativa

Nas situações concretas de dissenção entre os condôminos, sempre a negociação será a melhor solução. Dependendo do porte do condomínio e do número de condôminos, uma das soluções que se apresenta é a constituição de pessoa jurídica que o administre.

O art. 1.326 traduz que os frutos da coisa comum, salvo disposição em contrário, serão partilhados na proporção dos quinhões.[11]

---

10. Ação judicial de exibição de documentos – Regularização da representação processual – Autora que intenta ação visando a exibição de títulos de crédito pertencentes a seu avô, já falecido há cinquenta e sete anos – Determinação de regularização do polo ativo, incluindo-se os demais herdeiros – Reconhecimento de litisconsórcio ativo necessário – Insurgência – Cabimento – Indícios de ausência de homologação de partilha – Coerdeiro que pode pleitear em nome próprio para defender o interesse dos demais, agindo na qualidade de mandatário tácito – Herdeiros em situação de condomínio – Desnecessidade de concordância dos demais herdeiros para ajuizamento da ação – Recurso provido para afastar o indeferimento da petição inicial, prosseguindo-se com a ação. (*TJSP* – Ap 0002564-14.2010.8.26.0062, 17-09-2016, Rel. Mario de Oliveira).

11. Agravo de instrumento – Tutela cautelar em caráter antecedente – Requisitos – Doação de imóvel – Existência de condomínio – Aluguel – Rateio – Depósito judicial – 1 – Tratando-se, como se trata de agravo interposto em razão de uma decisão interlocutória que deferiu tutela cautelar em caráter antecedente, cabe ao Tribunal verificar se estão preenchidos ou não os requisitos previstos no art. 305, do Código de Processo Civil, quais sejam, o fundamento, a exposição sumária

1.4.5 Condomínio necessário. Condomínio em paredes, cercas, muros e valas

Nessas hipóteses, a lei prevê situações específicas de condomínios decorrentes da vizinhança.

A tapagem e a separação dos prédios limítrofes se fazem por muros, cercas, valas. Essas obras podem gerar condomínio quando feitas em linhas divisórias dos imóveis. Podem ser feitas também por cercas vivas como árvores, arbustos.

Em um raciocínio lógico, os proprietários lindeiros concorrem em igualdade de condições para estabelecer a separação, tornando-se proprietários em comum das obras e materiais. No entanto, se um dos confrontantes pretender extremar o prédio com muro, parede, cerca, valado ou similar, poderá fazê-lo ainda que sem anuência do vizinho, intimando-o posteriormente para que concorra com as despesas proporcionai. Daí surge um condomínio forçado, imposto inicialmente por vontade unilateral, mas decorrente da lei.

A obrigação de o confinante concorrer para despesas com os gastos das obras, bem como para sua posterior manutenção, tipifica obrigação reipersecutória, aquela que acompanha a coisa, independentemente do seu titular, onerando sempre os confrontantes, presentes e futuros.

É direito do confinante obrigar o vizinho a demarcar os limites e a renovar os marcos destruídos ou apagados, com repartição proporcional das despesas.

1.4.5.1 Direito de tapagem

Pelos princípios vê-se como apropriada a denominação de *condomínio necessário*, para essas hipóteses (arts. 1.327 a 1330). O condomínio é necessário porque decorre inexoravelmente da vizinhança ou contiguidade dos prédios, não podendo ser afastado pela vontade das partes.

Há que se examinar conjuntamente os princípios acerca dos limites entre prédios e o direito de tapagem, descritos nos arts. 1.297 e 1.298 do Código Civil.

De acordo com o art. 1.297, pelo direito de tapagem permite-se ao proprietário lindeiro "cercar, murar, valar ou tapar de qualquer modo o seu prédio urbano ou rural".[12]

---

do direito que se objetiva assegurar e o perigo de dano ou o risco ao resultado útil do processo, requisitos devidamente preenchidos. 2 – Dispõe o artigo 1.326 do Código Civil que "Os frutos da coisa comum, não havendo em contrário estipulação ou disposição de última vontade, serão partilhados na proporção dos quinhões". 3 – Recurso desprovido. (*TJES* – AI 0005417-54.2019.8.08.0038, 25-6-2021, Rel. Des. Subst. Julio Cesar Costa de Oliveira).

12. Ação de obrigação de fazer cumulada com indenização por danos morais – Réu que, de forma arbitrária, derrubou muro divisório existente entre os lotes ocupados pelas partes. Ausência de justificativa para tal conduta. Violação ao direito de tapagem. Danos morais configurados. Recurso desprovido. (*TJSP* – AC 1016956-23.2019.8.26.0224, 19-3-2021, Rel. Milton Carvalho).

Apelação cível – Preliminar – Cerceamento de defesa – Rejeição – Direito de vizinhança – Uso anormal da propriedade – Obrigação de fazer – Acúmulo de resíduos e entulhos – Risco de rompimento da barreira de contenção existente – Perigo à integridade do prédio confinante – Muro de arrimo – Necessidade – Hipótese distinta do direito de tapagem – Danos Morais – Prova – Ônus do autor – Inocorrência – Recurso parcialmente provido – O julgador possui poderes instrutórios e deve realizar a gestão da prova, de forma que pode indeferir diligências que considerar inócuas ou meramente protelatórias, de forma motivada, consoante o art. 370, parágrafo único, do CPC, sem que se configure cerceamento de defesa – Nesse contexto, desafiando a matéria controvertida conhecimento técnico e tendo o laudo pericial sido claro, abrangente e objetivo, trazendo todo o convencimento necessário e suficiente ao deslinde da matéria fática em julgamento, despicienda a produção de prova testemunhal – Gera direito

Esse mesmo dispositivo regulamenta a forma pela qual se pode estabelecer materialmente a divisa entre prédios. Cuida-se, sem dúvida, de mais uma restrição ao direito de propriedade, que é em princípio exclusivo. No entanto, com a feitura dos limites se garante justamente essa exclusividade, ainda que se estabeleça, na maioria das vezes, comunhão na divisória, qualquer que seja, o material empregado. A propósito, lembre-se do que disse o poeta norte-americano Robert Frost, em um dos seus poemas conhecidos: "muros altos geralmente formam bons vizinhos". Diríamos que boas divisórias garantem essa boa vizinhança.

Presumem-se de ambos os proprietários confiantes os tapumes divisórios e assemelhados, constituindo obrigação *propter rem* as despesas de construção, manutenção e conservação. Este código trata dos limites entre prédios e do direito de tapagem no mesmo

---

à interferência preconizada pelo artigo 1.277, do *codex* civilista, o exercício irregular do direito de propriedade, que põe em risco intolerável a integridade do prédio confinante – A obrigação de construir muro de arrimo, hábil a conter os dejetos armazenados no próprio terreno, não se confunde com a obrigação de partilhar as despesas com o muro ou outro anteparo divisório, destinado tão só a promover a tapagem – O dano moral não se caracteriza automaticamente pela frustações, chateações e inconvenientes decorrentes das relações entre vizinhos. Em que pese tais situações gerarem transtornos cotidianos, em regra, são incapazes de causar danos à personalidade, pois, apesar de indesejadas, são inerentes ao convívio social – Não havendo prova da anormalidade da situação em comento, não se cogita de danos morais, ainda mais por não se tratar de hipótese de dano *in re ipsa* – Recurso ao qual se dá parcial provimento. (*TJMG* – AC 1.0521.13.014378-2/001, 9-6-2020, Relª Lílian Maciel).

Agravo de instrumento – Ação declaratória constitutiva – Decisão interlocutória que negou pedido de tutela de urgência para anular auto de infração lavrado pela Floram e, com isso, permitir a reconstrução de muro lindeiro à faixa de areia na praia do ribeirão da ilha. Insurgência do autor. Contestada a alegação de obra nova. Construção que estaria voltada à recuperação da murada que já guarnece a residência há mais de 3 décadas, protegendo-a de ressacas e invasões. Rechaço. Substrato probatório que, ao menos em sede de cognição sumária, demonstra-se insuficiente para dar suporte à versão autoral. Pretextada incompetência da Floram para fiscalizar política urbanística. Asserção improfícua. Autos de infração lavrados em razão da proximidade do muro construído com a orla marítima. Questão ambiental que enseja a intervenção do órgão. Aventado direito de tapagem (arts. 1.227 e 1.228 do Código Civil), autorizando a recuperação do cercado. Inviabilidade. Regramento que não pode ser utilizado em prejuízo da legislação ambiental e do interesse coletivo. Recurso conhecido e desprovido. (*TJSC* – AI 4019580-91.2018.8.24.0900, 02.04.2019, Rel. Des. Luiz Fernando Boller).

Apelação cível – Procedimento comum – Direito de vizinhança – Inovação recursal – Nulidade da citação – *Direito de tapagem* – Repartição das despesas – Juros de mora e correção monetária – Termo Inicial – Dano Moral–- 1 – As questões não suscitadas e debatidas em primeiro grau não podem ser apreciadas pelo Tribunal na esfera de seu conhecimento recursal, pois, se o fizer, ofenderá o princípio do duplo grau de jurisdição. 2 – "É válida a citação realizada na pessoa que se identifica como representante da pessoa jurídica e a recebe sem qualquer ressalva acerca da falta de poderes para tanto" (AgRg no AREsp 463.812/CE). 3 O vizinho confinante que não demonstra a desnecessidade da construção de muro divisório deve arcar proporcionalmente com 50% das despesas da obra, acrescidas de juros de mora desde citação e correção monetária pelos índices da CGJ desde o desembolso. 4 – A condenação por dano moral, arbitrada em quantia que se revela adequada para o caso concreto não deve ser majorada. São devidos juros de mora desde a citação e correção monetária pelos índices da CGJ desde o arbitramento. (*TJMG* – AC 1.0433.12.029248-0/001, 25.09.2018, Rel. José Flávio de Almeida).

Direito de vizinhança. Construção de muro divisório. *Direito de tapagem* – Pretensão à meação das despesas ausência de comprovação do ajuste. Irrelevância. Presunção legal iuris tantum de condomínio. Art. 1.297, § 1º, CC. Valor não impugnado de modo específico. Não demonstração de fatos extintivos, modificativos ou impeditivos do direito do autor. Art. 333, II, CPC – Sentença Mantida – 1– O direito de o titular obrigar o vizinho a contribuir com parte das despesas para a construção do tapume não está subordinado a prévio ajuste entre as partes ou, em sua falta, a sentença judicial. 2– O próprio réu admitiu em seu depoimento pessoal que ajudou a retirar a cerca para a construção do muro, daí se inferindo que a construção se deu na divisa, e não no terreno do autor. Outrossim, a testemunha por ele mesmo arrolada afirmou que construiu o muro metade na propriedade do autor, e metade na propriedade do réu. 3 – Tendo em vista que a construção e o custeio do muro pelo autor são fatos admitidos pelo réu, cabia a ele trazer aos autos outros elementos objetivos como orçamentos –, para demonstrar o excesso que alegou, fornecendo subsídios para o seu arbitramento, o que não fez. Descumpriu, assim, o ônus que lhe competia a teor do art. 333, II, do Código de Processo Civil, de demonstrar fatos extintivos, modificativos ou impeditivos do direito do autor. 4– Recurso improvido. (*TJSP* – Ap 0000781-35.2012.8.26.0185, 26.09.2013, Rel. Artur Marques).

art. 1.297, o qual determina a repartição proporcional das despesas. Essa presunção é relativa (§ 1º), podendo as partes dispor diferentemente. Segundo esse dispositivo, os confinantes estão obrigados, de conformidade com os costumes do local, a concorrer em partes iguais para as despesas de construção e conservação das divisórias.

A vedação das divisas é um direito do proprietário e não uma obrigação, a não ser que decorra de imposição administrativa ou contratual entre os confinantes. Se a modalidade de divisão é atribuída pelo loteador, constando do registro imobiliário, essa disposição equivale a determinação administrativa.

O proprietário tem possibilidade de cobrar do confiante sua quota, se não contribuiu para as despesas. Há que se verificar no caso concreto se a divisória foi erigida conforme os usos do local, não podendo o confinante a pagar por cercas, muros ou equivalente que se convertem em benfeitorias voluptuárias. Se foram utilizadas plantas raras na cerca viva, por exemplo, não poderá o lindeiro carrear ao vizinho despesas supérfluas.

O § 2º do art. 588 do Código de 1916 definia o que o ordenamento entende por *tapumes*:

> As sebes vivas, as cercas de arame ou de madeira, as valas ou banquetas, ou quaisquer outros meios de separação dos terrenos, observadas as dimensões estabelecidas em posturas municipais, de acordo com os costumes de cada localidade, contanto que impeçam a passagem de animais de grande porte, como sejam gado vacum, cavalar e muar.

Essa dicção auxilia na compreensão atual. Segundo este Código, essas sebes vivas, árvores ou plantas quaisquer, que servem de marco divisório, somente podem ser cortadas, ou arrancadas, de comum acordo entre os proprietários (art. 1.297, § 2º).

Os costumes do local, bem como as necessidades específicas dos confinantes, definirão as modalidades de divisória. Se apenas um deles mantém animais que exijam cuidados e cercas especiais, certamente deverá arcar com um plus nas despesas divisórias. Assim, podem surgir dúvidas sobre muros simples ou pintados; com tijolos aparentes ou revestidos, cercas com moirões de madeira ou de concreto, gradis simples ou decorados, arames farpados ou simples, cerca vivas com sebes ou árvores etc. Não havendo acordo entre os interessados o caso concreto irá para o julgador. Não somente a segurança será levada em conta, como também, evidentemente a praticidade, estética e preço.

Note que não ocorrendo presunção de comunhão, sendo tanto a construção do muro ou divisória, como sua manutenção de responsabilidade e iniciativa de um só dos vizinhos, sem imposição legal ou negociação para tal, pertencem só a ele, que não pode obrigar o confinante a pagamento, segundo a doutrina tradicional. Quem nega a titularidade do muro ou divisória deve provar em contrário, segundo decorre da previsão legal. Quando o confinante nega o pagamento, cabe ao lindeiro que arcou com a despesa do muro ou equivalente obter declaração judicial do doutro proprietário para pagamento pelo tapume ou assemelhado em comum, sob pena de se concluir que a titularidade da divisória é de um só dos vizinhos.

> O concurso de ambos para a obra divisória pode ser considerado necessário ou não. A obrigação de concorrer para as despesas de construção e conservação dos tapumes divisórios só se tona exigível, obviamente, quando são comuns (GOMES, 1983:190).

Se existir lei ou contrato que imponha o tapume ao lindeiro, este não poderá se furtar à despesa comum, ainda que não exista obrigação de construção do tapume, a decisão judicial normalmente propenderá a concluir que a divisão é erigida para benefício de ambos, devendo ser repartidas as despesas. Não se trata, porém, como expusemos, de regra geral. Difícil será, no entanto, na prática, negar a utilidade comum do tapume para os confiantes. No entanto, o fato de só um deles ter construído a divisória às suas expensas, não induz que tenha desistido de cobrar a metade do vizinho.

Lembre-se sempre da regra do art.1.328, pela qual o confinante tem *direito* de adquirir meação do muro ou similar, pagando metade do valor ao vizinho. Assim como o construtor pode cobrar metade do valor gasto com a divisória, o vizinho que não erigiu o tapume tem direito de exigir, mediante pagamento, o direito de meação. A lei busca desse modo sempre a comunhão dos muros divisórios. Lembre-se, que pela dicção do art. 1.330, enquanto o vizinho não pagar ou depositar o valor da meação, não poderá fazer uso da parede ou divisória.[13] Não poderá, portanto, travejá-la ou assim utilizá-la. Seu direito somente nasce com o pagamento, ainda que a iniciativa do levantamento do muro não tenha sido sua, mas daquele que erigiu a divisória.

Na síntese de Serpa Lopes (11964, v.6, p. 441) dentro do aqui exposto, a meação dos muros, paredes, cercas ou valas decorre de três causas: (1)foram construídos pelos vizinhos de comum acordo; (2) tornaram-se comuns sem decorrência de negócio jurídico e (3) existem por presunção legal e pela falta de prova de exclusividade de propriedade.

Quem possuir animais que exijam maior proteção, tais como aves e animais domésticos, ou quem necessitar de tapumes para outro fim, deve responder valor representado pela construção de tapumes especiais. Os custos serão, no entanto, repartidos, se esses tapumes foram úteis para ambos confiantes. Contudo, como regra geral, os tapumes especiais serão de propriedade exclusiva do dono do terreno obrigado a construí-los. Todavia, embora a lei não o diga, é justo que o proprietário que desses especiais não necessite, arque com as despesas de metade do valor de divisórias normais para propriedade conjunta.

Se a divisória for de mero deleite ou ornamentação, de natureza voluptuária, não pode o seu construtor imputar metade do valor delas ao vizinho. A solução seria o lindeiro pagar os custos ordinários para divisórias comuns, correntias na região.

A doutrina lembra ainda da colocação e *ofendículas* sobre o muro divisório (cacos de vidro, farpas, agulhas, pontaletes agudos) para impedir invasões. Trata-se de aspecto também decorrente da convivência da vizinhança. Atualmente o conceito mudou para proteções eletrônicas, com cercar eletrificadas com alarmes, câmeras etc. Podem também ser incluídas como despesas de interesse comum dos confiantes, se úteis a ambos e se presentes nos costumes e nas necessidades do local.

Recorde que a remoção de tapume, marco ou qualquer sinal indicativo de linha divisória de propriedade pode tipificar o crime do art. 161 do Código Penal (*alteração de*

---

13. Apelação – Ação de obrigação de fazer e indenização por danos morais – *Direito de vizinhança* – Sentença de parcial procedência – Apelo do réu – Laudo pericial comprovou ter o réu realizado construção em cima do muro levantado exclusivamente pela autora, em seu terreno – Ausente pagamento pela meação do muro divisório, nenhum uso pode o confinante fazer – Desfazimento necessário – Inteligência dos arts. 1.307 e 1.330 do Código Civil – Redução da multa diária, ante as peculiaridades do caso concreto – Sentença reformada apenas neste aspecto. Recurso parcialmente provido, com observação. (*TJSP* – AC 1000761-36.2015.8.26.0439, 29-3-2019, Relª Maria Cristina de Almeida Bacarim).

limites). Esse delito exige o dolo específico para se apropriar da coisa alheia. Também é crime *"introduzir ou deixar animais em propriedade alheia, sem consentimento de quem de direito, desde que o fato resulte prejuízo"* (art. 164 do CP). Avulta, portanto a importância de o tapume ser mantido pleno.

O art. 1.297, § 2º ainda sustenta que as sebes vivas, as árvores ou plantas quaisquer, que servem de marco divisório, só podem ser cortadas ou arrancadas de comum acordo entre os proprietários.

As cercas marginais das vias públicas serão feitas e conservadas pela Administração ou pelas empresas ou pessoas que as explorem. Essa matéria é de direito público.

Essas regras gerais sobre os tapumes aplicam-se também aos possuidores diretos, locatários, arrendatários, usufrutuários etc. desde que os terrenos sejam utilizados por eles. Esse aspecto é da essência das obrigações *propter rem*. Não ficam os possuidores proibidos de limitar materialmente os limites da coisa, sobre a qual exercem o fato da posse.

1.4.5.2 Demarcação

Já apontamos que os condôminos podem dividir a coisa comum, sempre que possível. O art. 1.298 traz princípio correlato para os proprietários ou possuidores contíguos, que é a possibilidade de demarcação no seguinte sentido:

> Sendo confusos os limites, em falta de outro meio, se determinarão de conformidade com a posse justa; e, não se achando ela provada. O terreno contestado se dividirá por partes iguais entre os prédios, ou, não sendo possível a divisão cômoda, de adjudicará a um deles, mediante indenização ao outro.[14]

Essa redação, embora retrate bem a situação da necessidade de demarcação entre terrenos de condôminos, não nos parecer ser a de mais confortável compreensão

A contiguidade de prédios pode sempre levantar dúvidas de limites, A questão tem evidente importância para avaliar a correta exploração e utilização social da propriedade. A necessidade de conhecer as lindes de cada imóvel é persistente e útil.

Desde o Direito Romano se tem notícia da ação demarcatória, A legitimidade para a ação não é somente do proprietário, mas também do enfiteuta, superficiário, usufrutuário, nu-proprietário, enfim todos que exercem validamente a posse, como quase um proprietário. Cada condômino confinante tem o direito de ingressar com a ação se o

---

14. Direito civil e processual civil – Recurso de apelação – *Ação de demarcação* – Julgamento antecipado da lide sem produção de prova – Cerceamento de defesa caracterizado – Sentença que adota como fundamento a ausência de prova— Impossibilidade – *Decisum* desconstituído – Recurso provido – 1 – Em se tratando de hipótese em que existe necessidade de definir situações fáticas, o julgamento antecipado da lide é medida precipitada, configurando cerceamento de defesa. 2 – O art. 1.298 do CC estabelece que "sendo confusos os limites, em falta de outro meio, se determinarão de conformidade com a posse justa; E, não se achando ela provada, o terreno contestado se dividirá por partes iguais entre os prédios, ou, não sendo possível a divisão cômoda, se adjudicará a um deles, mediante indenização ao outro". 3. No caso concreto não houve prova do tipo da posse, do modo e seus elementos, a fim de estabelecer a divisão e demarcação da área reclamada. 4 – Na análise de situações fáticas é indispensável a comprovação das alegações mediante a produção de prova requerida pelas partes, inviabilizando o julgamento antecipado da lide, nos moldes do art. 355 do CPC. 5 – A Apelante, na petição inicial, requereu a produção de outras provas, notadamente a pericial e oral, a fim de demonstrar a veracidade de suas alegações, de sorte que, ao julgar antecipadamente a lide, sem determinar a produção das provas por ela requerida, o magistrado singular acabou por cercear o seu direito de defesa. 6 – Recurso provido. (*TJPE* – Ap 0000305-16.2014.8.17.1110, 20.03.2018, el. Sílvio Neves Baptista Filho).

concurso dos demais condôminos. No atual CPC o processo está disciplinado dos arts. 569 ss. Equivale à tradicional *actio fifium regundorum* do Direito Romano do Direito Romano. Não se restringe à simples demarcação, mas também à repartição de despesas.

Trata-se igualmente de direito potestativo ou facultativo do proprietário, imprescritível, portanto, podendo ser exercido enquanto perdurar a confinância. É requisito para sua admissão que os limites entre os prédios de diferentes proprietários se apresentem com sinais divisórios exteriores inexistentes ou duvidosos: muros, marcos, cercas, tapumes, valas desaparecidos ou apagados. Não importa a causa da ruína ou desaparecimento. Se houve culpa do vizinho responderá por perdas e danos. Se a linha divisória é perfeitamente delineada, não haverá necessidade de aviventar os marcos e não se permitirá a demarcação.

Por vezes, a confusão de limites não permite definição clara e precisa da propriedade de um e de outro. A dúvida se definirá em favor de que exerça a posse na porção contestada, sem resistência do vizinho. Por essa razão a demarcatória pode vir cumulada com pretensão possessória. Com muita frequência se discutirá o fato da posse nessas ações.

Quando se transfere o âmbito da prova para a posse, o exame do título dominial é adminículo probatório, sem ser prova definitiva. Se a demarcatória for fundada unicamente no domínio, não se trará à baila a questão possessória. Embora a natureza dessa ação seja declaratória, com frequência se pleiteará também reivindicação de área, não se confunde, todavia, a ação demarcatória com as ações reivindicatórias e possessórias. Essencialmente na demarcatória, ambos os confinantes têm interesse em avivar ou estabelecer marcos.

Quando se transfere a discussão para a posse, pode ser alegado, por exemplo, usucapião, quando a ótica da ação se desloca e não pode ser admitida.

Não conseguindo o julgador estabelecer os rumos dos imóveis, nem com os títulos, nem com a posse, o código atual determina a divisão do terreno contestado em partes iguais. Observe-se com cuidado que essa divisão é somente no tocante à área em litígio. Nem sempre será a solução mais justa. Em última hipótese, se essa divisão cômoda não for possível, caberá ao magistrado adjudicar a área litigiosa a um dos confinantes, mediante indenização ao outro. A quem caberá a área nesse caso somente o caso concreto poderá definir levando em conta detalhes como, por exemplo, um dos titulares já efetuou construção ou plantação no local, sendo justo que continue nele. Nem sempre será fácil ao julgador encontrar e melhor solução nesse caso.

Note que há duas fases distintas na demarcação. Na primeira, discute-se a obrigação de demarcar bem como possíveis questões de títulos e de posse. Procedente o pedido demarcatório, passa-se à fase executória com o estabelecimento de marcos.

Quando apenas se discute o estabelecimento de marcos, sem reivindicação, as partes se colocam como promoventes e promovidos e não de réu e autor, e não havendo resistência, repartem-se as despesas. Nada impede que a demarcação seja realizada em transação ou em outro negócio jurídico, podendo ser objeto de arbitragem. Essas questões de direitos reais possuem, sem dúvida, muitos detalhes.

Capítulo 2
INCORPORAÇÃO IMOBILIÁRIA

> **Sumário:** 2.1 Conceito. Natureza jurídica. 2.2 Contrato. Particularidades. 2.3 Partes. Objeto. 2.4 Conteúdo. Lançamento da incorporação. Construção. 2.5 Construção por empreitada e por administração. Venda por preço global. 2.6 Entrega do empreendimento. Penalidades. Adquirentes desistentes. 2.7 Obrigações e direitos do incorporador. 2.8 Obrigações e direitos dos adquirentes. Inadimplemento contratual. 2.9 Comissão de representantes e assembleia geral dos adquirentes. Convenção do condomínio. 2.10 Inadimplência do incorporador. 2.11 Inadimplência do adquirente. 2.12 Extinção. 2.13 Patrimônio de afetação.

2.1 CONCEITO. NATUREZA JURÍDICA

A incorporação imobiliária resume um microssistema na lei específica, com várias alterações por leis posteriores, descendo a minúcias sob vários aspectos. Nesta obra buscamos dar uma noção geral do instituto, mormente no que interessa ao condomínio, finalidade precípua deste trabalho. Há muitas particularidades no exame das incorporações que merecem análise monográfica.

O contrato de incorporação imobiliária apresenta complexidade, eis que muito se relaciona com direitos reais, pois o que se busca é a construção edilícia, de forma geral. Esse contrato é regido pela Lei 4.591/64, a qual, até a entrada em vigor do Código Civil atual, regia também os condomínios. Essa lei permitiu o incremento das construções de edifícios, que anteriormente não tinham um regramento aceitável, e não andavam bem na economia nacional. O incremento da urbanização do país na década de 60 exigia uma microssistema, termo que não se utilizava na época.

A Lei 10.931/2004, que criou o patrimônio de afetação para essas incorporações, também atinge a conceituação desse contrato. A Lei 13.786/2018, adicionou texto à lei das Incorporações, para cuidar, principalmente, do desfazimento do contrato para aquisição de imóvel pelo adquirente. A Medida Provisória 1.085/2021, que se espera tornar-se lei, atinge novos pontos do tema, alterando a Lei 4.591/1964.

A ideia central desse negócio jurídico é colocar um imóvel, terreno à disposição de um interessado para construir edifícios com unidades autônomas ou conjunto de imóveis, ainda que não em propriedades horizontais. Também pode ocorrer que se forme um grupo de pessoas que decide pela construção em conjunto de unidades autônomas.

A parte sobre condomínio dessa lei passou a ser disciplinada pelo Código Civil atual, o qual silencia a respeito da incorporação imobiliária. Segundo a noção do art. 28 da Lei 4.591, incorporação imobiliária é o *negócio jurídico que tem por finalidade promover, administrar e realizar a construção, para alienação total ou parcial de unidades autônomas, as quais podem ser constituídas de apartamentos, escritórios, garagens, centros comerciais etc.* Em torno desse contrato se enfeixam vários negócios ligados à construção civil e empreendimentos imobiliários, sempre com referência à pessoa do incorporador.

Para principiar esse estudo, é conveniente situar previamente a figura do *incorporador*, geralmente, mas não necessariamente, pessoa jurídica. O art. 29 da lei especifica o define de forma assaz prolixa:

> Considera-se incorporador a pessoa física ou jurídica, comerciante ou não, que embora não efetuando a construção, compromisse ou efetive a venda de frações ideias de terreno objetivando a vinculação de tais frações a unidades autônomas, em edificações a serem construídas ou em construção sob regime condominial, ou que meramente aceita propostas para efetivação de tais transações, coordenando e levando a termo a incorporação e responsabilizando-se, conforme o caso, pela entrega, a certo prazo, preço e determinadas condições, das obras concluídas.

Essa prolixidade legal justificava-se à época da promulgação perante a incerteza reinante a respeito da atividade do incorporador. Essa figura empresarial, destinada originalmente à construção de edifícios de unidades autônomas, abrange mais recentemente empreendimentos não imaginados no passado, como condomínios fechados, clubes de campo, multipropriedade e tantos outros. Assim sendo, é irrelevante a modalidade da construção, vertical ou horizontal, sob orientação e direção de pessoa natural ou jurídica.

Ao criticar essa definição Arnaldo Rizzardo sustenta, com razão, que "melhor teria sido que simplesmente constasse o incorporador como a pessoa natural ou jurídica que promove a construção da edificação composta de unidades autônomas para sua alienação total ou parcial" (2019: 266).

Essa lei, derrogada quanto aos condomínios, necessitava mesmo de remodelação. Mesmo o condomínio, regulado pelo Código Civil, está a merecer um microssistema, tantas são as particularidades que ficam fora do texto legal.[1]

Não há necessidade, contudo, que, essas duas matérias, incorporações e condomínios, estejam presentes no mesmo diploma. Sua conjunção legal na época da lei foi uma contingência legislativa. Os dois institutos, dentro dessa lei, são, na verdade autônomos e independentes, sem maiores ligações ou ilações.

Caracteriza-se a incorporação imobiliária entre nós quando a iniciativa do empreendimento é levada avante pelo incorporador que se dispõe a comercializar unidades autônomas, apartamentos, garagens, escritórios etc. Não ocorre a incorporação quando proprietários de um imóvel, ainda que sobre a direção de um administrador, resolvem construir prédio com unidades autônomas. Nesta hipótese, os futuros proprietários das unidades promoverão o condomínio.

---

1. Apelação Cível – Promessa de compra e venda de imóvel na planta ou em construção – Inadimplência ou mora do promitente vendedor – Pedido de rescisão contratual c/c devolução de valores – Justa causa para resolução do negócio jurídico – Retorno das partes ao *status quo ante* – Exceção do contrato não cumprido – Inadimplência prévia do incorporador caracterizada – Suspensão do pagamento legítima – Recurso conhecido e desprovido – 1 – O inadimplemento ou a mora no cumprimento da obrigação, no caso a entrega do imóvel adquirido pelo regime de incorporação, é fato bastante e suficiente para amparar o pedido de resolução da promessa de compra e venda de imóvel por culpa da incorporadora. 2 – Não procede a tese de exceção do contrato não cumprido, se a parte já estava inadimplente, quando o promissário comprador suspendeu o pagamento da parcela final e marcada para o momento posterior a entrega da unidade (o art. 18, II, § 1º do CDC e Súmula 543 do STJ). 3 – Recurso conhecido e desprovido. (*TJDFT* – Proc. 07024584220178070014 – (1310818), 21.01.2021, Rel. Luís Gustavo B. de Oliveira).

O ponto saliente da citada lei foi atribuir efeito real, em favor dos adquirentes e do incorporador, mediante registro de documentação no cartório imobiliário. O contrato de incorporação abrange ajuste referente à alienação de fração ideal do terreno ligado à futura unidade autônoma e a possibilidade de o incorporador promover a construção do edifício diretamente, por empreitada ou por administração. A alienação antecipada das futuras unidades permite, em princípio, a captação antecipada de recursos e a consecução das obras edilícias. A lei de incorporações visou principalmente proteger os consumidores adquirentes, uma vez que até então a atividade de incorporação era sumamente falível e caíra no total descrédito. As leis posteriores que alteraram o texto básico vieram exatamente no mesmo sentido teleológico.

A incorporação busca basicamente a formação de um condomínio. Desenvolve-se por meio de sucessão de atos jurídicos e materiais. Ocorrem fundamentalmente quatro atividades negociais com participação do incorporador. Há um contrato que objetiva a aquisição do terreno; a seguir ocorre a formalização dos contratos preliminares para aquisição das unidades autônomas e um contrato de prestação de serviços do incorporador. Depois é contratada a construção propriamente dita. Esses vários ajustes podem apresentar nuanças diversas no caso concreto, podendo figurar em vários instrumentos ou em apenas um. A Lei 4.591, define incorporação imobiliária no art. 28, parágrafo único como

a atividade exercida com o intuito de promover e realizar a construção para alienação total ou parcial, de edificações, ou conjunto de edificações compostas de unidades autônomas.

Existe o procedimento prévio com a apresentação e arquivo da documentação ao registro imobiliário.

O incorporador não se coloca somente como mandatário, empreiteiro ou realizador. Trata-se da figura catalisadora de um complexo, de um feixe contratual. Centraliza, administra e deve concluir o empreendimento. Com vasto âmbito de responsabilidades descritas na lei. Há um contrato normativo, com cláusulas predispostas que ficam arquivadas no registro imobiliário e todos os adquirentes das unidades condominiais necessariamente aderem a esse pacto, que são obrigatórias. É permitido, no entanto, que em cada contrato com os aderentes acrescentem cláusulas atinentes a preço, forma e prazo de pagamento, acabamento interno das unidades, restrições de vizinhança etc. as quais podem não constar das cláusulas padrão. Dessa forma temos um pacto misto, constante de cláusulas de adesão e cláusulas, em princípio, paritárias.

Em torno do incorporador gravitam não só os contratos com os adquirentes, assim como fornecedores, construtores, técnicos etc. Perante cada adquirente, contudo, a responsabilidade será sempre do incorporador. A Lei 10.931/2004 instituiu quadro inicial que deve constar obrigatoriamente do contrato. Buscou-se fornecer maior informação e garantia aos consumidores adquirentes, assim como para as empresas financiadoras do empreendimento.

A lei 13.786/2018 inseriu no diploma legal das incorporações o art. 35-A, que passou a exigir que os contratos sejam iniciados por *quadro-resumo*, com mais detalhes. Esse documento inicial deve constar necessariamente do contrato. Deve conter, destacadamente, entre outros aspectos, o preço total da unidade, valores da parcela de entrada e forma de pagamento, valor da corretagem, sua forma de pagamento com indicação clara de valores, consequências de desfazimento do contrato, entre várias outras disposições. Há doze itens nesse artigo, de suma importância para as partes, mormente para os adquirentes. A norma é expressa no sentido que esse quadro-resumo deve iniciar os contratos. Trata-se, a bem de ver, de extensão do Código de Defesa do Consumidor, quanto ao importante dever de informação ao consumidor.

Realçamos o item VIII do dispositivo o qual menciona acerca da possiblidade do exercício, por parte do adquirente do imóvel, do direito de arrependimento previsto no art. 49 do Código de Defesa do Consumidor. [2]Isto em todos contratos firmados em estandes de vendas e fora da sede do incorporador ou do estabelecimento comercial. Trata-se do prazo de sete dias que tem o consumidor a contar da assinatura do contrato ou do recebimento do produto quando a contratação ocorre fora do estabelecimento comercial. Essa norma aí expressa é oportuna. Na lei consumerista esse dispositivo tem por finalidade possibilitar ao adquirente a desistência do negócio, quando este foi realizado por impulso e sem maior meditação. A mesma disposição é diretamente repetida no art. 67-A, § 10.[3]

---

2. Apelação Cível – Compra e venda de imóvel – Indenização por danos materiais e morais – Alegação de atraso na entrega da obra – Atraso na entrega das chaves – Configuração – Prazo para entrega da obra se encerrou, com o cômputo do prazo de tolerância de 180 dias, em 30/12/2015. Chaves entregues em 28/12/2015. Nessa oportunidade, o imóvel não estava em condições de uso. Regularização do abastecimento de água em 19/02/2016. Mora configurada. Culpa da ré evidente, diante do entendimento contido na teoria do risco da atividade. Multa inversa. Ausência de interesse recursal. Multa pelo atraso na entrega do bem já foi aplicada pela r. sentença e em valor acima do habitual imposto a casos análogos ao dos autos. Manutenção para não configurar "reformatio in pejus". Taxa de evolução de obra. Encargo decorrente do contrato de financiamento e imposto ao mutuário pelo agente financeiro. Legalidade da cobrança até a data prevista para entrega da obra. Prazo limite para entrega das chaves era em 30/12/2015. Imóvel em condições de habitabilidade somente em 19/02/2016. Cabimento da devolução dos valores pagos a título de juros de obra desde 31/12/2015 a 19/02/2016. Interpretação do Recurso Especial julgado pelo procedimento previsto para os Recursos Repetitivos 1729593/SP, Rel. Ministro Marco Aurélio Bellizze, 2ª Seção, julgado em 25/09/2019, DJe 27/09/2019). Danos morais. Entrega do imóvel que deve acontecer com condições de uso. Situação que não ocorreu no caso dos autos. Regularização do fornecimento de água ocorreu em 19/02/2016, cerca de um mês e 19 dias do previsto para entrega do bem (30/12/2015). Ultrapassado período mínimo para entrega do bem. Abalo moral passível de indenização não configurado. Indenização indevida. Multa pelo atraso na obtenção do financiamento. Sentença que afastou a cobrança. Falta de interesse recursal do autor em relação a esse pedido. Despesas condominiais. Ausência de interesse recursal configurada. Sentença que já anulou a cláusula que prevê o pagamento antes da imissão na posse do bem. Redução patrimonial. Pedido de indenização. Não cabimento. Questões relativas às infiltrações em algumas unidades (não a do autor) e nas áreas comuns do empreendimento não impediram a habitação do imóvel. Propaganda enganosa não configurada. Inexistência de provas da alteração no projeto do empreendimento em prejuízo do adquirente. Existência de unidades com quintal constou claramente no Quadro Resumo do contrato firmado entre as partes e no Memorial de Incorporação do Condomínio. Sucumbência inalterada. Resultado. Recurso parcialmente provido, na parte conhecida. (*TJSP – AC* 1001153-64.2016.8.26.0269, 1º.10.2020, Rel. Edson Luiz de Queiroz).
3. Apelação cível – Direito civil e do consumidor – Contrato de promessa de compra e venda de imóvel – Desfazimento – Iniciativa do comprador – Multa Contratual – Cláusula de retenção – Lei 13.786/2018 – Constituição de patrimônio de afetação – Demonstração extemporânea – Supressão de instância – Preclusão consumativa – Relação de consumo – Penalidades contratuais aplicáveis – Informação inadequada – 1 – A cláusula penal constitui uma obrigação acessória, que estipula pena ou multa ao devedor que culposamente descumpre a sua obrigação ou se constitua em mora. 2 – Na hipótese de desfazimento de contrato de promessa de compra e venda de unidade imobiliária submetida ao Código de Defesa do Consumidor por culpa ou desistência do promitente comprador, deve ocorrer a restituição parcial das parcelas pagas (Súmula 543/STJ). 3 – O art. 67-A da Lei 4.591/1964, incluído pela Lei 13.786/2018, passou a autorizar expressamente, no caso de desfazimento do contrato por culpa ou desistência do comprador, a retenção de até 50% (cinquenta por cento) da quantia paga no caso de empreendimentos

Esses doze itens desse quadro-resumo são essenciais para a higidez, clareza e compreensão do negócio, tanto que o § 1º dispõe que "identificada a ausência de quaisquer das informações previstas no caput deste artigo, será concedido prazo de 30 (trinta) dias para aditamento do contrato e saneamento da omissão, findo o qual, essa omissão, se não sanada, caracterizará justa causa para rescisão contratual por parte do adquirente". O § 2º acrescenta que esse desfazimento seguirá o CDC (§ 4º do art. 54). Como o contrato é padrão assim como deve ser esse quadro resumo, a notificação para regularização feita por um adquirente, deve beneficiar os demais, que poderão ser cientificados.

2.2 CONTRATO. PARTICULARIDADES

O incorporador pode adotar o sistema de venda direta a *preço global*, *empreitada* ou de *preço de custo*, como veremos. Qualquer que seja a modalidade escolhida, a natureza do contrato será idêntica. Nesse negócio jurídico, o contrato de incorporação é plurilateral, conforme essa classificação tradicional.

Essas modalidades de contrato recebem regulamentação específica. Nesses negócios existe a figura centralizadora, o *administrador do contrato*, na hipótese, o incorporador, e as múltiplas partes contratantes que com ele concluem vários negócios. Não se trata exatamente de contrato entre duas partes, pois podemos ter compra e venda com mais de um comprador ou vendedor. Na pluralidade da incorporação, cada um contrata de per si. O objetivo imediato de cada adquirente é obter sua unidade autônoma pronta e acabada. Por igual sucede no contrato de consórcio, por exemplo. O vínculo que cada consorciado mantém com os demais consorciados é tênue, mas existe, tanto que o destino do grupo consorcial depende do cumprimento de obrigações de cada adquirente consorciado. Da mesma forma, o sucesso do empreendimento imobiliário, mormente aquele por administração, depende do correto adimplemento dos contratos estabelecidos com cada adquirente. A característica primordial desses contratos é permitir o ingresso e saída dos contratantes com a empresa em andamento, sob determinadas condições. Por essa e tantas outras razões, esses empreendimentos devem ser garantidos por instituições financeiras e seguros idôneos, que permitam a conclusão das obras em caso de dificuldades entre a inúmeras que podem ocorrer em empreitas desse gênero.

---

submetidos ao regime do patrimônio de afetação (art. 67-A, § 5º), e de até 25% (vinte e cinco por cento) para os empreendimentos que não foram objeto de afetação pelo incorporador (art. 67-A, II). 4 – A contestação e a fase probatória são o momento oportuno para a ré impugnar especificamente o direito postulado. Deixando a ré de demonstrar, no momento adequado, o fato modificativo de estar a incorporação submetida ao regime do patrimônio de afetação para só apresentar o documento na fase recursal, caracterizada está a preclusão consumativa, não sendo possível a apreciação do documento nessa fase recursal, sob pena de violação ao princípio da segurança jurídica e supressão de instância. 5 – A apresentação de prova documental de forma extemporânea somente é admitida em se tratando de fato superveniente ou documento novo, assim compreendido aquele que se torna conhecido, acessível ou disponível após o fato. 6 – Ante a inobservância pela ré do seu mister processual, deve-se reconhecer a nulidade da cláusula contratual, aplicando-se a regra geral invocada, para reduzir a penalidade para 25% sobre a quantia paga, consoante art. 67, II, da Lei 4.591/1964. 7 – Igualmente incabível a cobrança pretendida por ausência de observância ao disposto nos arts. 6º, III, 35-A, VI, e art. 46 do código de Defesa do Consumidor, que impõe aos contratos de promessa de venda a indicação clara das consequências do desfazimento, com destaque negritado para as penalidades aplicáveis. 8 – Recurso conhecido e desprovido. (*TJDFT* – Proc. 07004007320208070010 - (1339693), 26.05.2021, Relª Maria Ivatônia).

2.3 PARTES. OBJETO

Quem adquire unidade de empreendimento com obra em curso tem o direito de conhecer o estágio em que se encontra. A cessão de posição contratual na incorporação imobiliária ocorre com frequência. Cuida-se de negócio trilateral com detalhes específicos, daí porque há necessidade de concordância e participação do administrador do contrato, o incorporador. Pode ser abusiva a cláusula que exija preço discordante ou abusivo para essa transferência e anuência. A lei sobre incorporações não é expressa a esse respeito, no tocante a direitos dos adquirentes perante o incorporador. A questão deve ser vista em paralelo, contrapartida com os direitos do incorporador.

Existe relação que se pode nominar de "tradicional" entre o incorporador e o adquirente. Todavia, existe também vínculo negocial que une os vários adquirentes entre si. Tanto que a própria lei permite que se reúnam em assembleia, com poderes até para destituir o incorporador. Nesse negócio avulta a importância do aspecto das exceções pessoais e gerais que podem ser opostas pelos aderentes ao incorporador. Figure-se, por exemplo, que determinado contrato sofra do vício de dolo ou coação. Esse vício, em princípio, não maculará os demais contratos do empreendimento. No entanto, se a incorporação se originou de documentação inidônea para obtenção de registro imobiliário, por exemplo, todos os negócios estarão eivados e qualquer interessado ou a assembleia podem arguir a nulidade.

Temos, portanto, uma figura contratual na qual por vezes realçam-se todos adquirentes, em outras situações, um ou outro partícipe. Quando ocorre inadimplemento por parte de adquirente, cabe ao incorporador ou à Comissão de Representantes a iniciativa de rescindir o contrato. Pode, também, competir à assembleia essa tarefa, por disposição contratual.

Quando o inadimplemento é do incorporador, cada adquirente terá legitimidade para argui-la, utilizando também, se necessário, dos fundamentos da lei consumerista.

A lei atribui funções importantes ao incorporador. O sucesso ou insucesso do empreendimento imobiliário dele depende quase exclusivamente, de sua conduta proba, sua boa administração e sua higidez financeira. A promulgação dessa lei específica, e suas modernizações acrescidas, deveu-se a série enorme de construções de edifícios frustradas, levando de roldão muitas esperanças e economias. Se ainda não estamos na situação ideal, melhorou consideravelmente.

No desempenho de sua função, o incorporador deve praticar inúmeros negócios jurídicos, desde firmar contrato para a aquisição do terreno, bem como obter financiamento bancário e contratar com os adquirentes, entre outras múltiplas situações.

Conforme o mencionado art. 29, o incorporador pode ser pessoa natural ou jurídica, empresário ou não. Os empreendimentos atuais exigem vasto cabedal de experiência e estrutura, que praticamente alijam a pessoa natural. O art. 31 apresenta número fechado para a figura do incorporador, estabelecendo que a iniciativa e a responsabilidade das incorporações imobiliárias caberão ao incorporador, *que somente poderá ser* o proprietário do terreno, o promitente comprador, o cessionário deste ou promitente cessionário com título suficiente ali descrito e o construtor, sob determinadas condições.[4] Admite-se também que o permutante possa figurar na hipótese, pela referência que faz ao art. 39. Esta situação ocorrerá quando o pagamento pela aquisição do terreno se dará com parte das unidades autônomas a serem construídas.

Note que o incorporador pode não ser o construtor. A construção pode ser atribuída a terceiro, sob regime de empreitada ou administração. O construtor, geralmente contratado pelo incorporador, não se liga ao plano de vendas, nem contrata com os adquirentes. O construtor fica responsável pela qualidade e solidez obra, mas responderá solidariamente com o incorporador se for acionado por adquirentes. Não se esqueça que o incorporador sempre será responsável pelo universo dos adquirentes, com eventual direito de regresso perante o construtor.

O incorporador assume, no entanto, a responsabilidade pelo empreendimento. Em toda incorporação está implícita a outorga de mandato irrenunciável ao incorporador, para que represente os interesses dos adquirentes. Esse mandato decorre de disposição legal. Como mandatário, o incorporador sujeita-se à responsabilidade inerente à gestão de interesses alheios. O proprietário do terreno, ou titular de direitos sobre ele, concede mandato ao construtor, corretor, incorporador enfim, com poderes especiais com a finalidade de implantar o empreendimento e transferir aos adquirentes das respectivas unidades autônoma. Construtor ou corretor podem se colocar na mesma posição de incorporador.

Adquirentes ou subscritores nesse negócio serão quaisquer pessoas naturais ou jurídicas que se proponham a adquirir unidades autônomas. Realça-se, dessa forma, o caráter plurilateral do contrato.

Como apontado, a incorporação objetiva a edificação e a conclusão de empreendimento imobiliário que não se restringe apenas a prédios residenciais e comerciais. O art. 8º se refere a conjunto de casas térreas, ou assobradadas, bem como prédios com unidades autônomas. Importa que seja possibilitada a aquisição das unidades pelos aderentes. Estes devem fornecer o numerário necessário para o empreendimento. O negócio pressupõe a vinculação entre a alienação das frações de terreno e a construção (art. 29, parágrafo único).

Um grupo de pessoas que tenham um terreno e decidam erigir conjunto, ainda que com unidades autônomas, não assumem posição de incorporador, mas podem ser responsabilizadas analogicamente por adquirentes prejudicados com base no direito comum e na lei de incorporações. Pode ocorrer uma incorporação de fato. Há que se examinar as particularidades do caso concreto.

---

4. Processual civil – Compra e venda de imóvel – Ação de rescisão contratual cumulada com restituição de valores julgada parcialmente procedente – Sentença de procedência parcial – Fase de cumprimento – Decisão de primeiro grau que rejeita a impugnação a penhora de crédito–Agravo interposto pela construtora executada – Alegações de ausência de esgotamento da busca por outros bens penhoráveis e de descumprimento da ordem de preferência do artigo 835 do Código de Processo Civil – Rejeição – Meios menos onerosos não apontados pela executada (Código de Processo Civil, artigo 805, parágrafo único) – Penhora de crédito oriundo da venda de imóvel pela executada – Validade – Submissão da incorporação ao regime de afetação (Lei 4.591/64, artigo 31-A) não comprovada pela devedora – Ausência também de comprovação de que o empreendimento está em andamento – Obrigação perante os exequentes que, ademais, está vinculada à mesma incorporação – Patrimônio de afetação que, caso existente, responderia pela dívida – Constrição mantida – Recurso desprovido. (*TJSP – AI 2258291-77.2020.8.26.0000*, 19.02.2021, Rel. Carlos Henrique Miguel Trevisan).

2.4 CONTEÚDO. LANÇAMENTO DA INCORPORAÇÃO. CONSTRUÇÃO

A incorporação propriamente dita é precedida da escolha do terreno e do estudo técnico do empreendimento. A seguir, impõe-se a inscrição da incorporação no registro imobiliário. O art. 32 enumera o amplo rol de documentos deve ser apresentado pelo incorporador (itens *a* a *p*). Toda essa documentação deve ser apresentada ao oficial do registro imobiliário, onde será arquivada, fazendo-se o competente registro (art. 32, § 1º). Nesse elenco de documentos destacam-se o título do terreno (letra *a*), com respectivo histórico vintenário (*c*); projeto de construção aprovado (*d*), com memorial descritivo; cálculo de áreas comuns e das unidades autônomas (*e*); avaliação do custo da obra na data do arquivamento, com referência ao custo de cada unidade (*h*); discriminação das frações ideais de terreno correspondentes a cada unidade (i); minuta da futura convenção de condomínio (*j*) e declaração e planta da futura garagem com número de veículos que comporta (*p*). Nesse rol se incluem também, como é evidente, os documentos fiscais e tributários necessários a qualquer negócio imobiliário., assim como certidões negativas dos cartórios e distribuidores civis e criminais. Dos alienantes do terreno e incorporador, bem como certidões previdenciárias.

A letra *m* do dispositivo em questão se refere ao arquivamento da certidão de instrumento de mandato outorgado pelo proprietário do terreno ou promitente equivalente, ao incorporador para exercer os poderes inerentes à incorporação e alienação das unidades, conforme exigência do art. 31, § 1º.[5] Feita a inscrição imobiliária, o incorporador terá prazo de 60 dias a contar do prazo final de carência, se houver, para promover a celebração do contrato relativo à fração ideal do terreno, do contrato de construção e da Convenção de Condomínio (art. 35). A lei faculta ao incorporador estabelecer prazo de carência. Trata-se de lapso temporal destinado à avaliação econômica, financeira e mercadológica, dentro do qual lhe é lícito desistir do empreendimento (art. 34). O prazo máximo de carência é de 180 dias, prazo de validade do registro imobiliário (art. 33). Não havendo prazo de carência, o prazo de 60 dias contar-se-á da data de qualquer ajuste preliminar (art. 35, § 1º). Se o incorporador desistir da construção no prazo de carência, deve denunciar por escrito ao Registro de Imóveis.

A seguir, cumpre que se faça a instituição da Comissão de Representantes, salvo se ela já constar do próprio contrato de construção, como permite a lei (art. 50). Esse dispositivo sofreu alteração pela MP 1.085. Segundo esse texto, a comissão será designada no contrato de construção ou eleita em assembleia geral, como no texto anterior. Todavia, a nova norma determina que a assembleia será realizada por iniciativa do incorporador, no prazo de seis meses, contado do registro do memorial de incorporação. Essa comissão, com membros escolhidos entre os adquirentes, representa o conjunto destes perante o

---

5. Incidente de desconsideração da personalidade jurídica – Cumprimento de sentença – Rescisão contratual – Reconhecida a existência de grupo econômico no caso analisado – Incidência do art. 28 , § 5º, do CDC – Discussão, nessa sede, relacionada à possibilidade ou não de constrição de numerário em contas das executadas-agravadas – Penhora de valores que as executadas-agravadas possuem sobre patrimônio, em regime de afetação – Incidência, no caso, do artigo 31-A, § 1ºda Lei 4.591/64 – Patrimônio de afetação que responde por dívida e obrigação relacionada à mesma incorporação – Afastada alegação de impenhorabilidade – Precedentes deste Eg. Tribunal – Observância, ainda, do art. 835 do NCPC – Constrição mantida – Decisão reformada. Agravo provido. (*TJSP* – AI 2079069-18.2021.8.26.0000, 1º.07.2021, Rel. Elcio Trujillo).

incorporador e terceiros para o bom andamento das obras. Será integrada por, no mínimo, três membros escolhidos entre os adquirentes para representá-los perante o construtor e em tudo que interessar ao peculiar interesse do empreendimento.

A obtenção do "habite-se" e a averbação da construção constituem procedimentos finais da incorporação. São obrigações do incorporador, a quem incumbe a averbação da construção em correspondência às frações ideais discriminadas na matrícula, respondendo por perdas e danos por sua omissão. Na sua omissão, nada impede que o construtor ou qualquer dos adquirentes tome providências cabíveis (art. 44, com nova redação de acordo com a MP 1.085/2021).[6]

A averbação da construção, depois da concessão do "habite-se", define o término das obras, mas não da construção, pois certamente remanescerão atividades de acabamento como portaria, jardinagem, decoração, contratação de pessoal, que normalmente cabem ao incorporador. A constituição do condomínio só ocorre física e juridicamente após essa fase. Antes da averbação da construção, não há que se cogitar da realidade física das unidades autônomas.

2.5 CONSTRUÇÃO POR EMPREITADA E POR ADMINISTRAÇÃO. VENDA POR PREÇO GLOBAL

A Lei 4.591/64 estabeleceu que a construção, na incorporação, pode ser feita pelo sistema de *empreitada*, podendo ser a preço fixo ou reajustável por índices previamente determinados (art. 55). Os reajustes de preços na construção sempre foi o maior problema dos incorporadores e consequentemente dos consumidores, mormente quando a inflação fugia do controle.[7]

---

6. Compra e venda imobiliária – Atraso na entrega do imóvel – Julgamento *extra petita* – A sentença é nula no tocante à multa de 2% dos lucros cessantes. Atraso na entrega do imóvel. Inadimplemento da vendedora. Caso fortuito e força maior inocorrentes. Súmula 161 da Seção de Direito Privado deste Tribunal de Justiça. Termo final do inadimplemento. A expedição do "habite-se", quando não coincidir com a imediata disponibilização física do imóvel ao promitente comprador, não afasta a mora contratual atribuída à vendedora. Súmula 160 da Seção de Direito Privado deste Tribunal de Justiça. Dano moral. Caracterizado. O descumprimento contratual, por parte das rés, acabou por gerar insegurança e desequilíbrio psíquico ao adquirente. É certo que a situação de incerteza que o adquirente passou supera em muito meros dissabores do dia a dia e pequenos aborrecimentos do cotidiano, mesmo porque, a questão afeta direito fundamental de moradia, colocando em risco investimentos e a segurança patrimonial da família. Verba indenizatória arbitrada em R$ 10.000,00. Custas referentes a realização do registro da área construída no Cartório de Registro de Imóveis, individualização da matrícula de cada apartamento e instituição do condomínio. Gastos que constituem desdobramento da incorporação imobiliária, sendo de responsabilidade exclusiva da incorporadora/ré. Artigos 44 da Lei 4.591/64 e 237-A, §§ 1º a 3º, da Lei 6.015/73 (Lei de Registros Públicos). Saldo residual. Correção monetária. Valor cobrado e pagos por meio de confissão de dívida. Inexigibilidade da quantia de R$ 7.064,14. Recurso da autora provido e parcialmente provido o da ré. (*TJSP – AC* 1001181-79.2016.8.26.0609, 02.02.2021, Rel. J. B. Paula Lima).

7. Apelação – Ação de inexigibilidade de débito tributário com pedido liminar e tutela de evidência – Construtora que alega ter edificado em terreno próprio, por sua conta e risco – Pretensão à reforma pelo Município devida – Notas fiscais de prestação de serviços por terceiros à incorporadora que frustram a tese da incorporação direta, por conta e risco da autora – – Ocorrência do fato gerador do ISSQN que é a prestação de serviços (item 7.02 da lista anexa à LC 116/03) – Imposto que incide sobre a execução, administração ou empreitada de obras de construção civil – Cobrança mantida – Sentença reformada – Recurso da Fazenda provido. (*TJSP – AC* 1002100-79.2020.8.26.0269, 1002.2021, Rel. Roberto Martins de Souza).

Esse contrato de empreitada, que aufere seus princípios fundamentais no contrato típico do Código Civil (arts. 610 a 626), celebrado com cada adquirente, na modalidade plurilateral que mencionamos, integra o complexo negocial da incorporação. Dele participam todos adquirentes. Cada um destes se responsabiliza unicamente pelo custeio de sua unidade e pela parte comum que lhe corresponde. Trata-se, destarte, de contrato de empreitada que difere da modalidade tradicional, cujas normas somente subsidiariamente serão aplicadas. Anote que na incorporação por empreitada é permitido o reajuste de preços, o que pode ser proibido na empreitada singela. No entanto, aplicam-se os princípios de responsabilidade do construtor pelos riscos da obra, sua solidez e segurança.

Na empreitada a preço fixo, fica obstado o aumento. Discute-se a possibilidade de simples correção monetária. Em princípio, reajuste monetário não se traduz em aumento. A questão passa a depender do exame do caso concreto. De qualquer forma, contratada a obra sem reajuste, unicamente a correção da moeda será, em princípio, permitida. Ademais, se o incorporador for um técnico contratando a preço fixo, presume-se que conheça seu mister. Há se se ter muito cuidado para empregar a excessiva onerosidade nesses casos.

Contratada a empreitada a preço reajustável, as revisões de preços devem ser feitas apenas nas épocas constantes do negócio, levando em consideração índices também previamente ajustados. Costuma-se estabelecer índices alternativos para a hipótese de extinção do índice principal. Não pode, porém, o incorporador ficar com critério exclusivo para escolha de índice, o que seria cláusula meramente potestativa e, portanto, nula (art. 122 do Código Civil).

O preço da fração ideal do terreno e da construção, com indicação dos reajustes, deve necessariamente constar de toda publicidade ou divulgação do empreendimento (art. 56), dispensando-se apenas para anúncios em classificados nos jornais. Em complementação é oportuno lembrar dos princípios do Código de Defesa do Consumidor, ligados à oferta e publicidade, com espectro mais abrangente (arts. 30 a 38).

Pelo *sistema de administração ou a preço de custo*, cabe aos futuros condôminos fornecer ao incorporador e ao construtor, nos prazos convencionados, os valores destinados ao empreendimento. Segundo Hely Lopes Meirelles (1979:215):

> contrato de construção por administração é aquele em que o construtor se encarrega da execução do projeto, mediante remuneração fixa ou percentual sobre o custo da obra, correndo por conta do proprietário todos os encargos econômicos do empreendimento.

As parcelas são rateadas entre os aderentes na proporção de cada unidade autônoma. É a modalidade mais utilizada, porque apresenta vantagens em épocas inflacionárias. Nesse clima, não caberá ao incorporador a paralisação ou esmorecimento das obras devido à fata de recursos. Porém, não está o sistema isento de falhas, quando, por exemplo, o incorporador lança o empreendimento com estimativa abaixo do valor real, no intuito de facilitar a captação dos aderentes e, no curso da construção o custo e as exigências de numerário se tornam gravosos para os contratantes, com os problemas sociais sobejamente conhecidos.

A função fiscalizadora desse contrato é, em tese, da Comissão de Representantes, a qual, na prática, é constituída pelo próprio incorporador que indica os representantes e não cumpre esse papel. Embora a lei obrigue que todas faturas e duplicatas sejam emitidas em nome do condomínio, dos contratantes da construção, e todos os valores sejam depositados em contas abertas em nome do condomínio (art. 58), não existe fiscalização efetiva, na maioria das vezes.[8]

Nessa premissa, cabe aos contratantes se cautelarem estabelecendo forma de movimentação de recursos nas contas bancárias. O sistema de afetação, que pode ser escolhido, pode minimizar os riscos. Tratando-se de contratos com as cláusulas mais importantes

---

8. "Agravo de instrumento – Incorporação Imobiliária – Recurso interposto contra decisão interlocutória que deferiu o pedido de afastamento liminar da requerida da condição de incorporadora do empreendimento. Autora que se apresenta como comissão de adquirentes, requerendo a destituição da incorporadora, sob a justificativa de má gestão. Liminar deferida antes da oitiva da parte contrária. Incorporadora que traz, neste agravo, versão dos fatos totalmente distinta da autora, apontado que os adquirentes, na realidade, são investidores em sociedade em conta de participação, podendo ser remunerados pelo investimento ou receber unidades do futuro empreendimento como pagamento. Imputação de responsabilidade pelo atraso aos investidores, que não teriam realizado aportes de capital previstos em contrato. Dúvida a respeito da natureza da relação jurídica havida entre as partes e, consequentemente, sobre a legitimidade de constituição de uma "comissão", nos termos da Lei de Incorporação Imobiliária, para assumir responsabilidade pela conclusão das obras. Controversa no presente caso a própria condição de adquirente de grande parte das pessoas que decidiram pela constituição da comissão. Mora da incorporadora que, segundo versão da própria "comissão", data de mais de quatro anos. Fatos ocorridos anteriormente, sobretudo as razões pelas quais os adquirentes/investidores toleraram o atraso persistente, não estão esclarecidos. Excepcionalidade dos fatos que recomenda cautela. Se por um lado a paralisação das obras é prejudicial a todos os envolvidos, a retomada irregular também não se mostra desejável. Possibilidade de reexame da matéria, após analisados os argumentos da defesa, pelo Juízo de origem. Decisão revogada. Recurso provido" (v.34774). (*TJSP* – AI 2266647-61.2020.8.26.0000, 27.01.2021, Relª Viviani Nicolau).

Apelação Cível – Promessa de compra e venda – Incorporação Imobiliária – Rescisão contratual. Pretensão de restituição de parcelas pagas e comissão de corretagem. Prazo decenal. Precedentes. Dano moral configurado – Sentença reformada – Apelo conhecido e parcialmente provido. I – Subsistindo pedido de devolução das quantias pagas a título de comissão de corretagem, comprovadamente recebidas pela corretora ré/apelante que intermediou a negociação, configurada está a legitimidade desta para compor o polo passivo da ação. II – Decidiu o colendo Superior Tribunal de Justiça, nos autos do Recurso Especial 1.737.992 – RO (2018/0098598-3), pela inaplicabilidade do Tema 938/STJ aos casos em que a pretensão de restituição da comissão de corretagem e da SATI tem por fundamento a resolução do contrato por culpa da incorporadora, afastando-se, pois, a prescrição trienal. III – O direito de pleitear a resolução do contrato por inadimplemento é um direito potestativo, assegurado ao contratante não inadimplente, conforme enuncia a norma do art. 475 do Código Civil. IV – O reconhecimento do inadimplemento dos apelantes na entrega do valor correspondente à última parcela do contrato por responsabilidade da incorporadora e corretora as quais deram causa à problemática dá ensejo à resolução do contrato, com devolução integral das parcelas pagas, nos termos da Súmula 543/STJ. V – Levando-se em conta o porte econômico das recorridas, o grau de culpa destas no inadimplemento contratual, a gravidade das consequências que foram geradas para os promitentes compradores e os valores arbitrados em precedentes similares, inclusive pelo próprio Superior Tribunal de Justiça, o quantum indenizatório de R$ 10.000,00 (dez mil reais), revela-se justo e razoável. VI – Recurso conhecido e parcialmente provido. (*TJES* – AC 0012137-55.2018.8.08.0011, 12.03.2021, Rel. Des. Subst. Jose Augusto Farias de Souza).

Apelação – *Incorporação Imobiliária* – Condomínio de casas – Ação promovida pela adquirente visando condenação dos réus à outorga da escritura de venda da unidade, com averbação da construção e individualização da unidade autônoma. Ré que não se nega a outorgar a escritura conquanto a autora realize pagamento das despesas relativas à construção, tal como pagamento do INSS, e averbações, como previsto no contrato. Incorporação em que a construção foi contratada por administração (preço de custo), nos termos do art. 58 da Lei 4.591/64. Previsão de responsabilidade dos adquirentes pela despesa em questão. Admissibilidade. Hipótese diversa da construção por empreitada, em relação à qual se tem considerada inadmissível cobrança de taxa de averbação e individualização da unidade. Demonstração pela matrícula de que a ré vem outorgando a escritura definitiva das unidades a vários outros adquirentes do mesmo empreendimento. Inexistência de anterior manifestação da autora pleiteando outorga da escritura. Não cabimento da condenação da ré ao cumprimento da obrigação de fazer sem cumprimento da obrigação que incumbe à autora. Recurso improvido. (*TJSP* – AC 1011329-96.2017.8.26.0292, 08.05.2020, Rel. Enéas Costa Garcia).

de adesão, devem ser utilizados os instrumentos jurídicos do consumidor. Importante é a atividade dos Procons nessa orientação.

Os arts. 68 a 62 da lei regulam a construção por administração. As revisões de estimativa de custo devem ser realizadas pelo menos semestralmente, entre a comissão de representantes e o construtor, alterando-se o esquema de contribuições quando necessário (art. 60). O parágrafo único desse dispositivo determina que o novo esquema de pagamentos deve ser comunicado aos contratantes com antecedência de 45 dias das datas dos depósitos.

A exemplo do que ocorre na empreitada, a divulgação da forma de pagamento é essencial no sistema de administração, devendo em toda publicidade ou propaganda constar o preço da fração ideal do terreno e o orçamento atualizado do custo da construção (art. 62). Aplica-se o que dissemos a respeito do contrato por empreitada.

O incorporador pode alienar as unidades *por preço global*, não se subordinando nem à empreitada nem ao sistema de administração. Nessa hipótese, submete-se da mesma forma aos princípios da lei específica, sendo a modalidade descrita no art. 41:

> Quando as unidades imobiliárias forem contratadas pelo incorporador por preço global compreendendo quota do terreno e construção, inclusive com parte do pagamento após a entrega da unidade, discriminar-se-ão, no contrato, o preço da quota do terreno e o da construção.

Nessa hipótese, o contrato com os adquirentes será um compromisso de venda e compra de imóvel em construção. As responsabilidades do incorporador nesses negócios, afora os princípios gerais dos contratos, estão discriminadas no art. 43. Nessa modalidade, a construção é por conta e risco do incorporador. Sob determinadas circunstâncias, quando há paralisação da obra, faculta-se aos adquirentes sua conclusão (art. 43, VI).

2.6 ENTREGA DO EMPREENDIMENTO. PENALIDADES. ADQUIRENTES DESISTENTES

O art. 43-A da Lei de Incorporações, introduzido pela Lei 13.786/2018, disponibiliza até 180 dias corridos da data prometida para a entrega do empreendimento, sem qualquer penalidade para o incorporador. O prazo pode parecer longo, mas ao menos coloca ponto final objetivo nas dúvidas e titubeios dos casos judiciais.[9]

---

9. Compromisso de venda e compra – Rescisão – Demora na entrega da unidade – Prazo certo fixado para conclusão do empreendimento e entrega aos compradores, não observado – Rescisão decretada, condenadas as rés à restituição integral dos valores pagos, bem como indenização a título de lucros cessantes – Pretensão de responsabilizar solidariamente a proprietária do terreno pelas perdas e danos – Descabimento – Proprietária do terreno que apenas o permutou em troca de futuras unidades imobiliárias, não tendo se envolvido em qualquer fase do planejamento da incorporação ou da construção – Ilegitimidade passiva da corré bem configurada– Extinção mantida – Sentença confirmada – Verba honorária majorada, em atendimento ao artigo 85, § 11 do CPC. Recurso não provido. (*TJSP* –AC 1014166-38.2015.8.26.0602, 22.02.2021, Rel. Elcio Trujillo).

Recurso – Apelação cível – Compromisso de venda e compra de imóvel em regime de incorporação – Ação de resolução contratual – Inadimplemento contratual da incorporadora caracterizado pelo atraso tocante à entrega efetiva da unidade imobiliária à promissária-compradora, porque ultrapassado o prazo contratual ajustado somado àquele de tolerância de 180 (cento e oitenta) dias. Direito potestativo da promissária compradora de pedir a resolução contratual com a restituição de todos os valores pagos acrescidos dos encargos moratórios incidentes (Código Civil, artigo 474; Súmula 543 do Superior Tribunal de Justiça). Inexistência de denúncia contratual ou

O § 1º desse artigo dispõe que se ultrapassado esse prazo, sem que os adquirentes tenham dado causa, poderão eles, todos ou de per si, promover a resolução do contrato, sem prejuízo da devolução de todos os valores pagos e da multa estabelecida, em até 60 dias corridos da resolução, em parcela única. A disposição é concreta e justa.

O § 2º, enfrentando a hipótese de o adquirente não desejar desfazer o contrato, ultrapassado o prazo mencionado, será devida ao adquirente adimplente, quando da entrega da unidade, indenização de 1% do valor efetivamente pago à incorporadora, para cada mês de atraso, *pro rata die* com correção monetária, segundo índice do contrato.

Essas medidas que, à primeira vista, acodem ambas as partes, merecem ser integralmente cumpridas. Com frequência não ocorrem na prática, pois certamente acordos são entabulados para acomodar a melhor solução mais rápida e prática, atendendo principalmente a finalidade social dessa contratação. Ao menos agora temos texto expresso em lei. Na verdade, a injunção mais ampla contra o adquirente inadimplente está no art. 67-A. como a seguir tratamos.

Houve, no passado, muitas ações para devolução e parcelas pagas a adquirentes desistentes desses contratos. Os tribunais, sem uniformidade, determinavam, em geral, devoluções com desconto em torno de 20% dos totais pagos. Essa situação, segundo os empresários do setor, agravavam a contingência das empresas, pois nem sempre conseguiam alienar com sucesso as unidades devolvidas. O art. 67-A veio em socorro dessas premissas.[10] Segundo seus termos, a devolução do que foi pago pelo adquirente sofrerá a dedução cumulativa de:

---

inadimplemento por parte da promissária compradora a ensejar a incidência da Lei do Distrato (Lei 12.786/18) no caso concreto. Provável interesse da promissária-compradora de não seguir mais com a contratação, por motivo de foro íntimo, irrelevante para o desfecho da causa, pois o pedido resolutório está amparado em inadimplemento confesso. Multa compensatória arbitrada pelo juízo "a quo" à proporção de 2% (dois por cento) sobre o valor do contrato, em favor da promissária-compradora, adequada às particularidades da causa (Tema 971 do STJ). Sentença de procedência em parte mantida. Recurso de apelação da requerida não provido, majorada a verba honorária da parte adversa dada a sucumbência recursal. Recurso – adesivo –. Compromisso de venda e compra de imóvel em regime de incorporação – Ação de resolução contratual – Pedido de reparação de danos materiais por lucros cessantes descabido, porque não há provas de que a autora razoavelmente deixou de lucrar com o imóvel durante o curto lapso temporal do atraso praticado pela requerida. Pretensão de majoração da multa compensatória para 10% (dez por cento) do valor do contrato desproposital com os parâmetros da causa. Manutenção da multa em 2% (dois por cento) sobre o valor do contrato. Viabilidade do carreamento das despesas condominiais à requerida, por ser a titular da relação jurídica material com o imóvel, cuja posse ou disponibilização da posse não foi comprovada em favor da autora (TEMA 886 do STJ). Sentença reformada em parte. Recurso adesivo provido em parte para carrear à requerida o pagamento das despesas condominiais da unidade compromissada à venda, sem impacto na verba honorária de sucumbência, carreada integralmente à requerida pela causalidade e majorada pelo perdimento dela neste grau recursal. (*TJSP* – AC 1002169-90.2017.8.26.0019, 16.06.2020, Rel. Marcondes D'Angelo).

10. Apelação –Compromisso de compra e venda – Ação de obrigação de fazer com pedidos alternativos de rescisão contratual, restituição de quantia paga e indenização por dano moral. Incorporação imobiliária sob regime de patrimônio de afetação. Contrato celebrado sob a égide da Lei Federal 13.786/2018 (Lei do Distrato). Sentença de procedência parcial. Inconformismo de ambas as rés. Provimento parcial. Aplicabilidade da Lei do Distrato. Restituição em favor dos autores-apelados da quantia paga direto à incorporadora que deve observar a aplicação da disciplina contratual da pena convencional com eficácia condicionada à regra do teto de retenção de 50% do valor pago à incorporadora, na forma do artigo 67-A, § 5º, da Lei Federal 4.591/1964. Juros de mora sobre os valores a restituir devem incidir do trânsito em julgado, na linha do REsp 1.740.911/DF, uma vez que deduzida pretensão inicial da rescisão contratual de modo diverso ao pactuado e estabelecido na Lei do Distrato. Despesas condominiais devem ser arcadas pelas rés, uma vez não disponibilizada a unidade autônoma aos autores mediante imissão na posse e entrega das chaves. Sentença reformada. Recurso provido em parte. (*TJSP* – AC 1021858-66.2020.8.26.0100, 04.02.2021, Rel. Piva Rodrigues).

I – a integralidade da comissão de corretagem;

II – a pena convencional, que não poderá exceder a 25% (vinte e cinco por cento) da quantia paga.

Essa pena convencional é devida independentemente de prova de prejuízo pelo incorporador (§ 1º). Aliás, essa dicção está de acordo com a natureza jurídica da multa, mas o legislador resolveu ser expresso, para evitar dúvidas. Há ainda o texto do § 9º que dispõe que não incidirá a cláusula penal na hipótese de o adquirente encontrar comprador para substituí-lo, com a devida aprovação do incorporador.

Na hipótese de o adquirente ter fruído do bem, isto é, tendo exercido a posse direta e efetiva, que não é o que mais comumente ocorre, a desistência implicará em outras deduções, além das já citadas, para impedir o enriquecimento indevido, incluindo porcentagem equivalente a pagamento de aluguel:

I – quantias correspondentes aos impostos reais incidentes sobre o imóvel;

II – cotas de condomínio e contribuições devidas à associação de moradores;

III – valor correspondente à fruição do imóvel, equivalente a 0,5% (cinco décimos por cento) sobre o valor atualizado do contrato, pro rata die;

IV – demais encargos incidentes sobre o imóvel e despesas previstas no contrato".

O texto legal também aponta a efetiva compensação dessas verbas com eventual quantia a ser restituída (§ 3º).

A redação desse tópico, acrescentado à lei, possui vários outros itens, principalmente sobre o momento e a destinação de eventual pagamento ao incorporador, procurando ser exaustivo.

Como se nota, há riqueza de detalhes nas figuras do incorporador e na incorporação imobiliária, ainda sendo absorvidas pela doutrina e jurisprudência, quadro esse que mais se amplia com a possibilidade do regime de afetação, criado pela Lei 10.931. Na incorporação existe um encadeamento de negócios civis, empresariais e administrativos. É, destarte, irrelevante definir a figura do incorporador como civil ou empresarial, não se afastando do alcance a legislação do consumidor.

2.7 OBRIGAÇÕES E DIREITOS DO INCORPORADOR

É longo o elenco de obrigações do incorporador enunciado na Lei 4.591/64. A ele se agregam as responsabilidades decorrentes dos princípios gerais dos contratos e do Código de Defesa do Consumidor. A lei que instituiu o patrimônio de afetação, que aqui também mencionamos, agrega ainda responsabilidades específicas. As obrigações do incorporador

---

Apelação – Promessa de compra e venda do imóvel – Sentença de parcial procedência – Aplicabilidade do CDC que não altera o julgado – Negócio firmado após a vigência da Lei 13.786/2018, portanto, aplicável ao caso – Resolução por culpa exclusiva da pessoa jurídica compradora – Inadimplemento do pagamento, por falta de contratação do financiamento bancário – Inexistência de indícios de culpa da vendedora – Possibilidade de retenção de 50% do preço pago – Incorporação submetida ao regime de patrimônio de afetação – Hipótese do art. 67-A, § 5º, da Lei 4.591/1964 , com alteração pela Lei 13.786/2018 – Pena convencional não abusiva, com limite previsto em lei – Reforma da sentença apenas com relação aos honorários advocatícios fixados em prejuízo à Ré – Aplicação do art. 85 , § 2º, do CPC – Recurso provido em parte. (*TJSP* – AC 1006343-73.2020.8.26.0008, 21.07.2021, Rel. Luiz Antonio Costa).

contrapõem-se aos direitos dos adquirentes. Lembre-se do longo rol de obrigações do art. 32, referente à documentação necessária para o registro imobiliário. A conclusão desse registro é fundamental para a incorporação sendo de responsabilidade do incorporador.

O oficial do registro responde civil e criminalmente se efetuar arquivamento de documentação irregular (art. 32, § 7º). Desses documentos constantes do registro, qualquer pessoa poderá pedir certidão ou cópia.

Como expusemos, o incorporador pode desistir do empreendimento no prazo de carência. Nesse caso, deve devolver as quantias recebidas dos adquirentes, no prazo de 30 dias, sob pena de execução (art. 36).

A finalidade do contrato plurilateral é a edificação. A obrigação do incorporador é de resultado: cumpre que entregue o edifício ou similar, pronto e acabado, assim como a unidade autônoma do adquirente. Seu inadimplemento, portanto, deve ser examinado sob esse prisma, em conjunto com as obrigações expressas e implícitas. É sua obrigação, entre tantas, manter-se fiel ao projeto apresentado, sem desviar-se do plano de construção, salvo autorização expressa dos interessados (art. 43, incisos IV e VI). Também é sua a administração geral da construção e sua a responsabilidade, ainda que nomeie subcontratantes.

Importante a noção de que o incorporador não pode carrear aos adquirentes as despesas e custos referentes a unidades não vendidas. Nesse sentido o art. 35, § 6º, na parte final:

> O incorporador responde, em igualdade de condições, com os demais contratantes, pelo pagamento da construção das unidades que não tenham tido a responsabilidade pela sua construção pela sua construção e até que o tenham.

Destarte, não se pode permitir que, em última análise, os adquirentes financiem imóveis que pertençam ao incorporador.

Não é demais acentuar que a desigualdade contratual é marcante na incorporação. A lei específica é protetora do adquirente, embora de forma ainda insatisfatória. Presente, portanto, a vulnerabilidade é de ser lembrada sempre a aplicação dos princípios da lei do consumidor.

2.8 OBRIGAÇÕES E DIREITOS DOS ADQUIRENTES. INADIMPLEMENTO CONTRATUAL

O sucesso da incorporação também depende grandemente dos pagamentos vertidos pelos adquirentes, constituindo, em princípio, sua principal obrigação. O contrato geralmente trará cláusula resolutória.[11] O art. 41, em seus parágrafos, permite no contrato

---

11. *Resolução contratual* – Sentença de improcedência – Negócio jurídico de permuta e incorporação imobiliária – Condição resolutiva expressa – A cláusula ou condição resolutória ou resolutiva expressa opera eficácia desconstitutiva independentemente de qualquer pronunciamento judicial. Inocorrência. Hipótese de sonegação de fato relevante. Alienação fiduciária não levada ao álbum imobiliário, anterior ao negócio-base, tendo por objeto quotas sociais. Nenhuma publicização. Lesão à boa-fé objetiva. Art. 422 do Código Civil. Inadimplemento absoluto configurado. Indenização. Cláusula penal compensatória. Valor compatível com o vulto econômico e a natureza do negócio. Recurso parcialmente provido. (*TJSP* – AC 4005991-50.2013.8.26.0577, 23.07.2020, Rel. Rômolo Russo).

fique estipulado que, perante o atraso do pagamento por parte do adquirente, os efeitos da mora recairão não apenas na aquisição da parte construída, as também na fração ideal do terreno, ainda que esteja totalmente paga e vice-versa. Já o não pagamento da fração ideal inviabiliza o contrato e autoriza a rescisão. Aplicam-se os princípios gerais dos contratos, levando em consideração que a lei tratada pontilha vários direitos específicos do adquirente.

Cláusula-padrão, persistente em todos os contratos até o advento do Código de Defesa do Consumidor, era a perda de todas importâncias pagas na hipótese de inadimplemento do adquirente, A jurisprudência mostrava geralmente rigorosa na aplicação dessa cláusula de extrema iniquidade, que obrigada o consumidor a ingressa com ação de enriquecimento sem causa, de sofrível sucesso. A fim de socorrer essas situações, o art. 53 do CDC considera nula a cláusula no sentido da perda dos valores pagos em contratos de compra e venda.

Se, por um lado, a lei consumerista veda a perda total das parcelas, por outro, não aponta quanto pode ser deduzido do que foi pago pelo comprador, a título de ressarcimento com despesas incorridas pelo vendedor. A questão é muito complexa e dificultosa também para o incorporador, que se vê privado de um adquirente, mas em contrapartida recupera a disponibilidade da unidade, que poderá ser novamente alienada. O adquirente deve suportar a cláusula penal porque, sem dúvida, é inadimplente. Essa multa deve atender o princípio do razoável, ente 10% e 20% do total pago e assim se tem decidido. Veja abaixo, porém, a referência legal ao máximo de 25%. Lembre-se do dever que o Código Civil determina ao juiz de reduzir equitativamente a cláusula penal, como sempre sufragado dantes pelos tribunais.[12]

A Lei 13.786/2018, como apontamos, veio em socorro dessa situação aflitiva para ambas as partes na incorporação. O art. 67-A integrado à lei das incorporações, já mencionado, disciplina essa hipótese de desfazimento do contrato por distrato ou inadimplemento absoluto do adquirente. Estatui que este terá direito à restituição das quantias pagas diretamente ao incorporador, com atualização monetária do contrato, autorizando-se dedução das parcelas já mencionadas.

A pena convencional, como a regra geral, como sempre enfatizamos, não depende de prova de prejuízo. Ainda devem ser sopesados valores usufruídos eventualmente pelo adquirente, com a fruição do imóvel.

Ao menos com esse texto legal diminuem sensivelmente julgados de índole exagerada ou conflitante. Há uma diferença de prazo para o pagamento ao comprador se o imóvel estiver sob o regime de patrimônio afetado, 30 dias depois do habite-se ou documento equivalente, ou 180 dias da data do desfazimento do contrato nos outros casos,

---

12. *Agravo interno no Recurso Especial* – Direito civil e processual civil – Incorporação Imobiliária – Atraso na entrega da obra – 1 – Não se extrai da tese firmada em sede de repetitivos que nunca se tolerará a cumulação da cláusula penal com os lucros cessantes, mas que, quando a cláusula corresponder ao locativo, não caberá lucros cessantes. 2 – Não se tendo parâmetro a corroborar a referida equivalência, é correto remeter as partes à liquidação de sentença, estipulando-se, apenas, que a soma da cláusula penal moratória e dos lucros cessantes nunca poderá superar o valor equivalente ao locativo do imóvel, sendo este o limitador. 3 – Agravo interno desprovido. (*STJ* – AGInt-REsp 1798412/SE – (2019/0048081-0), 21.05.2020, Rel. Min. Paulo de Tarso Sanseverino).

em parcela única. Se houver revenda da unidade em questão antes do decurso desses prazos, o valor deve ser pago em 30 dias dessa revenda.

Como se percebe, com tantos acréscimos feitos à lei de incorporações por leis mais recentes, estamos perante um verdadeiro microssistema no âmbito da construção civil em nosso país e como tal a problemática deve ser harmonizada principalmente com os dispositivos do Código Civil e do microssistema do consumidor.

2.9 COMISSÃO DE REPRESENTANTES E ASSEMBLEIA GERAL DOS ADQUIRENTES. CONVENÇÃO DO CONDOMÍNIO

Quaisquer que sejam as modalidades de incorporação, podem os interessados reunir-se em Assembleia Geral durante o andamento das obras, a fim de tratarem de assuntos a elas relacionados (art. 49). Durante o empreendimento ainda não existe condomínio. A convocação e andamento desse órgão deverá obedecer analogicamente ao que se estipular para o futuro condomínio e às regras do condomínio em plano horizontais em geral, no que não for expressamente regulado pela lei. Como não há síndico, é o incorporador que representa a comunidade.

O art. 49 delineia os principais fundamentos de convocação e deliberação. Seus poderes permitem até destituir o incorporador, na hipótese de paralisação das obras, sob as condições do inciso VI do art. 43. Se a assembleia deliberar que as obras prosseguirão sob o controle dos próprios condôminos, poderão estes destituir também o construtor. É soberana a decisão de assembleia por unanimidade. Na decisão por maioria, há que se ressalvar os direitos dos dissidentes minoritários. A regularidade formal da assembleia, como ressaltado, deve partir do próprio dispositivo da lei, utilizando-se por analogia, quando necessário, as disposições acerca do condomínio. As decisões assembleares, enquanto não anuladas por decisão judicial, *"obrigam a todos, mas o voto da maioria simples dos representantes não poderá atingir o direito de propriedade dos adquirentes"* Pereira, 1993:311). No entanto, no tocante a orientação sobre os rumos da construção, os adquirentes se sujeitam a suas deliberações.

A Comissão de Representantes é estatuída no art. 50, já referido, e deveria se constituir, na prática, como corpo fiscalizador do incorporador. Sua representação é peculiar pois deriva da lei, a exemplo do síndico no condomínio. Ao mesmo tempo é voluntária, porque seus representantes são indicados pelas partes, com a particularidade de poderem, na prática ser nomeados pelo instituidor do empreendimento, qual seja, o incorporador. Contudo, o poder de representação decorre da lei, independendo de mandato. Deveria, mas não é o que ocorre na prática. A lei pecou pela base, permitindo que o próprio incorporador designe seus membros no contrato de construção. O novo texto do art. 50 impede, em princípio, essa prática, mas ainda podem ocorrer desvios. Com isso, facilita-se que sejam incluídos meros títeres ou testas de ferro do incorporador, que nada farão contra ele.

Com tantas alterações que já sofreu a lei de incorporações, nada se fez no sentido de alterar tais dispositivos, que na prática têm se mostrado como letra morta, salvo raras exceções. O legislador poderia impor, por exemplo, que depois de atingido um número percentual razoável de adquirentes, ou a certo tempo, deveria ser realizada necessariamente assembleia para eleição e substituição dos membros originários da comissão, impostos pelo incorporador.

Cuida-se de entidade cm representação legal, embora anômala, porque deve ser inscrita no Registro de Títulos e documentos. Com isso, adquire capacidade processual que lhe permite estar em juízo como parte. Porque possui existência de fato e de direito.

A comissão será composta de três membros, pelo menos, escolhidos entre os contratantes (art. 50), salvo quando o número for igual ou inferior, pois aí a totalidade exercerá suas atribuições. Esse artigo permite que a comissão seja designada no próprio contrato de construção, ou eleita em assembleia especial, devidamente convocada antes do início da obra. É raro que isso ocorra, quando se tratar de incorporador profissional. O maior problema é que nessa fase, geralmente, os contratantes são poucos e o maior número virá posteriormente e já encontrará uma situação consolidada. Aquele que desejaram modificar a constituição da comissão encontrarão, sem dúvida, como demonstra a prática, todos óbices possíveis opostos pela empresa incorporadora. Transferindo seu direito sobre a unidade, o membro da comissão será automaticamente despojado da função, podendo o contrato ou a assembleia estabelecer que o novo adquirente assuma a função para exercer o mandato.

A função fiscalizadora da comissão é ampla, daí porque de nada adiantará se formada por pessoas ligadas ao incorporador. Além do que lhe for atribuído no contrato, a representação dos adquirentes em geral, no que interessa a obra, cabe a essa comissão Franco e Gondo, 1991:166): fiscalizar o andamento da obra (art. 55, § 3º); nos contratos de empreitada por preço reajustável, fiscalizar o cálculo dos reajustes (art. 55. § 4º); nos contratos por administração, elaborar com o construtor a revisão semestral de estimativa de custo (art. 60); fiscalizar as alterações das condições de pagamento quando autorizado no contrato, na venda da unidade a prazo e preço certos (art. 43, inciso IV e 50); notificar os adquirentes em atraso para pagar em dez dias, sob pena de rescisão do contrato (art. 63§§ 1º e 8º); alienar em leilão público a quota ideal do terreno e dos direitos relativos ao contrato de construção, pertencentes aos adquirentes em atraso, quando assim admitido no contrato; aprovar ou impugnar balancetes das receitas e despesas do condomínio, organizado pelo construtor (art. 61,*a*); fiscalizar as concorrências relativas às compras de materiais necessários à obra e à contratação de serviços pertinentes (art. 61); contratar modificações das unidade individuais com os condôminos, quando possíveis (art. 61, *c*); fiscalizar a arrecadação das contribuições destinadas à construção (art. 61. *d*); e exercer a fiscalização geral para o funcionamento regular do condomínio (art.61, *e*).

Essa comissão perdurará até o final das obras, esgotando-se, então, sua função. No contrato, todavia, podem perdurar direitos, ainda que terminada a obra, os quais obriguem a atividade da comissão, como, por exemplo, a solução de débito pendente com adquirente.

A lei não esclarece sobre divergências entre membros da comissão, mas há que se entender que no silêncio do contrato ou de disposição assemblear, as decisões podem ser tomadas por maioria.

O membro da comissão que incorrer no inadimplemento de três prestações estará sujeito à perda automática do mandato, devendo ser substituído na forma do contrato (art. 63, §10).

Entre os documentos para o registro imobiliário da incorporação, a lei exige a minuta da futura Convenção de Condomínio (art. 32, *j*). Esse projeto de convenção será depois submetido à aprovação dos condôminos, quando terminada a construção. Essa convenção é de fundamental importância do condomínio, pois reger-lhe-á a sua existência. Sobre ela discorreremos ao estudar o condomínio.

2.10 INADIMPLÊNCIA DO INCORPORADOR

Quando o incorporador contrata a entrega da unidade a unidade a prazo e preço certos, preço global nos termos do art. 41, responde civilmente pela execução da incorporação, devendo indenizar os adquirentes ou compromissários dos prejuízos pelo inadimplemento total ou retardamento, cabendo-lhe ação regressiva contra o construtor se for o caso (art. 43, II). Na hipótese de falência do incorporador, não sendo possível à maioria dos adquirentes prosseguir na edificação, os aderentes serão credores privilegiados pelas quantias que tiverem transferido ao incorporador, respondendo este subsidiariamente pelos seus bens pessoais (art. 43, III).[13]

O incorporador poderá ser destituído nessa modalidade de venda, se, sem justa causa, paralisar as obras por mais de 30 dias, ou retardar excessivamente seu andamento, podendo o juiz notificá-lo para que reinicie no prazo mínimo de 30 dias. Desatendida a notificação, pode o incorporador ser destituído pela maioria absoluta dos adquirentes (art. 43, VI).

No contrato de empreitada, ao construtor também se aplicam os incisos II, III, IV e VI do art. 43, no que couber. Na construção por administração, cabe à comissão dos representantes ou à assembleia dos adquirentes destituir o administrador.

A Lei 4.591 capitula também crimes e contravenções tendo como agentes o incorporador, o corretor e o construtor como pessoas naturais ou como dirigentes das respetivas pessoas jurídicas (arts. 65 e 66).

2.11 INADIMPLÊNCIA DO ADQUIRENTE

Na aquisição de unidade por preço global (art. 41), os parágrafos desse dispositivo autorizam, como visto, que o contrato estipule que, no atraso de pagamento de parcela da construção, os efeitos da mora recaiam também sobre o valor da parcela da fração ideal do terreno, ainda que totalmente paga e vice-versa. O legislador permite que a mora seja vista de forma abrangente, uma vez que dessa forma é moldado o empreendimento, incluindo tanto a aquisição do terreno, como o financiamento da construção. Para isso, no entanto, é necessário que o contrato seja expresso.

---

13. No desfazimento do compromisso de compra e venda de imóvel por *inadimplência do incorporador* ou promitente vendedor, como no atraso da entrega, não há direito à retenção de percentual sobre o preço pago, porque dele, não do promitente comprador, é a mora – Correção monetária incide desde o desembolso e juros de mora incidem da citação. Apelo da ré improvido e apelo dos autores provido em parte. (*TJSP* – AC 1037366-78.2018.8.26.0114, 26.06.2020, Rel. Celso Pimentel).

As particularidades da mora devem constar do contrato, aplicando-se nos casos omissos os princípios gerais. A Lei 4.864/65, de estímulo à construção civil, permitiu a previsão de correção monetária nos contratos imobiliários sem prejuízos das disposições da lei de incorporações. No inciso VI do art. 1º da primeira lei ora citada ficou estabelecido que:

> a rescisão do contrato por inadimplemento do adquirente somente poderá ocorrer após o atraso de, no mínimo, 3 (três) meses do vencimento de qualquer obrigação contratual ou de três prestações mensais, assegurado ao devedor o direito de purgar a mora dentro do prazo de 90 (noventa) dias, a contar da data do vencimento da obrigação não cumprida ou da primeira prestação não paga.

Esse dispositivo torna obrigatoriamente presente o direito à purgação de mora, ainda que o pacto disponha em contrário.

Na aquisição por empreitada ou administração, o art. 63 da lei de incorporações permite que os contratos, além de outras sanções, disponham que a falta de pagamento de três prestações do preço da construção, depois da notificação de 10 dias para purgação de mora, implique em rescisão.[14] Essa disposição deve ser vista em consonância com a anterior acima transcrita da Lei 4.864/65, no que beneficiar o adquirente.

Não satisfeito o débito, a Comissão de Representantes fica autorizada a alienar o imóvel em leilão nos termos do parágrafo do artigo citado. O adquirente receberá o saldo do produto da alienação se houver, depois de satisfeito seu débito, assim como dívidas fiscais e previdenciárias.

O adquirente somente poderá ingressar na posse da unidade adquirida se estiver em dia com as obrigações assumidas. O art. 52 confere o direito de retenção em favor do construtor, do incorporador e do condomínio pelos débitos em aberto.

2.12 EXTINÇÃO

O contrato de incorporação se extingue pelo cumprimento ou pela inexecução. Terminada a obra e entregues a unidades autônomas, ter-se-á o contrato como cumprido. Os contratos dos adquirentes que gravitam em torno do contrato centralizador se extinguem pelos meios ordinários de desfazimento, com as particularidades da lei especial: distrato, rescisão, resilição etc.

2.13 PATRIMÔNIO DE AFETAÇÃO

A Lei 10.931, de 2 de gosto de 2004 criou um sistema opcional para as incorporações que denominou patrimônio de afetação. A ideia é seccionar contabilmente o empreendimento, ou seja, a construção ou edificação do patrimônio geral do incorporador, de modo que essa obra possa se administrar de per si, evitando-se assim ser contaminada por

---

14. *Ação de rescisão contratual* c.c – Indenização – Interesse de agir – Existência – Incorporação – Construção de responsabilidade do incorporador – Aplicação do CDC – Não comprovação no contrato da previsão de aplicação do disposto no art. 63 da Lei 4.591/1964 diante do inadimplemento do comprador – Aplicação das disposições relativas à rescisão de compromisso de venda e compra, sendo adequada a restituição de 80% das importâncias pagas – Recurso desprovido. (*TJSP* – AC 1101251-11.2018.8.26.0100, 13.08.2020, Rel. Alcides Leopoldo).

insolvência, falência ou outras vicissitudes econômicas ou financeiras do incorporador, motivadas por negócios alheios ao patrimônio afetado. Esse sistema é facultativo para o incorporador, ficando a seu critério a ele aderir, conforme dispõe o art. 31-A, inserido na Lei 4.591.[15] Em contrapartida, ou como incentivo para adesão ao regime, o incorporador poderá gozar de um regime especial tributário, conforme especificado na lei introdutória do sistema (art. 1º e ss.). Uma vez introduzido esse regime será irretratável. Essa afetação incidirá em bens suficientes para a conclusão da obra.

Há críticas sobre essa faculdade exclusiva de o incorporador aderir ao regime, o que, em tese, lhe suprime a possibilidade de adesão ou sucesso (Rizzardo, 2029: 413). Nesse aspecto, a lei se mostrou incoerente.

---

15. Agravo de instrumento – Cumprimento de sentença – Decisão que rejeitara a impugnação à penhora do terreno no qual está erigido condomínio habitacional. Incorporação submetida ao regime de afetação que não se comunica com o patrimônio geral do incorporador, respondendo exclusivamente pelos débitos vinculados à incorporação afetada (art. 31-A da Lei 4.591/64). Impenhorabilidade restrita à parcela do terreno destinada ao condomínio de casas. Agravo parcialmente provido. (*TJSP* – AI 2086097-71.2020.8.26.0000, 05.02.2021, Rel. Rômolo Russo).

Agravo de instrumento – Execução de título extrajudicial – Decisão mantida – Distrato do instrumento de compra e venda de imóvel – Recuperação Judicial – Processamento da sociedade de propósito específico (SPE) – SPE excluída – Prosseguimento da execução – Mantido – Penhora – Mantida – Incomunicabilidade do patrimônio afetado (art. 31-A, Lei 4.591/64) – Decisão mantida – 1 – O cerne da controvérsia recursal cinge-se em verificar se foi correta ou não a decisão que deu prosseguimento à execução e deferiu penhora de imóvel de propriedade da agravante (matrícula 324442 do 3º Ofício do Registro Imobiliário do DF). 2 – Prefacialmente, cabe destacar que execução está embasada em distrato de instrumento particular de recibo de sinal e princípio de pagamento de bem imóvel, o qual foi alienado pela parte agravante à exequente, em regime de incorporação imobiliária e com registro de patrimônio de afetação, conforme se verifica da respectiva certidão de matrícula do imóvel. 3 – Compulsando os autos principais, verifica-se que tramita na 4ª Vara Empresarial da Comarca da Capital do Tribunal de Justiça do Rio de Janeiro os autos de processo de recuperação judicial, no qual a agravante figura no polo ativo. 3.1. Verifica-se na citada demanda, que foi interposto o Agravo de Instrumento, no qual a 7ª Câmara Cível do TJRJ, julgando parcialmente procedente os pedidos recursais, excluiu da recuperação judicial a agravante (Sociedades de Propósito Específico) que tem patrimônio de afetação. 4 – Desse modo, não obstante a parte recorrente defender o não prosseguimento da execução na origem, sob o argumento de que houve a suspensão de todas as ações e execuções movidas em que figurou no polo passivo, nos termos do artigo 6 º da Lei 11.101/2005, bem com que inexiste trânsito em julgado da decisão proferida nos autos do processo de recuperação judicial, tem-se que tais alegações não merecem prosperar, vez que, além da ora recorrente ter sido excluída do processo de recuperação judicial, os embargos de declaração opostos pela executada/agravante em face do aludido Acórdão proferido pela 7ª Câmara Cível do TJRJ não possuem, em regra, efeitos suspensivo (artigo 1.026 CPC). 4.1. Além disso, não há elementos que apontem que os valores perseguidos na execução extrajudicial, decorrentes de distrato de contrato de compra e venda de unidade imobiliária, serão atingidos pela recuperação judicial. 5 – Ademais, inobstante a regra do artigo 6º, *caput* e § 4º, da Lei 11.101/05 , na hipótese dos autos aplica-se o artigo 31-A, § 8º, da Lei 4.591/64 , segundo o qual o patrimônio de afetação deve fazer frente às despesas do incorporador derivadas da edificação, já que a finalidade da afetação é distinguir o acervo geral do incorporador com o patrimônio de afetação, já que este último responde por dívidas e obrigações vinculadas à incorporação respectiva. 5.1. Destarte, tem-se que deve ser mantido o prosseguimento da execução na origem, bem como a penhora impugnada, já que este Eg. Tribunal de Justiça tem entendimento pela incomunicabilidade do patrimônio de afetação relacionado aos compradores de unidades imobiliárias. 6 – Recurso conhecido e improvido. Decisão mantida. (*TJDFT* – Proc. 07093376820218070000 – (1346631), 21.06.2021, Relª Gislene Pinheiro).

Agravo de instrumento – Execução de título extrajudicial – Bloqueio de valores em conta corrente – Alegação de impenhorabilidade – *Patrimônio de afetação* – Não comprovação – Penhora mantida – 1 – O patrimônio de afetação é um instituto criado pela Lei 4.591/64 , com delineação jurídica em seu art. 31-A. É uma opção assegurada às incorporadoras para garantir estabilidade ao patrimônio destinado a determinado empreendimento imobiliário, evitando que constrições supervenientes coloquem em risco a execução das obras. 2 – Necessidade de prova de vinculação do montante bloqueado ao patrimônio de afetação. Na falta de prova, reputa-se válida a penhora. Recurso não provido. (*TJSP* – AI 2049962-60.2020.8.26.0000 – São Caetano do Sul – 30ª CDPriv. – Rel. Maria Lúcia Pizzotti – DJe 03.07.2020).

Para cada incorporação, submetida ao regime especial de tributação, haverá um pagamento unificado de impostos e contribuições, o que em princípio se mostra mais vantajoso para o contribuinte, no caso, o incorporador. Com isso, obriga-se que o incorporador mantenha escrituração contábil em separado para cada incorporação submetida a esse regime.

A ideia básica desse sistema vem descrita no art. 31-A, com a redação que lhe deu a Lei 10.931/2004:

> A critério do incorporador, a incorporação poderá ser submetida ao regime da afetação, pelo qual o terreno e as acessões objeto de incorporação imobiliária, bem como os demais bens e direitos a ela vinculados, manter-se-ão apartados do patrimônio do incorporador e constituirão patrimônio de afetação, destinado à consecução da incorporação correspondente e a entrega das unidades imobiliárias aos respectivos adquirentes.

Esse sistema de afetação tem que ser formalizado com os princípios expressos no contrato com a clareza da separação de contabilidade e contas do empreendimento.[16]

Essa afetação representa maior garantia para os adquirentes, futuros condôminos. Esse patrimônio fica incomunicável com outras obrigações do incorporador. Há também uma série de garantias mais amplas concedidas às instituições financeiras dirigidas ao empreendimento afetado. Procurando minimizar problemas repetitivos, dispôs a lei que somente os bens e direitos desse patrimônio afetado poderão ser objeto de garantia real em operação de crédito, cujo produto deverá ser destinado exclusivamente ao indigitado empreendimento e à entrega das respectivas unidades (art. 31-A, § 3º). Esse patrimônio afetado será também impenhorável, salvo por dívidas do próprio patrimônio.

Os recursos financeiros do patrimônio de afetação somente poderão ser utilizados para pagamento e reembolso de despesas inerentes à incorporação (art. 31-A, § 6º). Verifica-se que a ideia do legislador foi isolar financeiramente o empreendimento, evitando-se contaminação com outras construções ou outros negócios do incorporador. O § 8º desse artigo excepciona parcelas que não integram o patrimônio de afetação.

Quando houver patrimônio afetado, o cuidado maior desloca-se, como se nota, para o controle contábil do empreendimento. Caberá à Comissão de Representantes e à instituição financeira a fiscalização, a suas expensas, como dispõe o art. 31-C. Essas entidades poderão nomear pessoas naturais ou jurídicas para fiscalizar e acompanhar o patrimônio de afetação. Essas figuras são os maiores interessados no bom andamento do sistema. Note que poderão ser indicados dois fiscais para cada entidade, pois nem sempre o interesse econômico e jurídico coincidirá.

O patrimônio de afetação se operacionaliza, isto é, se constitui mediante averbação a qualquer tempo, no registro imobiliário (art. 31-B). Essa averbação não será obstada pela existência de ônus reais constituídos sobre o imóvel, sendo irrelevante a existência de hipoteca, por exemplo, para garantir o empreendimento.

---

16. Compromisso de compra e venda de unidade imobiliária em incorporação – Ação anulatória julgada procedente – Cumprimento definitivo de sentença – Bloqueio eletrônico de ativos financeiros – Alegado *patrimônio de afetação* – Ausência de comprovação – Ainda que assim não fosse, era possível sua constrição nos termos do art. 31-A, § 1º, da Lei 4.591/64 – Impugnação à penhora – Rejeição confirmada – Agravo de instrumento improvido, cassada a liminar. (*TJSP* – AI 2117916-26.2020.8.26.0000, 15.07.2020, Rel. Vianna Cotrim).

O art. 31-D, em paralelo ao que já constava na redação original da lei de incorporações na redação original, acrescenta amplo rol de obrigações de parte do incorporador. Persiste a ideia de arraigar a responsabilidade do incorporador ao empreendimento e à sua específica contabilidade, tanto que deve ele entregar balancetes periódicos em cada trimestre civil à Comissão de Representantes. Nada impede que o incorporador seja titular de vários patrimônios de afetação.

O patrimônio de afetação extingue-se pela averbação da construção para os adquirentes e com a extinção das obrigações do incorporador prante a instituição financeira (art. 31-E). A MP 1.085/2021 inclui novos dispositivos nesse artigo, beneficiando os adquirentes.[17]

Nessa situação, o negócio cumpriu sua finalidade. Também pode se extinguir de forma anormal, por revogação e renúncia da incorporação, depois de restituídas as quantias pagas pelos adquirentes, bem como em outras variadas hipóteses previstas na lei. Há muitos detalhes nesse instrumento legal. Além de tratar da introdução do patrimônio de afetação, a Lei 10.931 tratou de outros assuntos que não se relacionam com esse tema, como mais um exemplo de má técnica legislativa.

Na eventualidade de falência ou insolvência do incorporador, não ocorre a extinção automática da afetação (art. 31-F). O patrimônio continuará a garantir a obra. Os adquirentes podem contratar outro administrador e construtor para prosseguir, por meio de decisão da Assembleia de condôminos e da Comissão de representantes. Se os bens desse patrimônio não bastarem para a conclusão, entrará como crédito privilegiado na falência.

Aliás, a Comissão de Representantes, mediante autorização da Assembleia Geral, possui poderes mais extensos quando no patrimônio de afetação, principalmente para adotar a continuidade da incorporação, assumindo a administração da obra, até sua conclusão, podendo firmar a final a transmissão de domínio e posse aos adquirentes e recebendo o preço. São inúmeras as particularidades e poucas a situações de patrimônio de afetação em casos concretos. Há também todo um sistema tributário a ser analisado.

---

17. Execução de título extrajudicial – Impugnação à penhora parcialmente acolhida – Regime de afetação – Agravo de instrumento – Decisão que acolheu parcialmente a impugnação para excluir da penhora o imóvel inscrito na matrícula 78.626, do Ofício de Registro de Imóveis de Itapetininga – SP – Insurgência da agravante sob o fundamento de que o empreendimento já fora concluído – Não acolhimento – Impossibilidade de realização de penhora sobre imóvel que está regime de afetação – O fato de a obra estar terminada não autoriza a penhora do bem por dívidas diversas da incorporação, sendo necessária a extinção do patrimônio, conforme dispõe o artigo 31-E, da Lei 4.591/64, com a redação dada pela Lei 10.931/04 – Decisão mantida. Recurso não provido. (*TJSP – AI* 2028877-81.2021.8.26.0000, 19.04.2021, Rel. Marino Neto).

CAPÍTULO 3
CONDOMÍNIO EDILÍCIO. DENOMINAÇÃO. NATUREZA JURÍDICA. PERSONIFICAÇÃO. CONSTITUIÇÃO. CONVENÇÃO E REGIMENTO INTERNO

Sumário: 3.1 Denominação. 3.2 Escorço histórico. 3.3 Natureza jurídica. Divagações. 3.4 Personificação do condomínio. 3.5 Constituição do condomínio. 3.6 Requisitos de validade – Elementos constitutivos do ato jurídico. 3.6.1 Requisitos para constituição. 3.6.2 Regimento Interno. 3.6.3 Especificação das unidades condominiais. 3.6.4 Da documentação obrigatória.

3.1 DENOMINAÇÃO

Nenhuma outra modalidade de propriedade talvez tenha gerado maior amplitude de problemas jurídicos e sociais do que a por vezes denominada propriedade horizontal, propriedade em planos horizontais ou condomínio edilício como denomina nosso Código atual. A começar por sua denominação. Na França, onde primeiro surgiu a problemática, denominou-se *copropriedade vertical* (Avvad, 2017:15). Portugal adotou a terminologia *propriedade horizontal*, na lei que cuidou da matéria, aqui adotada no passou, algo que nunca concordamos por pouco dizer e nada compreender. Nossos juristas muito se bateram acerca da denominação do instituto. Nosso grande mestre sobre o tema, Caio Mário da Silva Pereira preferiu utilizar simplesmente *propriedade horizontal*, que na verdade ficou por muito tempo consagrada. *Condomínio edilício* foi a expressão adotada no Código Civil, não sem muita discussão, atendendo a sugestão do coordenador Miguel Reale, texto que ganhou notoriedade e aceitação em nosso meio jurídico, sendo agora despiciendo ingressar nas críticas, etimologia ou filosofia da denominação. Assim, nesta obra estudamos o condomínio edilício ou especial, ou condomínio de unidades autônomas, se alargarmos a denominação, para abranger todas as versões possíveis e contemporâneas sobre o mesmo fenômeno. Distingue-se, portanto, do condomínio comum ou ordinário, que vimos no primeiro capítulo, o qual o ordenamento procura dar uma noção de transitoriedade e do condomínio necessário com seu aspecto de obrigações reipersecutórias. Enquanto no condomínio ordinário cabe a cada condômino extingui-lo tanto e quando possível, no condomínio edilício a noção possui a perenidade ínsita ao direito pleno de propriedade, tanto quanto às unidades autônomas quanto às partes comuns.

3.2 ESCORÇO HISTÓRICO

Do ponto de vista sociológico, a Antiguidade registra sem muita clareza, a existência de propriedades fracionadas comuns na Babilônia, Egito, Grécia. Há notícias de imóveis de mais de um pavimento em Roma, para moradia de mais de uma família. Não existia, porém, a noção atual de condomínio.

Na França, na época medieval, de início em Paris, se tem notícia de imóvel de propriedades diversas em pavimentos superpostos, casas conjugadas ou moradias unidas (Rizzardo, 2019:8). Esse mesmo autor lembra das Ordenações Filipinas de 1603, que estiveram em vigor em nosso País até a entrada em vigor do Código de 1916, que disciplinava casas de dois "senhorios", em um sentido de propriedade em comum.

A problemática ganha contornos mais nítidos no século XX. Contudo o Código de 1916 não se ocupou da matéria. Instado por legislações estrangeiras e pelos fatos sociais, o direito pátrio promulgou o Decreto 5.481, de 25.06.1928, que traçou as primeiras normas, porém de forma insatisfatória. Apenas em 1964 é promulgada a Lei 4.864/65, denominada lei de Condomínio e Incorporações, que sofreu alterações posteriores, detalhando essa modalidade de propriedade estruturando as incorporações. Se na época, esse diploma legal apresentou sensível avanço, nos últimos anos de vigência já se mostrava superado em vários aspectos, mormente para preencher lacunas do condomínio que regulou, assim como novas modalidades de copropriedade. As disposições introduzidas no Código Civil atual buscaram suprir essas lacunas. Contudo, essa matéria é muito vasta e a melhor solução é promulgar um microssistema ou estatuto dos condomínios, tantas são as novas modalidades vicissitudes de condomínio surgidas nas últimas décadas. Não é mais o Código Civil o estatuto mais indicado para regular a miríade de questões em torno do condomínio em unidades autônomas. Nossa jurisprudência tem assumido o mister de preencher lacunas, mas essa nunca é a melhor solução, nem a mais segura e objetiva para o universo de condôminos.

Como destacamos no capítulo 2, a Lei 4.591 tratou de duas matérias que poderiam ter sido legisladas separadamente. A primeira parte é dedicada ao condomínio edilício e a segunda à incorporação, como examinamos. A incorporação traz na verdade um microssistema que mais pertence ao direito obrigacional, embora com muito contato com o direito real. O Código Civil de 2002 disciplinou totalmente os condomínios, revogando em princípio, a respectiva disciplina na lei em questão. Todavia, essa afirmação pode ser recebida com restrições, porque por vezes busquemos lei antiga para eventuais particularidades dos condomínios. Nos idos de 1964 a conjunção dos dois institutos na mesma lei visou uma proteção mais ampla ao consumidor, que na época era muito prejudicado na aquisição de imóveis por construir ou em construção.

3.3 NATUREZA JURÍDICA. DIVAGAÇÕES

Na lei anterior e no Código Civil vigente, em ambas as leis, na natureza jurídica do condomínio existe nítida e distinta duplicidade dos direitos reais, unidades autônomas e áreas de uso comum.

Os condomínios cada vez mais assumem papel importante na urbanização, tendo em vista as pressões populacionais e sociais, Até mesmo a conceituação de cidades e de grupos urbanos sofrem uma atualização. As zonas urbanas devem ser repensadas em prol do conceito da dignidade humana trazido em nossa Constituição. Assim, as populações têm vivido de forma cada vez mais adensada o que exige ordenamentos e previsões legais úteis e necessárias para seu regramento.

Os condomínios em níveis horizontais e seus equivalentes como os chamados condomínios fechados de casas e escritórios têm sido uma solução urbana que está a exigir complementação legislativa premente. Há todo um direito urbanístico e ambiental a ser sopesado e repensado. Toda essa problemática deve ser vista ainda sobre o prisma da vizinhança, cujos problemas afloram agudamente nos condomínios contemporâneos, exigindo pronta resposta legislativa e social, que nossa lei ignora ou maltrata. O preço para a qualidade de vida urbana depende muito das leis e de seus aplicadores. Sempre que se fala em relação urbana, reporta-se à convivência, mas acirrada e próxima nos condomínios.

Lembra Michel Rosenthal Wagner, em obra com profundo viés sociológico, que

muitas vezes os conflitos de vizinhança ocorrem pelo mau uso da propriedade, pela confusão entre o público e o privado, pela interpretação errônea da situação de vizinhança colocada (2015: 9).

Isso mais se torna saliente na vida condominial. Há que se examinar essa modalidade de propriedade sob os mais diversos matizes. Há característicos de comunidade como uma aldeia do passado nos condomínios,

O direito de usar da unidade autônoma encontra limites nos princípios da ordem natural de vizinhança e nos limites da tolerância, bem como nos ordenamentos precípuos dos condomínios, maiormente nas convenções e regulamentos internos. À margem dessas particularidades, que não diferem muito da sociabilidade de vizinhos separados por muros ou cercas, coloca-se também o regramento das áreas comuns dos edifícios. Sob este aspecto existe efetivamente condomínio, quanto aos titulares das unidades, detentores de fração ideal do imóvel e das partes de uso comum. Por essa razão, no que for omissa a legislação condominial, devem ser chamados à interpretação as normas sobre condomínios em geral e sobre direitos de vizinhança. Cabe, desse modo, ao intérprete levar a bom termo sua interpretação considerando esses aspectos, que são amplos.

O titular da unidade autônoma é, destarte, proprietário de um direito complexo. Nesse sentido o art. 1.331 abre o capítulo estabelecendo que *"pode haver, em edificações, partes que são propriedade exclusiva, e partes que são propriedade comum dos condôminos"*. O termo "pode" aí não está bem colocado, pois por menor que seja, existem no condomínio locais de uso comum. Pode-se afirmar que por mais simples que seja o edifício, há pelo menos uma portaria ou porta de entrada e corredores de acesso.

3.4 PERSONIFICAÇÃO DO CONDOMÍNIO

Essa comunidade condominial, de natureza real dúplice, não pode, em seu cerne, ser considerada uma pessoa jurídica, pois, de fato, faltam-lhe vários requisitos, digamos, tradicionais da personalidade jurídica. E, por outro lado, a lei não se manifesta nesse sentido.

Perdeu o Código Civil de 2002 a oportunidade de reconhecer essa personificação ao condomínio, sua equiparação, para alguns efeitos, à pessoa jurídica. Contudo, o condomínio tem personalidade processual, por atuar como parte ativa ou passiva em processos judiciais. Trata-se, sem dúvida, da manifestação de uma *"personalidade anômala"*, como tratamos em nossa obra de Teria Geral, volume 1 de nossos manuais de direito civil. O condomínio regulamentado pelo Código Civil, assim como na lei derrogada, contrata, contrai obrigações, figura em processos judiciais. Nada impede, por exemplo, que o condomínio seja proprietário de unidades autônomas, lojas no térreo ou garagens, por exemplo, locando-as a terceiros e amortizando com isso as despesas condominiais. São comuns condomínios que locam a área superior do edifício para antenas de dados. Basta sobrevoar, as grandes cidades do país e do mundo para ver o que falamos.

Não existe, porém, *affectio societatis* entre os condôminos. No entanto, no universo negocial o condomínio atua tal qual uma pessoa jurídica. O Direito não pode ignorar realidades. Essa personificação anômala ou personalidade restrita, como prefere parte da doutrina. O art. 75 do CPC estabelece como são representadas ativa e passivamente as pessoas jurídicas. O inciso XI desse dispositivo atribui ao síndico ou administrador a representação processual do condomínio. Destarte, a legislação processual dá um passo à frente do direito material. Essa personificação do condomínio está textualmente reconhecida pela lei processual. Destarte, não se nega que essa personificação extrapola a simples ideia de processo. O condomínio atua na esfera negocial como qualquer pessoa jurídica dentro de suas finalidades, o que não é diverso para as empresas em geral. Desse modo, sua personificação mitigada é irrefutável.

Assim, nos parece que são empedernidas, descabidas e estéreis posicionamentos doutrinários em contrário. Já muito se discutiu no passado se os cartórios imobiliários poderiam registrar e matricular imóveis de propriedade do condomínio. Fomos um dos primeiros, sob nossa magistratura, já passadas décadas, a determinar o registro de imóvel dessa natureza na comarca que atuávamos como magistrado. No dizer de João Batista Lopes (1994:55), *há personificação do patrimônio comum.* Se ao espólio e à massa falida, entidades com personificação transitória, se permitem atividades similares, com maior razão ao condomínio edilício que possui conteúdo amplo de permanência inerente aos direitos reais.

É oportuno recordar o posicionamento de Nelson Kojranski, em sua obra *Condomínio Edilício*, onde transcreve dois artigos publicados em jornais há mais de uma década, com títulos por si sós explicativos: *"Um dia, nosso condomínio será personalidade jurídica"* e *"Condomínio é pessoa jurídica, às vezes"* (Tribuna do Direito, agosto de 2014) (2015:67).

3.5 CONSTITUIÇÃO DO CONDOMÍNIO

A Lei 4.591/64, no art. 1º delimitou o âmbito de atuação dessa propriedade:

As edificações ou conjunto de edificações, de um ou mais pavimentos, construídos sob a forma de unidades isoladas entre si, destinadas a fins residenciais ou não residenciais, poderão ser alienados, no todo ou em parte, objetivamente considerados, e constituirá, cada unidade, propriedade autônoma sujeita às limitações desta Lei.

O § 1º determinara que cada unidade será assinalada por designação alfabética ou numérica, e o § 2º estipulara que a cada unidade caberá uma *fração ideal do terreno e coisas comuns, expressa sob forma decimal ou ordinária*".

Essa base jurídica permanece com as disposições do Código Civil.

Nosso Código Civil faz distinção entre instituição e constituição de condomínio nos artigos 1.332 e 1.333.

O art. 1.332 trata da instituição, como sendo o ato inicial, que dá origem ao condomínio edilício:

Institui-se o condomínio edilício por ato entre vivos ou testamento, registrado no Cartório de Registro de Imóveis, devendo constar daquele ato, além do disposto em lei especial:

I – a discriminação e individualização das unidades de propriedade exclusiva, estremadas uma das outras e das partes comuns;

II – a determinação da fração ideal atribuída a cada unidade, relativamente ao terreno e partes comuns;

III – o fim a que as unidades se destinam.

O art. 7º da Lei 4.591/64 já estabelecia, como consistia, a forma e o modo de instituição do condomínio, deixando claro também a necessidade de discriminação e individualização da fração ideal de cada condômino, a destinação, fazendo referência as áreas de propriedade exclusiva, vejamos:

A instituição prevista nesses artigos, se dá em propriedade já existente, podendo ser uma edificação ou conjunto de edificações, em que os interessados mediante requerimento, por escritura pública ou particular, contendo as disposições dos incisos do art. 1.332 do CC, bem como, observando ainda, as disposições da Lei 6.015/73, e os regulamentos municipais e estaduais a que a propriedade estiver inserida.

Deste modo, a instituição ocorre, por documento escrito, que obrigatoriamente deve ser registrado no Cartório de Registro de Imóveis, formalizando a figura do condomínio, conferindo assim publicidade legal que, determinado conjunto residencial ou comercial, necessita para torna-se um condomínio.

Neste sentido, a instituição transforma em condomínio edilício a propriedade, que até então poderia se encontrar em situação jurídica de condomínio pro-indiviso. Busca-se uma edificação ou um conjunto de edificações, a construir, recém construídas, ou já existentes.

Arnaldo Rizzardo (2019:11) expõe:

A instituição equivale a expressar uma realidade nova que surge na propriedade, e que consiste na sua subdivisão em várias porções, à semelhança com o que se dá com o loteamento. Não resulta a criação de direitos reais, eis que nada se transmite, nem se onera, e muito menos se altera a titularidade. Permanecem os direitos reais existentes, que emigram para as novas matrículas que serão abertas para cada unidade que surge.

Trata-se, assim, do ato que formaliza a propriedade como condomínio especial, que a lei civil conceitua como a propriedade, com unidades exclusivas e partes comuns.

3.6 REQUISITOS DE VALIDADE – ELEMENTOS CONSTITUTIVOS DO ATO JURÍDICO

A lei não prescreve forma específica para a instituição do condomínio, trata-se de ato declaratório ao qual não incide a regra do art. 108 do Código Civil, que prevê a escritura pública para negócios jurídicos que visem à constituição, transferência, modificação ou renúncia de direitos reais sobre imóveis de valor superior a trinta vezes o maior salário mínimo vigente no País, salvo quando, o ato de instituição ocorrer em razão da transferência da propriedade, seja de forma gratuita ou onerosa.

Sobre a natureza declaratória do ato de instituição do condomínio de edifícios, afirma Pedro Elias Avvad: "a instituição do condomínio nada mais é que simples declaração de vontade destinada a produzir efeitos jurídicos, mas não tem o condão de modificar a natureza jurídica do direito real detido pelo instituidor" (2017: 67).

Nas suas lições sobre o ato de instituição do condomínio, Caio Mário da Silva Pereira afirma que: "todavia esta providência não é jurígena. Ela não cria nem transfere direitos, como bem definiu Serpa Lopes (Despacho, Arquivo Judiciário, v. 52, p.69), no regime da Lei 5.481. Não tem ao menos o efeito publicitário para atos declaratórios de direitos. Seus efeitos são restritos à finalidade mencionada de identidade e discriminação de cada unidade" (2016:90).

Arnaldo Rizzardo (2019:10) esclarece que: a instituição abrange mais de uma modalidade: pode ocorrer por escritura pública ou instrumento particular, em geral por meio de ata de assembleia geral dos condôminos, quando é dada uma destinação a um prédio (se existente ou depois de construído) ou a um terreno, dividindo-o em frações ideais e em unidades autônomas".

Nas lições acima temos o que ocorre na prática, cumprido os requisitos para a constituição do condomínio, bem como para a ata de assembleia geral dos condôminos, declara sua instituição.

Assim, tanto o art. 1.332, bem como o art. 7º da Lei 4.591/64 não estabelecem expressamente a necessidade de instrumento público para a instituição do condomínio, uma vez que, o ato não expressa aquisição de direitos ou transferência de titularidade, mas implica na modificação e declaração do regime jurídico da propriedade, em que direitos reais existentes sobre o todo da propriedade, passa a direitos reais sobre cada unidade de matrícula a ser aberta naquele imóvel.

Ao fazer o pedido de instituição do condomínio junto ao Registro de Imóveis, o interessado deve apresentar o "Habite-se", que consiste no alvará ou certidão que permite o uso do prédio, conforme a finalidade que lhe foi atribuída, juntamente com a certidão negativa de débitos do INSS, com previsão no art. 47, II, da Lei 8212/1991, projeto arquitetônico aprovado junto ao órgão municipal e memorial descritivo com as respectivas planilhas de área e custo da das unidades autônomas.

Alguns Estados, por normativas das Corregedorias em matéria registral podem estabelecer o rol exemplificativo acima mencionando com outras exigências para a instituição do condomínio.

3.6.1 Requisitos para constituição

Os requisitos para a constituição do condomínio estão expressos nas disposições do art. 1.333 do Código Civil:

> A convenção que constitui o condomínio edilício deve ser subscrita pelos titulares de, no mínimo, dois terços das frações ideais e torna-se, desde logo, obrigatória para os titulares de direito sobre as unidades, ou para quantos sobre elas tenham posse ou detenção.
>
> Parágrafo único. Para ser oponível contra terceiros, a convenção do condomínio deverá ser registrada no Cartório de Registro de Imóveis.[1]

---

1. Apelação Cível – Ação Declaratória De inexigibilidade de cobrança de taxas condominiais com repetição de indébito – *Instituição do condomínio* – Assembleia – Fraude na lista de presença, ata e convocação – Ônus do autor do fato constitutivo – Não ocorrência – Posse do imóvel – Entrega das chaves – Cobrança devida – Alegando a parte autora a fraude na instalação do condomínio, cuja ata foi devidamente registrada em cartório, coube-lhe afastar presunção de legalidade mediante provas bastantes, com espeque no inciso I, do artigo 373 do CPC que atribui o ônus do fato constitutivo de seu direito, o que no caso não ocorreu – Não é crível a não exigência de taxa condominial com espeque em assembleia que cancelou a instituição do condomínio, posto que não apresentada Convenção do Condomínio dispondo as formalidades a serem observadas, especialmente, quanto ao quorum para deliberação, frente a exigência legal da Lei 4.591/64, artigo 9º , § 2º e artigo 1.333 , do Código Civil de 2/3 para Convenção Condominial, aplicando-se por analogia para o cancelamento da respectiva assembleia instituidora – Entregue as chaves do imóvel ao promitente comprador, presume-se a posse do imóvel, a partir da qual a obrigação pelo pagamento das taxas condominiais recai sobre o comprador – recurso não provido. (*TJAM* – AC 0634746-29.2015.8.04.0001, 10.03.2020, Rel. Des. Aristóteles Lima Thury).

    Constitucional, civil e processual civil – Ação de obrigação de fazer – Condomínio residencial – Sistema de segurança eletrônico – Acesso – Área interna – Tag de identificação – Biometria – Equipamentos componentes do sistema de segurança – Implantação – Formato previsto em convenção condominial em conformidade com a regulação normativa – Previsão Expressa – Implantação – Aprovação em assembleia – Restrição Coletiva – Legitimidade – Direitos e garantias fundamentais – Eficácia horizontal – Incidência nas relações privadas – Caso concreto – Não aplicabilidade – Autonomia privada da assembleia condominial deliberativa – Conformidade com a legislação vigorante – Direito à segurança do morador – Ausência de conflito – Autor – Litigância de má-fé – Alteração da verdade – Configuração – Multa – Imposição – Manutenção – Subversão da realidade dos fatos (CPC, art. 80 , II, VI). – Imperativo legal – Apelo Desprovido – Honorários sucumbenciais recursais – Fixação – Sentença e apelo formulado sob a égide da nova codificação processual civil (CPC, art. 85 , §§ 2º e 11) – 1 – Consoante regra insculpida no artigo 5º, § 1º, da Constituição Federal , as normas definidoras dos direitos e garantias fundamentais têm aplicação imediata, pois não contemplara o legislador constituinte nenhuma condição ou restrição à sua eficácia imediata, e, outrossim, não havendo bloqueio constitucional quanto à irradiação de efeitos dos direitos fundamentais às relações jurídicas não verticais (Estado-particular), tem-se que as normas definidoras de direitos e garantias fundamentais têm campo de incidência em qualquer relação jurídica, seja ela pública, mista ou privada (eficácia horizontal), donde os direitos fundamentais assegurados pela Carta Política vinculam não apenas os poderes públicos, alcançando também as relações privadas. 2 – As normas condominiais convencionais, destinando-se justamente a pautar internamente o uso das áreas comuns, das áreas privativas e a preservar a intangibilidade do núcleo condominial, consubstanciam regulação interna particular de natureza estatutária e efeitos irradiantes, alcançando e vinculando todos os condôminos, podendo, inclusive, ensejar restrição ao uso das unidades autônomas e ao comportamento dos condôminos, reputando-se legítimas as deliberações assembleares tomadas por decisão da maioria, desde que não exorbitem o que o legislador permitira (CC, art. 1.333). 3 – Conquanto reconhecido o alcance da eficácia horizontal dos direitos fundamentais nas relações jurídicas individualizadas como mecanismo apto a garantir que eventuais abusos na normatização privada não lesem princípios constitucionais basilares ou bens essenciais aos indivíduos com base na preponderância da posição social, sua aplicação resta por obstada nas hipóteses em que a disposição estatutária condominial, conquanto tangencie valores ínsitos à esfera jurídica individual e encerre restrições aos condôminos, guarda conformidade com o ordenamento legal. 4 – Estabelecido pela Convenção Condominial, em conformação com a legislação que a autorizara, a implementação de sistema eletrônico de segurança para acesso à garagem e demais dependências do condomínio, ressoa inexorável que, deliberada em convenção a implantação do sistema, a obrigatoriedade da disposição alcança a todos os condôminos, não se afigurando possível a pretensão advinda dum condômino de acessar a área interna do condomínio em desconformidade com a sistemática deliberada em reunião assemblear, devendo se sujeitar à vontade da maioria, inclusive por ser meio idôneo ao melhoramento da segurança do coletivo e de sua própria, inclusive, notadamente porque as decisões no ambiente do condomínio é tomada pela maioria, que, assim delibe-

Conforme disposições do art. 9º, § 3º da Lei 4.591/64, devia obrigatoriamente constar da convenção:

Além de outras normas aprovadas pelos interessados, a Convenção deverá conter:

a) a discriminação das partes de propriedade exclusiva, e as de condomínio, com especificações das diferentes áreas;

b) o destino das diferentes partes;

c) o modo de usar as coisas e serviços comuns;

d) encargos, forma e proporção das contribuições dos condôminos para as despesas de custeio e para as extraordinárias;

e) o modo de escolher o síndico e o Conselho Consultivo;

f) as atribuições do síndico, além das legais;

g) a definição da natureza gratuita ou remunerada de suas funções;

h) o modo e o prazo de convocação das assembleias gerais dos condôminos;

i) o quórum para os diversos tipos de votações;

j) a forma de contribuição para constituição de fundo de reserva;

l) a forma e o quórum para as alterações de convenção;

---

rada, obrigado e alcança a todos, salvo se dissentir do legislado. 5 – Conquanto sensível o problema de segurança que afetam imóveis inseridos em área condominial, resta obstado, em estrito respeito ao postulado nuclear afeto à hierarquia das normas, que o Poder Judiciário afaste a aplicação de lei expressa em homenagem aos análogos principiológicos derivados da eficácia horizontal dos direitos fundamentais sob a premissa de reputada injustiça ou desproporcionalidade de lei ou ato normativo, sobejando ao condômino que se sente prejudicado a adoção de medidas específicas de segurança destinadas a elidir o aspecto de vulnerabilidade de sua propriedade, desde que não exorbitem a seara da autonomia privada da convenção condominial, não lhe sendo lícito nem podendo ser tolerado que, à guisa de exercitar seu direito à segurança e à proteção pessoais, tangencie o direito posto. 6 – De forma a ser privilegiado o fim social das disposições normativas como forma de preservação do interesse coletivo e viabilização da vida em sociedade, obstando que cada um faça o que melhor lhe aprouver sem observância das posturas legisladas, devem ser prevenidas, obstadas e corrigidas atitudes que encerrem violação a direito coletivo em benefício do interesse individual de um único condômino, não se legitimando, portanto, que seja cominada ao condomínio a obrigatoriedade de permitir que condômino transgressor não obedeça às regulamentações impostas a todos dos demais condôminos, no caso a utilização de TAG de veículo para acesso à área interna do condomínio, e, outrossim, o sistema de biometria aprovado em reunião assemblear em conformidade com a lei e as normas condominiais regularmente deliberadas. 7 – A sistemática processual reclama lealdade processual de todos os atores processuais, alinhavando o artigo 80 do estatuto processual as hipóteses de condutas abusivas que ensejam a qualificação da litigância de má-fé ante o desvirtuamento do manejo das faculdades e dos direitos conferidos a quem litiga, afastando-se a lide dos seus fins e utilidade, corrompendo-se ilegitimamente o processo, ensejando o desvirtuamento do seu fim teleológico. 8 – Aliado à postura processual do litigante, o reconhecimento da litigância de má-fé reclama a constatação do elemento subjetivo, à medida que a má-fé processual equivale à antítese de boa-fé inscrita como dever inerente a todo litigante (CPC, art. 5º), que equivale à boa-fé subjetiva, donde, para a configuração da litigância de má-fé, o litigante deve atuar dolosamente e em contradição com a finalidade do processo, através da violação da verdade e do abuso dos atos processuais. 9 – Aferido que a parte alterara a verdade dos fatos, pois, ao revés do alegado, não fora coibido de transitar pelo condomínio ou ter acesso à área interna do condomínio mediante utilização do sistema antigo de segurança, sobressaindo apenas a exigência de que se identificasse para manutenção da segurança de todos os condôminos, subvertendo a realidade processual, inexorável que incorrera em postura que conduz ao reconhecimento de que obrara à margem da boa-fé, pois tangenciara a verdade, determinando sua sujeição à sanção pecuniária destinada ao litigante de má-fé (CPC, arts. 80, incisos II e VI). 10 – Desprovido o apelo, a resolução implica a majoração dos honorários de sucumbência impostos ao recorrente, porquanto o novo estatuto processual contemplara o instituto dos honorários sucumbenciais recursais, devendo a majoração ser levada a efeito mediante ponderação dos serviços executados na fase recursal pelos patronos da parte exitosa e guardar observância à limitação da verba honorária estabelecida para a fase de conhecimento (NCPC, arts. 85, §§ 2º e 11). 11 – Apelação conhecida e desprovida. Honorários advocatícios majorados. (*TJDFT* – Proc. 07228238820198070001 - (1268476), 05.08.2020, Rel. Teófilo Caetano).

CAPÍTULO 3 • CONDOMÍNIO EDILÍCIO

m) a forma e o quórum para a aprovação do Regimento Interno quando não incluídos na própria Convenção.

Assim, a constituição do condomínio se dá pela convenção do condomínio, tendo esta natureza normativa em relação aos proprietários das unidades condominiais, alcançando não somente seus signatários, mas também todos que possuem direitos sobre a propriedade, seja posse ou detenção, podendo esta conter disposições de interesse dos seus titulares, desde que não sejam contrárias a lei.

Neste sentido o artigo 9º, § 2º da Lei 4.591/64, assim dispõe:

§ 1º Far-se-á o registro da Convenção no Registro de Imóveis, bem como a averbação das suas eventuais alterações.

§ 2º Considera-se aprovada, e obrigatória para os proprietários de unidades, promitentes compradores, cessionários e promitentes cessionários, atuais e futuros, como para qualquer ocupante, a Convenção que reúna as assinaturas de titulares de direitos que representem, no mínimo, 2/3 das frações ideais que compõem o condomínio.

Assim, o artigo 1.333 do Código Civil reproduz e altera os §§ 1º e 2º do art. 9º da Lei 4.591/64, dispondo que a Convenção do Condomínio deve ser subscrita por dois terços dos titulares das frações ideais do edifício, estabelecendo assim o quórum representativo, e os sujeitos ativos que podem assinar a mesma, seus titulares de direito, de forma que as decisões tomadas em assembleia pelo condomínio devem ser consideradas soberanas, uma vez que representam o direito de uma maioria devidamente representada.

Além disso, dispõe também que a Convenção é obrigatória para os titulares de simples posse ou detenção da fração ideal, ainda que não a tenham subscrito, por isso, como é normativa obrigatória a todos que habitam o edifício, não existe escusa para seu conhecimento e cumprimento.

Como vimos, a Lei 4.591/64 estendia os efeitos da Convenção, além dos titulares da unidade, apenas aos ocupantes, não mencionando os possuidores a qualquer título, incluídos pelo Código Civil como sujeitos passivos obrigacional da mesma.

Pela Lei 4.591/64, o § 1º do art. 9º estabelecia que a validade da Convenção dependia de seu registro no Registro de Imóveis, incluindo a averbação de eventuais alterações na mesma.

O artigo 1.333, parágrafo único, do Código Civil, aduz que a convenção de condomínio só será oponível contra terceiros, mediante seu registro no Cartório de Registro de Imóveis.

A Súmula 260/STJ firmou entendimento de que a convenção de condomínio aprovada, ainda que sem registro, é eficaz para regular as relações entre os condôminos.[2]

Assim, quando registrada no cartório competente, a minuta da convenção de condomínio edilício, legítima, por exemplo, a cobrança das taxas condominiais inadimplentes de terceiros não signatários à mesma.

A Convenção do Condomínio é a principal lei entre os condôminos de um edifício, uma vez que, todos que residem em prédios de apartamentos estão sujeitos a esta norma,

---

2. *Jurisprudência e Teses – Edição N. 68: Condomínio –* 8) A convenção de condomínio aprovada, ainda que sem registro, é eficaz para regular as relações entre os condôminos. (Súmula n. 260/STJ)

ainda que resulte prejuízo à sua individualidade. Por isso se aconselha que a redação definitiva da convenção seja muito bem cuidada pelos adquirentes das unidades e não se converta, simplesmente, numa carta outorgada e imposta pelo incorporador. Já aduzimos essas observações ao tratarmos das incorporações nesta obra.[3]

Destarte, o artigo 1.333 estabelece condições de eficácia erga omnes à Convenção Condominial, ou seja, seus efeitos estendem-se além de seus signatários, alcançando direta ou indiretamente pessoas a ela subordinadas, revelando seu caráter essencialmente normativo, além de indicar seus requisitos de constituição.

O art. 23, X da Lei 8245/91, lei de locações, dispõe como sendo dever do locatário cumprir integralmente a convenção de condomínio e os regulamentos internos, exemplo claro da eficácia erga omnes da Convenção.

Assim, embora o Código Civil estabeleça os direitos e deveres mínimos dos titulares de direito da unidade condominial, a realidade forçosamente exige regulamentação suplementar a essas relações ambíguas existentes no condomínio, que somente é alcançada com a Convenção do Condomínio, devendo esta ser devidamente complementada pelo regimento interno.

Caio Mário (2016:91), acentua que a Convenção regulamenta comportamentos individuais em benefício da coexistência comum, diante de determinação de padrões legais mínimos, vejamos:

> Os problemas decorrentes da vizinhança próxima, a necessidade de regulamentar o comportamento dos que se utilizam dos apartamentos e usam as partes comuns, o resguardo do patrimônio coletivo, a imprescindibilidade de se coibir a conduta desrespeitosa aos direitos recíprocos dos coproprietários, a desconformidade de padrões de educação destes, a conveniência de se estabelecer um regime harmônico de relações que elimine ou reduza ao mínimo as zonas de atritos implicam a instituição de um estatuto disciplinar das relações internas dos condôminos, ou convenção do condomínio.

Destarte, ressalta a importância da Convenção do Condomínio para a comunidade condominial, como normativa que resulta da sua expressão de vontade, aprovada nos termos da lei civil, e, para esta finalidade deve ser redigida de modo claro.

As matérias de competência da Convenção do Condomínio são, por exemplo, o mandato do síndico, a impossibilidade de sua reeleição, a forma e as multas para o pagamento das taxas de condomínio, a competência e a forma de realização das assembleias, entre outras matérias que não devem ser tratadas no Regimento Interno. Entretanto, na

---

3. *Jurisprudência e Teses – Edição N. 68: Condomínio – 9) A convenção do condomínio* pode fixar o rateio das contribuições condominiais de maneira diversa da regra da fração ideal pertencente a cada unidade. Recurso especial. Condomínio. Lei 4.591/1964. Rateio das cotas condominiais. Fração ideal do terreno de cada unidade. Regra geral. Forma de divisão que somente pode ser alterada por convenção Aprovada na forma da lei. Nulidade das decisões assembleares. Embargos de declaração. Multa. Afastamento. Recurso provido. 1. Segundo o § 1º da Lei 4.591/1964, somente a convenção pode fixar o rateio das contribuições condominiais de maneira diversa da regra da fração ideal pertencente a cada comunheiro. 2. Na hipótese, como não fora aprovada convenção condominial até a data de realização das assembleias impugnadas, não se deve permitir a forma de rateio adotada pelo condomínio em prejuízo aos demais comunheiros, devendo ser utilizado como base de cálculo a fração ideal pertencente a cada condômino. 3. Deve ser afastada a multa de 1% (um por cento) aplicada por ocasião dos embargos de declaração quando estes não se revelarem protelatórios e tiverem por objetivo prequestionar dispositivos legais (Súmula 98/STJ). 4. Recurso especial provido (*STJ* – REsp 1213551 / SP RE 2010/0166965-0, 20.10.2015, 4 Turma – Rel. Ministro Luis Felipe Salomão).

prática não é o que observamos. O Regimento deve funcionar como uma norma regulamentadora da Convenção.

Cumpre salientar que o memorial de incorporação, tem que constar uma minuta da futura convenção do condomínio, a fim de possibilitar a alienação das unidades autônomas pelo incorporador, visando deixar claro a finalidade do condomínio, objetivando orientar o adquirente. Nada obsta, antes se aconselha que o universo dos adquirentes das unidades elabore convenção diferente da minuta apresentada, respeitando o quórum legal para sua aprovação.

Já acentuamos que a omissão dos adquirentes transforma a minuta apresentada pelo incorporador em convenção definitiva. Não é o mais conveniente, pois se trata de documento que traduz a autonomia de vontade dos adquirentes e não deve preponderar a vontade do incorporador.

3.6.2 Regimento Interno

O regimento interno do condomínio deve conter as normas que regulam e disciplinam o comportamento e a conduta interna dos condôminos, possuidores diretos e detentores, titulares ou não das unidades autônomas, bem como os serviçais, e todos que de alguma forma se utilizam do condomínio.

O artigo 1.334, V, dispõe que a Convenção do Condomínio deve incluir e aprovar o regimento interno, como elemento indispensável.

A Lei 4.591/64, estabelecia no art. 9º, § 3º, "m" que o Regimento Interno poderia estar ou não incluídos na Convenção. Como documento autônomo, a sua alteração não necessitaria da aprovação de dois terços dos titulares das unidades autônomas.

O artigo 1.351, com a redação dada pela Lei 10.931, de 2004, suprimiu a referência ao Regimento Interno, aduzindo que a aprovação de 2/3 (dois terços) dos votos dos condôminos é necessária para a alteração da Convenção.[4]

O Regimento Interno deve tratar de questões do dia a dia do condomínio, como uso do salão de festas, horários de entrada e saída, realização de reformas, disciplina das

---

4. Apelação cível – *Condomínio* – Ação declaratória de nulidade da assembleia extraordinária – Instituição de multa condominial – Ausência de quórum qualificado – Sentença reformada – 1 – A alteração da Convenção do Condomínio exige a presença de 2/3 (dois terços) dos condôminos, não se fazendo necessário tal quórum quando a modificação for do Regimento Interno, a teor do que dispõe o art. 1.351 do Código Civil (com a redação que lhe fora dada pela Lei 10.931/04). Ausente o quórum qualificado de 2/3 dos condôminos, caracterizado está o vício formal a macular de nulidade as deliberações assemblares aprovadas. 2 – As normas que estabelecem regras de utilização das áreas comuns de modo a não comprometer a salubridade, a segurança e o sossego coletivo, não são meras regras casuísticas e sim, normas disciplinadoras das relações mantidas entre o Condomínio e os condôminos, que devem ser obrigatoriamente observadas, inclusive, sob pena de aplicação de multa, a qual deve estar prevista na convenção do condomínio. 3 – Prevalece, portanto, a regra do § 2º do art. 1.336 do Código Civil que estatuiu o quórum qualificado da seguinte forma: Art. 1.336. São deveres do condômino: IV – dar às suas partes a mesma destinação que tem a edificação, e não as utilizar de maneira prejudicial ao sossego, salubridade e segurança dos possuidores, ou aos bons costumes (...) § 2º O condômino, que não cumprir qualquer dos deveres estabelecidos nos incisos II a IV, pagará a multa prevista no ato constitutivo ou na convenção, não podendo ela ser superior a cinco vezes o valor de suas contribuições mensais, independentemente das perdas e danos que se apurarem; Não havendo disposição expressa, caberá à assembleia geral, por dois terços no mínimo dos condôminos restantes, deliberar sobre a cobrança da multa . 4 – Recurso parcialmente provido. (*TJDFT* – Proc. 07113873520198070001 – (1233857), 18.03.2020, Rel. Leila Arlanch).

áreas de lazer, contratação de empregados, circulação de animais nas áreas comuns, entre outras necessárias para o funcionamento do empreendimento. [5]

As normas da Convenção e principalmente do Regimento devem cuidar da conceituação do condômino antissocial, bem como estabelecer modalidade de apresentação de procedimento de sua defesa na hipótese de inculpação. Trataremos do assunto no capítulo específico.

3.6.3 Especificação das unidades condominiais

O artigo 1.334, ao dispor sobre o conteúdo da Convenção condominial, determina que dela constem os elementos previstos no art. 1.332, que são: a) destinação das unidades; b) discriminação e individualização das unidades de propriedade exclusiva, estremadas uma das outras e das partes comuns; c) determinação da fração ideal atribuída a cada unidade, relativamente ao terreno e partes comuns.

Além desse conteúdo, constituem requisitos necessários à Convenção: a) a quota proporcional de cada unidade em relação as despesas ordinárias e extraordinárias do condomínio e o modo de pagamento destas; d) forma de administração do condomínio; e) competência das assembleias, forma de sua convocação e *quorum* exigido para as deliberações; f) as sanções a que estão sujeitos os condôminos, ou possuidores, e; g) o regimento interno.

A Convenção pode conter, além dos requisitos legais mínimos exigidos, a deliberação de toda matéria que a assembleia votar, pelo *quorum* de 2/3, que não seja proibida por lei.

Assim, para que seja possível declarar o domínio sobre unidades autônomas, imprescindível a promoção da especificação do condomínio e a averbação da construção.

Neste sentido, veja que o registro da incorporação, por exemplo, especifica a fração ideal do terreno de cada condômino, mas não contém a especificação destinada a declarar o domínio da unidade, situação que pode gerar confusão na prática.

---

5. *Condomínio Edilício* – Demanda anulatória de multas por infração ao regimento interno, impostas ao inquilino e cobradas do titular da unidade. Descabimento da interferência judicial no critério de oportunidade para a imposição das sanções, salvo evidente abuso, inocorrente no caso. Autores que questionam as infrações de modo meramente especulativo. Prova testemunhal que de toda forma corroborou os fatos. Ressalva apenas quanto ao cabimento das multas propriamente, já que pelo regimento a primeira infração seria sancionável meramente com advertência. Anulação, por tal razão, da primeira multa, mantida a segunda, no percentual de 50% da cota condominial, à luz do art. 128, caput, do regimento interno. Sentença de improcedência reformada para tal fim. Demanda parcialmente procedente. Apelação dos autores parcialmente provida. (*TJSP* – AC 1004755-80.2019.8.26.0003, 19.08.2020, Rel. Fabio Tabosa).

   Condomínio – Pretensão anulatória do regimento interno, no que toca à proibição do uso da piscina por inquilinos temporários julgada improcedente e parcialmente procedente a pretensão condenatória ao cumprimento de obrigação de fazer – Alegação de que as restrições ao uso das áreas comuns, sobretudo a piscina, pelos locatários temporários, implicam na vedação ao uso pleno do direito de propriedade desacolhida – Convenção e regulamento interno que visam à convivência harmônica entre os condôminos e moradores do edifício – Decisão tomada em assembleia, lastreada em normas da convenção e regimento interno – Apelação provida para julgar improcedente a pretensão deduzida na inicial. (*TJSP* – AC 1008357-15.2019.8.26.0477, 10.08.2020, Rel. Sá Duarte).

O art. 1.331, § 3º dispõe que a cada unidade imobiliária caberá, como parte inseparável, uma fração ideal no solo e nas outras partes comuns, que deve ser identificada em forma decimal ou ordinária no instrumento de instituição do condomínio.[6]

Assim, o ato de instituição do condomínio deve encontrar o critério para a adoção do valor de cada unidade, sendo muitas vezes calculados com base em tabelas de construções administrativas que padronizam o metro da construção de cada região.

Deste modo, a instituição do condomínio se dá pela somatória dos documentos de especificação e convenção de condomínio, que discrimina as partes gerais, discriminando as áreas de uso comum e as áreas de uso privativo, bem como a vinculação destas com a fração ideal ou coeficiente de proporcionalidade do todo.

Nas lições de Arnaldo Rizzardo (2019: 17), "o conjunto da parte comum é formado por vários itens, e que se exemplificam no solo, na estrutura do prédio, no telhado, no terraço, na rede geral de distribuição de água, esgoto, gás e eletricidade, na calefação e na refrigeração central, nos acessos, na sala de entrada, nos portões, nas cercas. A especificação aparece detalhada no artigo 1.331, em seus §§ 1º e 2º, com a sua titularidade proporcional em função da área de cada unidade".

No condomínio edilício brotam direitos e deveres aos condôminos em relação a propriedade condominial fracionada em relação ao todo, como as despesas em que cada um concorre para manutenção e conservação da propriedade condominial sem qualquer exceção.

Sobre o rateio proporcional das despesas e responsabilidade de cada condômino, Caio Mário da Silva Pereira leciona que, "o edifício de apartamentos é considerado, perante o Fisco, não como uma unidade, mas uma pluralidade de devedores. O edifício não deve ao poder tributante federal, estadual ou municipal, como uma *res integra*, porém, cada unidade autônoma é devedora de uma quota tributária e cada proprietário de apartamento é obrigado a contribuir diretamente com o que lhe cabe, mediante lançamento autônomo, como se cada um fosse um prédio isolado" (2016: 114). As garagens, ligadas a cada unidade, também podem ter lançamento tributário autônomo.

Deste modo, a instituição do Condomínio além de ser o ato que criação da propriedade condominial, também é individualiza as unidades autônomas, descrevendo-as com suas características e áreas, estabelecendo assim o que é comum e o que é privativo, razão pela qual a Lei 4.591/64 dispõe que, a cada unidade autônoma corresponde, como parte inseparável, uma fração ideal no terreno e coisas comuns.

---

6. Direito civil – Apelação cível e recurso adesivo – *Ação do condômino* – Réu – Condomínio – Ilegitimidade ativa – Rejeição – Uso de área comum – Condômino inadimplente – Dano moral – Inexistência – 1 – O condômino é parte legítima para acionar o condomínio sobre restrição ao uso de salão, por ser parte das áreas comuns. 2 – O dano moral consiste na lesão a a um dos direitos da personalidade ou ato que cause um sofrimento intenso, com perturbação e angústia. 3 – A negativa de uso de área comum pelo condômino inadimplente não gera reparação por danos morais, configurando frustração, desconforto e aborrecimento. Jurisprudência do colendo Superior Tribunal de Justiça (REsp 1.564.030/MG). 4 – O direito do condômino ao uso das partes comuns não decorre da situação de adimplência das despesas condominiais, mas sim do fato de que, por lei, a unidade imobiliária abrange, como parte inseparável, não apenas uma fração ideal no solo (representado pela própria unidade), bem como nas outras partes comuns que será identificada em forma decimal ou ordinária no instrumento de instituição do condomínio (§ 3º do artigo 1.331 do Código Civil). 5 – Recursos não providos. (*TJDFT* – Proc. 07098154420198070001 – (1269435), 19.08.2020, Rel. Mario-zam Belmiro).

A importância dessa discriminação da unidade em cotas, tem real impacto na vida em condomínio, pois vai definir, entre outras situações, o modo de rateio das despesas comuns, a contagem de votos em assembleia, a utilização da cobertura do edifício se não for ligada a unidade individual, descrição das garagens em comum ou individuais etc.

Estabelece a lei, que a fração deve ser expressa em forma decimal ou ordinária (0,10, 10%, ou 1/16...), sendo que comumente encontramos esta expressão na forma decimal, em que, a soma de todas as frações ideais das unidades autônomas devem totalizar o número 1 (um).

3.6.4 Da documentação obrigatória

O artigo 1.332 aduz que se considera instituído o condomínio pelo registro imobiliário, presentes os requisitos listados nesse artigo, sem discriminar os documentos necessários.

A Lei de Registro Públicos, da mesma forma, não elenca a documentação obrigatória, entretanto, o primeiro documento obrigatório para a instituição do condomínio é o "habite-se" fornecido pela Prefeitura do município de localização do imóvel.

Sob o aspecto da especificação das unidades e da fração ideal na legislação, o pedido de instituição deve estar acompanhado do memorial descritivo contendo esta descrição das unidades, bem como do projeto arquitetônico correspondente ao memorial, com as respectivas planilhas de áreas do imóvel, prevendo os custos e frações ideais, assim como as plantas elucidativas com a perfeita caracterização do condomínio, com prova da regularidade fiscal do mesmo junto ao INSS.

Capítulo 4
DO CONDOMÍNIO EM EDIFÍCIOS

Sumário: 4.1 Obrigações condominiais. Direitos e deveres dos condôminos. 4.2 Descumprimento de deveres dos condôminos. O condômino nocivo ou antissocial. 4.3 Responsabilidade civil do condomínio. Abuso de direito. 4.4 Condomínios especiais: condomínios para idosos, jovens, loteamentos fechados, *shopping centers*, clubes de campo, cemitérios. 4.5 Condomínio de lotes. 4.6 Extinção do condomínio.

4.1 OBRIGAÇÕES CONDOMINIAIS. DIREITOS E DEVERES DOS CONDÔMINOS

Convivendo em comunidade restrita, embora desfrutando da autonomia que sua unidade autônoma permite, aos condôminos cabem direitos e deveres. Como titular de obrigações *propter rem*, sua principal obrigação, a fim de propiciar a vida condominial, é concorrer com as despesas rateadas (art. 12 da Lei 4.591/64; atual, art. 1.336, I do Código Civil).[1] Essa obrigação é a razão da própria sobrevivência da estrutura condominial. O condômino inadimplente acarreta prejuízo geral, onerando os condôminos

---

1. Embargos à execução de título extrajudicial – *Rateio de despesas condominiais* (vagas individuais e indeterminadas de garagem) – Sentença de improcedência – Apelante que insiste na procedência dos embargos à execução, ao argumento de ter renunciado à propriedade, nos termos do art. 1.275, II e art. 1.336 do CC – Descabimento – Convenção condominial estabelecida sob à égide da Lei 4.591/64 , que, em seu § 5º do art. 12, expressamente dispõe que a renúncia de qualquer condômino aos seus direitos, não o exonera de seus encargos – Questão que não foi tratada pelo CC/2002, de modo que permanece regulada pelo § 5º do art. 12 da Lei 4.591/64 – Regra do art. 1.316 do CC/2002 que não se aplica ao condomínio edilício (mas apenas para o condomínio voluntário) – Precedentes deste E. TJSP – Sentença mantida – Recurso desprovido. (*TJSP* – AC 1079284-07.2018.8.26.0100, 13.04.2021, Relª Angela Lopes).

   Despesas condominiais – Ação de cobrança – Firmou-se no C. STJ o entendimento de que a responsabilidade pelas despesas condominiais pode recair tanto sobre o promitente vendedor, quanto sobre o promissário comprador, mas será exclusivamente deste se houver comprovação de que se imitiu na posse e de que ao condomínio foi dada ciência inequívoca da transação (REsp Repetitivo nº 1.345.331/RS), o que não há no caso vertente. Legitimidade passiva da CDHU. Em vista do dever primordial atribuído por lei ao condômino, de contribuir para as despesas do condomínio (arts. 12 da Lei 4.591/64 e 1.336, I, do CC), há presunção de pertinência e legitimidade dos valores cobrados a título de rateio. As despesas condominiais constituem obrigações positivas e líquidas, caso em que, por aplicação da regra *dies interpellat pro homine*, a mora se constitui *ex re*, ou seja, decorre do simples vencimento do prazo para pagamento, independentemente de intervenção do credor (art. 397, caput, CC). Recurso improvido. (*TJSP* – AC 1014863-64.2019.8.26.0361, 10.06.2021, Rel. Gomes Varjão).

   Embargos à execução – *Despesas condominiais* – Convenção condominial que prevê que as vagas de garagem avulsas são unidades autônomas e participam do rateio das despesas normais de custeio dos serviços comuns, na proporção das frações ideais. Parâmetro adotado em consonância com o art. 1.336, I, do CC. Obrigação que tem fundamento válido. Condomínio que, contudo, nunca cobrou de nenhum dos proprietários a cota referente às vagas avulsas. Possibilidade de redução do conteúdo obrigacional pela inércia qualificada de uma das partes, ao longo da execução do contrato, em exercer direito ou faculdade, criando para a outra a legítima expectativa de ter havido a renúncia àquela prerrogativa. Harmonização dos conflitos em interesse. Inércia do condomínio que não pode resultar em prejuízo completo à coletividade, ou favorecimento de determinados condôminos. *Supressio* quanto aos encargos da mora, em razão da deslealdade de tal cobrança. Acolhimento do pedido subsidiário dos embargantes para reconhecer o valor devido nos termos do acordo proposto aos demais condôminos, referente apenas ao débito principal. Recurso parcialmente provido. (*TJSP* – AC 1025933-75.2020.8.26.0577, 30.07.2021, Rel. Milton Carvalho).

adimplentes, onerado toda estrutura condominial. Dessa obrigação nos ocuparemos mais adiante. O estabelecimento das despesas será determinado conforme a fração ideal do terreno ou de sua área na unidade autônoma. A convenção pode estabelecer outro critério. Importante que cada critério que se apresente seja justo e equânime para todos os condôminos.

O vigente Código estabelece que o condômino inadimplente com suas obrigações fica sujeito aos juros moratórios convencionados, ou, não sendo previstos, de 1% mês, e multa de até 2% sobre o débito (art. 1336, § 1°). Seria da melhor conveniência que a multa tivesse maior peso, para diminuir e não incentivar a inadimplência. Não se diga que se observa o limite estabelecido no Código de Defesa do Consumidor, porque o condômino não se inclui no vasto rol da compreensão de consumidor. Ainda, suprimiu-se do texto originário do projeto a inclusão, nesse tópico, da correção monetária.

O art. 1.335 elenca os direitos dos condôminos:

I – usar, fruir e livremente dispor das suas unidades;

II – usar das partes comuns, conforme a sua destinação, contanto que não exclua a utilização dos demais compossuidores;

III – votar nas deliberações da assembleia e dela participar, estando quite.

Nos diretos dos condôminos há, portanto, uma adaptação do direito de propriedade às particularidades dessa modalidade de convivência social. Não estando quite com as contribuições condominiais, o condômino inadimplente mão pode votar nas assembleias nem delas participar. [2]

Civil – Apelação – Ação revisional c/c repetição de indébito – *Taxas condominiais* – Cálculo com base na fração ideal da unidade autônoma – Legalidade – Amparo na lei 4.951/64 e no art. 1.336 do Código Civil – Disposições da convenção de condomínio – Interferência do judiciário – Impossibilidade – Honorários sucumbenciais – Fixação equitativa admitida – Não há óbice legal para a cobrança taxa de condomínio com base na área de cada unidade autônoma (fração ideal), sendo esta, inclusive, a regra geral adotada no art. 12 da Lei 4.591/64 e no art. 1.336 do CC – Diante do caráter imperativo da Convenção de Condomínio, mostra-se incabível a interferência do Judiciário em suas disposições, exceto se demonstrada manifesta ilegalidade em sua constituição ou abuso por parte do condomínio, o que não foi comprovado nos autos – Considerando o irrisório o valor atribuído à causa, admite-se a fixação equitativa da verba honorária sucumbencial, observadas as balizas preconizadas nos incisos do § 2°, do artigo 85 , do CPC. (*TJMG* – AC 1.0000.20.042640-1/001, 13.08.2020, Rel. Fernando Lins).

2. Direito Civil – Processual Civil – Agravo de instrumento – Participação assembleia geral – Possibilidade – Legalidade da cobrança de taxa extraordinária – Inadimplência do condômino configurada – Direito de voto – Impossibilidade. Inteligência do art. 1.335, inciso III do Código Civil. O art. 1.335 do Código Civil estabelece os direitos dos condôminos, sendo que o inciso III dispõe que somente os que estivem quites com o pagamento das cotas condominiais poderão participar e votar nas assembleias. Ao condômino inadimplente é permitido o acesso à assembleia, como espectador, vedando-se a ele, tão só, o direito à palavra, ao voto e a ser votado, sob pena de se lhe impor punição não prevista na Lei ou na convenção. Não constitui conduta abusiva ou ato ilícito o esclarecimento, em assembleia condominial, da situação de inadimplência de condômino e a vedação ao exercício do direito a voto em razão dessa condição. Só poderão tomar parte das Assembleias os condôminos inteiramente quites com as suas quotas de condomínio ou outras despesas, inclusive fundo de reserva ou multa, que lhes tenham sido aplicadas. Agravo de Instrumento conhecido e provido. (TJAM – AI 4001605-27.2020.8.04.0000, 08.04.2021, Rel. Wellington José de Araújo).

Condomínio Edilício – Demanda declaratória de nulidade de assembleia geral extraordinária. Deliberações tomadas alheias à ordem do dia, com revogação, sem prévio aviso aos condôminos, de deliberações tomadas em duas assembleias anteriores, inclusive com imposição de multa ao condômino que, inadimplente, presidiu a mesa de trabalhos. Imposição, por outro lado, de punição ao ora autor, sem qualquer alusão no edital de convocação, sequer

O condômino que estiver inadimplente não poderá votar nem pedir a palavra na assembleia, ainda que presente. Todos os condôminos devem ser regularmente intimados para a assembleia. O termo "quite" empregado na lei significa que ele nada está a dever ao condomínio. Não se aplica o impedimento se sua dívida foi parcelada. A mesma interpretação deve ser dada se sua dívida está sendo discutida administrativa ou judicialmente, até o "efetivo trânsito em julgado das decisões" (Rizzardo, 2019:146).

Nas convenções e regimentos internos outros direitos podem ser acrescidos. Pode-se expressar que, conforme a conveniência do local, em edifícios residenciais estarão permitidos consultórios, pequenos escritórios, salões de beleza etc. Esses instrumentos podem regulamentar, por exemplo, a presença de animais domésticos ou proibi-los nas respectivas unidades, disciplinar a presença de objetos em áreas comuns transitória ou definitivamente.

Cabe ao síndico as medidas de cumprimento dos regulamentos disciplinadores e na sua omissão, ao condomínio, por meio de assembleia. As medidas judiciais devem ser a última atitude, nem sempre a mais conveniente.

O art. 1.336 descreve os deveres dos condôminos:

I – contribuir para as despesas de condomínio na proporção de suas frações ideais, salvo disposição em contrário na convenção;

II – não realizar obras que comprometam a segurança da edificação;

III – não alterar a forma e a cor da fachada, das partes e esquadrias externas;

IV – dar às suas partes a mesma destinação que tem a edificação e não as utilizar de maneira prejudicial ao sossego, salubridade e segurança dos possuidores ou aos bons costumes".

Esses deveres decorrem da natureza reipersecutória das obrigações ligadas à unidade autônoma e partes comuns.[3]

---

ao fato motivador da providência. Nulidade, outrossim, decorrente do simples fato da participação nas discussões, da presidência da mesa e, por fim, da eleição para o conselho, do corréu Marco Antônio, condômino inadimplente. Demanda procedente. Sentença confirmada. Honorários advocatícios fixados por equidade. Cabimento, na espécie, ante o valor atribuído à causa. Apelações do condomínio e do condômino interessado desprovidas. (TJSP – AC 1006149-92.2018.8.26.0477, 28.06.2021, Rel. Fabio Tabosa).

Condomínio – Condômino tem o direito de usar, fruir e livremente dispor das suas unidades e o dever de não utilizar sua unidade de maneira prejudicial ao sossego dos demais possuidores (CC, ARTS. 1.335, I E 1.336, IV) – Ausência de previsão, na Convenção do Condomínio, de proibição de locação da unidade autônoma por prazo inferior a seis meses – Invalidade da deliberação tomada em assembleia, que não modificou a Convenção, mas apenas estabeleceu proibição de locação por prazo inferior a seis meses – Ausência de prova de que o condômino prejudicou os demais condôminos ou comprometeu a segurança do edifício, que pudesse ensejar a imposição de multa por transgressão à convenção ou ao regulamento interno – Inexigibilidade das multas aplicadas ao condômino – Apelo não provido. (*TJSP* – AC 1075186-76.2018.8.26.0100, 14.05.2020, Rel. Silvia Rocha).

3. Condomínio Edilício – Ação de dano material c.c. Repetição de indébito e fixação de parcela de condomínio – Sentença de improcedência – Apelo da demandante – Autora que é proprietária da unidade duplex de cobertura no Condomínio réu, significativamente maior que as demais unidades, com extensa área de lazer, incluindo piscina, sauna e churrasqueira, contando, ainda, com uma vaga de garagem a mais. Insurgência a respeito da cobrança da taxa condominial de forma proporcional à fração ideal das unidades. Critério adotado na Convenção de acordo com o previsto na lei (art. 1.336, I, do Código Civil e art. 12, § 1º da Lei 4.591/64). Inexistência de nulidade do convencionado pela coletividade. Convenção que possui caráter vinculativo. Pedido de alteração da forma de rateio já rejeitado em assembleia. Cerceamento de defesa não constatado. Perícia desnecessária diante da adoção do critério legal da forma de rateio. Pedido alternativo para modificação da divisão das despesas que também não encontra respaldo legal. Honorários sucumbenciais fixado no máximo legal. Inobservância dos critérios do art.

O aspecto da boa convivência social é ponto fulcral da convivência em condomínio. O condômino que, por exemplo, desejar reformar sua unidade, não pode fazê-lo de molde a colocar em risco a estrutura da edificação. Deve, por outro lado, efetuar os reparos necessário para que eventuais defeitos em sua unidade não prejudiquem o prédio e os demais condôminos.

O condômino, seu locatário ou possuidor direto da unidade a qualquer título, devem obedecer à convenção e ao regulamento. A transgressão deve submetê-lo ao sistema de punições ao condômino antissocial, como analisaremos. Desse modo, não há que se entender que o condômino apenas deve seguir os regulamentos do condomínio. Até mesmo quem transite temporariamente pelo prédio está obrigado a obedecer às posturas condominiais. Eventual responsabilidade pecuniária desses terceiros ligados a proprietários ou equivalentes poderá gerar eventual direito de regresso contra o causador de prejuízo

Torna-se discutível, contudo, na ausência de disposição expressa, se o condômino pode ser privado de serviços essenciais, como água, luz, telefonia, energia elétrica, em razão de falta de pagamento de despesas condominiais. No entanto, as próprias concessionárias desses serviços públicos gozam dessa faculdade. No entanto, a matéria é controversa, pois pode gerar abusos. Essas punições devem ser aplicadas em casos extremos.

Quanto aos pagamentos das despesas rateadas (inciso I), lembre-se que os edifícios modernos possuem medidores individuais de água, gás, energia elétrica para cada unidade. Quando, porém, não existe mensuração individual, as despesas respectivas caem na vala comum. As despesas condominiais podem ser ordinárias e extraordinárias como veremos.

Há situações que mandam dividir as despesas pelas unidades, ainda que de área diferente, o que não é o critério mais justo. Melhor que o critério seja, como na maioria das situações, de acordo com a área da unidade, ou pela área útil abrangendo também a fração ideal da área em comum. Essa matéria deve estar definida na convenção, daí a capital importância desse instrumento. Há os que defendem valorar a divisão pelo número de pessoas que habitam a unidade ou pelo valor desta. Contudo, não vejo vantagem em estabelecer valores não objetivos. De qualquer modo, não se tem admitido divisão de despesas por igual se as unidades possuem áreas diferentes. Se há distorções na cobrança, a matéria é para decisão da assembleia e modificação na convenção ou regimento interno. A ideia é nunca provocar injusto enriquecimento de uns em detrimento de outros, ainda que a questão seja levada ao Judiciário, embora por vezes surjam decisões surpreendentes. Na dúvida, importa chamar à colação o art. 12, § 1º da Lei 4.591 que foi expresso em estatuir que, salvo disposição em contrário na Convenção, aplicar-se-á o rateio correspondente à fração ideal de cada unidade.

85, § 2º, do CPC no arbitramento. Redução necessária. Litigância de má-fé não constatada. Sentença parcialmente reformada. Recurso parcialmente provido. (TJSP – AC 1019536-87.2018.8.26.0506, 05.03.2021, Rel. Alfredo Attié). Apelação Cível – *Taxa de condomínio* – Forma de rateio das despesas de condomínio – Fração Ideal – Previsão na convenção de condomínio – Artigo 1.336 do Código Civil – Nos termos do art. 1.336, inciso I, do Código Civil, é dever do condômino "contribuir para as despesas do condomínio, na proporção das suas frações ideais, salvo disposição em contrário da convenção". (*TJMG* – AC 1.0000.18.124957-4/001, 29.01.2020, Rel. Maurílio Gabriel).

Para compreender sinteticamente a noção de fração ideal, é sempre oportuno lembrado o magistério de Caio Mário da Silva Pereira: "A cada apartamento ou unidade autônoma deve corresponder uma fração ideal do condomínio sobre o terreno e partes comuns do edifício. Isto é fundamental no regime de propriedade horizontal, já que resulta esta da fusão indissociável da propriedade exclusiva do apartamento com o condomínio daquelas coisas" (2018:71)

Nada impede que a assembleia, no quórum legal, transforme a modalidade de rateio. Importa verificar em cada situação se não há abuso, por exemplo, enriquecimento indevido de uns em detrimento de outros no universo condominial. Em havendo abuso, esse deve ser coibido, porque a propriedade deixa de exercer sua função social.

Pedro Elias Avvad (2017: 74) lembra de situação que pode aflorar nos prédios de utilização mista. O edifício pode conter unidades residenciais e nos andares térreos e outros, podem estar localizadas lojas. Nessa situação, a convenção pode estabelecer uma forma diversa de contribuições condominiais. A dicção do art. 1336, I poderia ter sido mais descritiva.

O inciso II do art. 1.336 estatui a respeito da *proibição pelo condômino de obras que comprometam a segurança da edificação*.[4] Essa situação é muito séria. Há inúmeros casos que reformas malfeitas ou indevidas efetivadas pelo condômino ocasionaram tragédias como desmoronamento e perda de vidas. Não é raro que o condômino pretenda fazer reforma em sua unidade que afetará colunas e vigas importantes do edifício. Na verdade, toda reforma deve ser aprovada por engenheiro ou arquiteto, bem como pela administração do edifício. Nem sempre essa regra elementar e tão importante é seguida. Os síndicos, bem como todos os condôminos, devem ficar atentos. Não é possível, por exemplo, construção de passagem por meio de parede para prédio vizinho, ainda que ambos sejam do mesmo proprietário. Os muros divisórios ou paredes laterais do prédio

---

4. Direito Civil – Ação cautelar incidente – Apelação – Preliminar – Dialeticidade – Rejeição – Condomínio – Áreas comuns – Ocupação por longo período – Usucapião – Inocorrência – Ausência de posse – Mera detenção – *Supressio e Surrectio* – Situação fática estabelecida *contra legem* – Ausência de autorização de dois terços dos condôminos – Não incidência – Recurso desprovido – 1 – Em sendo possível extrair das razões recursais a impugnação à sentença recorrida, rejeita-se a preliminar de não conhecimento do recurso fundada na não observância do princípio da dialeticidade. 2 – De acordo com as normas contidas nos artigos 1.331, 1.335, II, 1.336, II, 1.339 e 1.342 do Código Civil, todos os moradores poderão utilizar as partes consideradas propriedades comuns do condomínio, desde que não excluam a utilização dos demais composuidores, os quais não poderão realizar obras que comprometam a segurança da edificação, sendo o direito de cada um às referidas partes inseparável da propriedade exclusiva. A realização de obras em tais espaços depende da aprovação de dois terços dos votos dos condôminos, não sendo permitidas construções, nas partes comuns, suscetíveis de prejudicar a utilização, por qualquer dos condôminos, das partes próprias, ou comuns. 3 – A utilização das áreas comuns não se caracteriza como posse, a qual poderia transmudar-se, com o decurso do tempo, em usucapião, extraordinário ou ordinário, mas como mera tolerância do condomínio quanto à detenção da área por um único morador. 4 – Consideradas as previsões normativas acerca dos negócios jurídicos contidas nos artigos 113 e 422 do Código Civil, tem-se que os institutos da *supressio* e *surrectio* constituem uma derivação do princípio da boa-fé objetiva, caracterizados por um limite ao exercício de direitos subjetivos decorrente da demora no agir. Enquanto na *supressio* perde-se um direito em face do não exercício por longo período, na *surrectio* adquire-se um direito em decorrência da prática reiterada, dos usos e costumes. 5 – Ainda que a ocupação tenha perdurado por longos anos, em sendo a situação fática estabelecida *contra legem*, sem a aprovação dos demais condôminos, não há que se falar na perda ou no surgimento de direito em desfavor do condomínio. 6 – Preliminar rejeitada. Recurso desprovido. (*TJDFT* – Proc. 07066243720198070018 – (1345255), 30-6-2011, Relª Leila Arlanch).

são da construção comum, não podendo ser apropriados por qualquer um individualmente (Pereira, 2018:131). A Assembleia pode, porém, autorizar.

O inciso III se refere ao dever dos condôminos de *não alterar a forma e a cor da fachada, das partes e esquadrias externas.*[5]

A questão estética nas cidades é importante, assim como o é para os condôminos do edifício. É vedado alterar a cor e a fachada de cada unidade para que não se transforme o prédio em um verdadeiro pardieiro. Da mesma forma as esquadrias com visão externa. A colocação de redes de segurança, dada sua importância mormente para crianças, em princípio não sofrem restrição, por serem discretas. Grades ou gradis, fechamento por persianas e vidros para a finalidades semelhantes devem ser autorizados pela administração do condomínio. O mesmo se diga a respeito de exaustores e aparelhos de ar condicionado, podendo ser autorizados, devendo os interessados compreender a era tecnológica que vivemos.

Em princípio, o fechamento de sacadas e terraços deve ser autorizado pela convenção ou pela Assembleia, assim também para a repintura do edifício ou substituição de fachada. O mesmo cuidado deve ser tomado com a colocação de letreiros, placas, propaganda. Nos condomínios comerciais a autorização tende a ser mais tolerada.

Arnaldo Rizzardo (2019: 150) menciona a problemática da colocação de churrasqueiras nas sacadas e terraços, entendendo, com razão, que alteram o aspecto externo do prédio, além de outros inconvenientes como fumaça, cheiro etc. quando não há na construção previsão específica para tal.

---

5. Apelação cível – *Direito de vizinhança* – Ação de obrigação de fazer – Uso de apartamento – Depósito de lixo, materiais velhos e substâncias inflamáveis – Instalação elétrica precária – Inspeção judicial – Constatação – Utilização nociva do imóvel – Prejuízo à salubridade e segurança dos demais moradores – Imposição de medida cominatória – As regras relativas ao direito de vizinhança impõem limitações ao direito de propriedade em benefício da coexistência social e do bem estar individual, obstando a prática de atos nocivos, prejudiciais à segurança, sossego e saúde dos demais indivíduos. A manutenção da condição de salubridade dos imóveis é uma obrigação dos condôminos, sendo, pois, um verdadeiro valor ou, mesmo, vetor de convivência em comunidade, sobretudo nos condomínios edilícios. Os elementos dos autos evidenciam a real nocividade do comportamento da condômina acionada pelos demais moradores do prédio, sendo manifestamente inadequada a conduta de utilizar o próprio imóvel como depósito para toda sorte de resto de materiais (inclusive inflamáveis), mormente diante da forma de utilização e condição precária de parte das instalações elétricas do bem. Não é dado à parte requerida malferir direito alheio mediante postura negligente quanto aos deveres condominiais de não utilizar o bem de maneira prejudicial à salubridade e segurança de toda a coletividade, circunstância que recomenda o deferimento da medida cominatória reclamada. (*TJDFT* – Proc. 07248732420188070001 – (1228275), 14.02.2020, Rel. Esdras Neves).

    Condomínio – Alteração de fachada – Assembleia permitindo o fechamento do terraço, mediante cumprimento de obrigações – Condômino que respeita as regras impostas – Inexistência de alteração arquitetônica – Janela e porta, que devido ao fechamento, deixam de ficar em parte externa – Viabilidade do proprietário retirá-la, por passar a ser parte interna – Modificação não causadora de dano à segurança – Apelo improvido. (*TJSP* – AC 1014541-21.2017.8.26.0068, 02.02.2021, Rel. Almeida Sampaio).

    Declaratória de inexigibilidade de multa imposta pelo condomínio – Obras realizadas na área interna e privativa – Ausência de alteração da fachada – 1 – Dispõe expressamente art. 1.336, inciso III, do Código Civil , ser dever do condômino não alterar a fachada ou as esquadrias externas da construção, uma vez que as paredes externas do edifício constituem área comum e existe interesse coletivo em preservar a unidade estética ou arquitetônica, até pelo imperativo de resguardar o valor das unidades; 2 – Caso em estudo no qual as alterações foram realizadas em área interna e privativa do condômino, não afetando a fachada do prédio ou a segurança da estrutura do condomínio. Fechamento da varanda com vidros e instalação de cortinas padronizadas que foi autorizado em assembleia. Posterior retirada de divisão interna do apartamento que não pode ser visualizada pela parte externa do prédio, tampouco compromete a estrutura da edificação. Recurso improvido. (*TJSP* – Ap 1017583-16.2016.8.26.0100, 09.07.2020, Rel. Maria Lúcia Pizzotti).

A colocação de antena de rádio, televisão ou sinais eletrônicos na cobertura do edifício também deve ter a autorização da Convenção ou da Assembleia.

O inciso IV do art. 1336 se reporta a destinação das unidades condominiais, acentuando que os titulares não podem *as utilizar de maneira prejudicial ao sossego, salubridade e segurança dos possuidores ou aos bons costumes.* [6]

Esse dispositivo possui ampla compreensão, podendo ser considerado modalidade de cláusula aberta. Sossego, salubridade e segurança são conceitos que devem ser preenchidos em cada situação, pelo caso concreto.

A socialização exigida pela vida condominial exige educação, urbanidade, lhaneza e compreensão. Há situações inconvenientes que surgem nos condomínios, algumas podem ou devem ser toleradas, outras não. O som de instrumentos musicais ou aparelhos até certo volume pode ser tolerados, até horário especificado. Os exageros, em todos os sentidos, devem ser coibidos.

---

6. Apelação cível – *Direitos de vizinhança* – Ação de obrigação de não fazer com danos morais – Perturbação do sossego – Não configuração – O condômino deve dar às suas partes a mesma destinação que tem a edificação, e não as utilizar de maneira prejudicial ao sossego, salubridade e segurança dos possuidores, ou aos bons costumes (Art. 1.336, IV, do CC). Não demonstrada pela autora a produção de barulhos excessivos e reiterados pelos requeridos que perturbassem o seu sossego. Inexistência de prova contundente acerca da existência de ruídos decorrentes de supostas atividades com maquinário industrial, exercidas no apartamento residencial dos réus. Ausente comprovação de conduta ilícita dos réus, apta a perturbar o sossego e a tranquilidade da autora, incabíveis a imposição de obrigação de não fazer e a indenização por danos morais. Critério de fixação da verba honorária sucumbencial que deve ser alterado para percentual sobre o valor da causa (art. 85, § 2º, do CPC). Deram parcial provimento ao apelo. Unânime. (*TJRS* – AC 70083605501, 12.06.2021, Rel. Des. Nelson José Gonzaga).

   Civil – *Condomínio* – Alteração de fachada – Inocorrência – Perícia técnica atesta que as obras movidas pelo autor na sua unidade condominial não importaram em alteração da fachada do condomínio nem em risco à estrutura do edifício – Sentença mantida – 1 – O pedido de anulação da sentença para a substituição da perita nomeada não comporta acolhimento, pois, embora seja evidente que o condomínio apelante discorda das conclusões alcançadas pela prova pericial, tal não é motivo para a desconsideração da prova técnica realizada. 2 – A perícia técnica concluiu que as alterações promovidas pelo apelado em sua unidade não afetaram nem a estrutura, nem a segurança e nem a fachada do condomínio apelante, razão pela qual era mesmo o caso de se julgar procedente a ação promovida pelo condômino, e improcedente a ação de cobrança do condomínio em relação às multas aplicadas em decorrência das referidas alterações. 3 – Recurso improvido. (*TJSP* – AC 1052304-60.2017.8.26.0002, 09.06.2021, Rel. Artur Marques).

   Civil – Apelação e recurso adesivo – Obrigação de fazer – Uso irregular da propriedade – *Constante perturbação ao sossego dos condôminos* – Imposição de multa – Possibilidade – Escalonamento e majoração das penalidades – Enunciado 508, Jornada de Direito Civil – Art. 1.337, parágrafo único, do Código Civil – 1 – O Código Civil estabelece limites ao exercício do direito de propriedade e de vizinhança, dentre eles a aplicação de multas e sua majoração escalonada, até o décuplo do valor da taxa ordinária de condomínio, caso não cesse a importunação, consoante se infere dos arts. 1.228, caput e § 1º, 1.277, 1.336, inciso IV e § 2º e 1.337, caput e parágrafo único. 2 – A comprovação de que sanções pecuniárias não surtiram efeito permite que o Judiciário imponha ao condômino a proibição de continuar praticando atos antissociais e nocivos aos demais moradores. 3 – Diante do descumprimento da regra de convívio, o condomínio pode requerer ou aplicar as penalidades cabíveis, que podem ser majoradas em ordem escalonada, caso a renitência persista. 4 – O Enunciado 508, da V Jornada de Direito Civil, dispõe que: verificando-se que a sanção pecuniária mostrou-se ineficaz, a garantia fundamental da função social da propriedade (arts. 5º, XXIII, da CRFB e 1.228, § 1º, do CC) e a vedação ao abuso do direito (arts. 187 e 1.228, § 2º, do CC) justificam a exclusão do condômino antissocial, desde que o ulterior assembleia prevista na parte final do parágrafo único do art. 1.337 do Código Civil delibere a propositura de ação judicial com esse fim, asseguradas todas as garantias inerentes ao devido processo legal. 5 – Não comprovada a realização de assembleia descrita no parágrafo único do artigo 1.337, do CC, não há de se falar em expulsão do condômino. 5 – Demonstrado que a multa aplicada para que o réu se abstivesse da prática de atos antissociais não violou os princípios da razoabilidade e proporcionalidade, e observou a extensão, gravidade do dano, e o caráter punitivo-pedagógico da medida, inviável qualquer reparo na sua fixação. 6 – Apelo não provido. Recurso adesivo não provido. (*TJDFT* – Proc. 07034077720198070020 – (1258928), 06.07.2020, Rel. Arnoldo Camanho).

Há que se levar em conta, de forma geral, os princípios dos direitos de vizinhança (arts. 1.277 a 1.281 do CC). Nos termos do art. 1.277, deve ser coarctada toda conduta que gerar interferências prejudiciais à segurança, ao sossego e à saúde dos ocupantes e visitantes dos prédios. Como sempre apontamos, a via judicial deve ser utilizada quando falecem todos os demais meios suasórios. Sempre há que se examinar as circunstâncias em conotação primeira com a convenção e regimento interno, regras sempre a serem obedecidas e que complementam o ordenamento legal e que devem ser interpretadas em conjunto.

Outro aspecto sempre proeminente em nossa sociedade contemporânea, que avulta nos condomínios de edifícios e nos chamados condomínios fechados, é o direito à privacidade e seus vários contornos. Marcos Rosenthal Wagner pontua a esse respeito: "o condomínio é um lugar onde se pode regrar internamente a proteção da exposição midiática, tanto às pessoas que dele fazem uso, quanto da estética e da paisagem urbana buscando proteção. O condomínio é também um território que pode proteger a intimidade dos indivíduos e seus grupos" (2015: 69).

Lembre-se que, principalmente nos EUA, surgiram, já há algum tempo, condomínios residenciais e não residenciais para grupos de pessoas, como para idosos (*adult condos*), casais sem filhos menores ou com estes, para pessoas solteiras etc. Edifícios comerciais exclusivamente para clínicas e consultórios médicos, para pequenos escritórios etc. Condomínios industriais fechados para indústrias não poluentes, outros para determinado ramo de produção e assim por diante. Essas modalidades já estão presentes entre nós. Suas respetivas convenções e regimentos internos os regulam e devem ser obedecidos. Cuida-se de modalidades de aproveitamento social da propriedade.

O Código atual deu apenas meio passo ao tratar do denominado condômino antissocial, facultando a imposição de um sistema de multas, nem sempre efetivo.

4.2 DESCUMPRIMENTO DE DEVERES DOS CONDÔMINOS. O CONDÔMINO NOCIVO OU ANTISSOCIAL

O Código Civil de 2002 optou por estabelecer um sistema de multas ao condômino antissocial. Deu apenas meio passo na problemática, porque deixou em aberto a possibilidade de o ocupante, possuidor ou condômino nocivo ser proibido de utilizar a unidade autônoma e as áreas comuns. Há julgados que assumem essa possibilidade, que é o mais lógico, e como sempre julgados recalcitrantes em contrário, perante a omissão do legislador. É lamentável a ausência de intrepidez da lei nesse aspecto, jogando o problema para o julgador. Posição cômoda e simplista.

Esse Código deveria ter se referido também a outras modalidades de punição como advertência, repreensão e proibição de utilização de bens e serviços. Relegou esse mister mais uma vez para os tribunais e para as respectivas convenções e regimentos internos que podem estabelecer essa gradação.

Ainda, o Código não definiu expressamente o que se deve entender como condômino antissocial. Trata-se de um conceito, portanto indeterminado. Mas de noção geral. O conceito se aproxima da cláusula geral ou aberta, na sua compreensão, embora não haja

CAPÍTULO 4 • DO CONDOMÍNIO EM EDIFÍCIOS

identidade. Todos temos noção exata do que seja um condômino nocivo ou antissocial, conceituação que pode ser mais ou menos coincidente com a sociedade em geral. Parece-nos que o conceito possui um conteúdo axiológico imediato, enquanto a cláusula dita aberta exige maior contemplação e interpretação. Mas essa matéria é puramente filosófica. Destarte, anda bem o legislador quanto, na maioria das vezes, não define conceitos. Nesse diapasão, principalmente, qualquer definição será de risco.

Dos textos punitivos do Código ao condômino extrai-se seu conceito: "é possível afirmar que se enquadrará na noção de condômino antissocial toda pessoa que, de maneira reiterada, descumpre seus deveres perante o condomínio" (Dutra, 2013: 132). Nesse caso, não se confundirá a multa moratória com a multa punitiva, ambas de naturezas e raízes diversas. A reiteração implica em uma repetição de condutas nocivas.

Por igual razão, cada multa punitiva, de per si, terá como causa uma transgressão, que não se cofunde. O condômino pode ser apenado, por exemplo, por alterar a fachada de sua unidade e posteriormente é punido por destruir o interior do elevador. Essas multas se somam, evidentemente. Só haverá *bis in idem* se o transgressor for apenado mais de uma vez pela mesma conduta punível.

Assim, tal como está no art. 1.336, § 2º. O condômino que não cumprir quaisquer dos deveres estabelecidos nos incisos II a IV pagará multa prevista no ato constitutivo ou na convenção, não podendo ela ser superior a cinco vezes o valor de suas contribuições mensais, independentemente das perdas e danos que se apurarem.

O dever previsto no art. 1.336, I, de pagar as quotas condominiais, não é em princípio, conteúdo para tipificar o condômino nocivo, salvo se ficar comprovado que o inadimplemento ocorre por mera emulação ou acinte: "também, seria razoável dizer que há situações afrontosas, nas quais o condômino deixa de pagar o condomínio não por estar em dificuldades financeiras, mas por algum tipo de rixa com o síndico ou grupo de condôminos, ou para fazer disso um instrumento de pressão ou escárnio. Com mais razão ainda, por isso a aplicação da multa" (Dutra, 2013: 216).[7]

---

7. Apelação cível – Condomínio – Ação de cobrança – *Despesas condominiais* – Gratuidade da justiça – A declaração de insuficiência prevista no § 3º do art. 99 do CPC/2015 implica presunção relativa, motivo pelo qual o pedido de gratuidade da justiça pode ser indeferido, sobretudo se houver nos autos elementos que evidenciem a falta dos pressupostos legais para a concessão (art. 99, § 2º, do CPC/2015). No caso concreto, inexiste qualquer elemento capaz de elidir a presunção, havendo comprovação de rendimentos compatíveis com a concessão do benefício da gratuidade da justiça. Benefício deferido. Despesas condominiais. A principal obrigação do condômino é a de contribuir para as despesas do condomínio, na proporção da sua fração ideal, consoante inciso I do artigo 1.336 do Código Civil. A existência fática do ente condominial prescinde de constituição formal. Ademais, a responsabilidade pelo pagamento das cotas condominiais é daquele que detém a qualidade de proprietário do imóvel, ou ainda pelo titular de um dos aspectos da propriedade, isto é, o gozo ou a fruição, na medida em que estabelecido relação jurídica material com o condomínio. No caso concreto, o laudo pericial concluiu que o imóvel onde reside a parte demandada pertence ao Lote 11 do condomínio autor. Ademais, a demandada exerce a posse sobre o imóvel, sendo responsável, portanto, pelo adimplemento das cotas condominiais referentes ao lote supramencionado. Litigância de má-fé. Ausência dos requisitos capazes de ensejar o reconhecimento de sua prática pela parte-ré. Apelação provida em parte. (*TJRS* – AC 70083213330, 20.,08.2021, Rel. Des. Marco Antonio Angelo).
   Condomínio – Ação declaratória de ilegalidade no critério de rateio das despesas condominiais. Sentença de improcedência. Apelo dos autores. Critério baseado na proporção das frações ideais, conforme estabelecido na convenção de condomínio. Forma de rateio que encontra amparo legal no artigo 1.336, I, do Código Civil, não havendo que falar em ilegalidade, mas em expressa legalidade. A convenção condominial, por refletir a vontade majoritária dos integrantes da coletividade e por se amoldar necessariamente à lei, é soberana para definir os critérios

Não havendo disposição expressa, caberá à assembleia geral, por dois terços, no mínimo, dos condôminos restantes, deliberar sobre a cobrança de multa. Não se esqueça de que, em qualquer situação, há que se garantir direito de defesa ao infrator. Esse dispositivo se refere evidentemente ao infrator esporádico, primário ou quase. No entanto, o Código foi mais além, pois reconheceu que o infrator reiterado ou plurireincidente, empedernido e renitente, deve ser mais rigorosamente apenado, em prol do sossego e segurança da vida condominial. Assim é que o art. 1.337 dispõe:

> O condômino ou possuidor, que não cumpre reiteradamente com seus deveres perante o condomínio poderá, por deliberação de três quartos dos condôminos restantes, ser constrangido a pagar multa correspondente até o quíntuplo do valor atribuído para as despesas de condomínio, conforme a gravidade das faltas e a reiteração, independentemente das perdas e danos que se apurem.

> Parágrafo único. O condômino ou possuidor que, por seu reiterado comportamento antissocial, gerar incompatibilidade de convivência com os demais condôminos ou possuidores, poderá ser constrangido a pagar multa correspondente ao décuplo do valor atribuído à contribuição para as despesas condominiais, até ulterior deliberação da assembleia.[8]

---

de rateio das despesas condominiais. Precedentes do C. STJ. Questionamentos acerca da constitucionalidade do dispositivo legal que devem ser manejados em ação declaratória de inconstitucionalidade pelos legitimados ou, em determinado caso concreto, por meio de preliminar de inconstitucionalidade, para decisão pelo órgão competente, com produção de efeitos incidentais e *inter* partes. O arbitramento dos honorários advocatícios deve observar os critérios elencados no artigo 85, § 2º, I a IV, do CPC. Não obstante o zelo do patrono do réu, a causa é simples e tramitou por curto período. Honorários advocatícios reduzidos, de 20% sobre o valor da causa (totalizando R$ 3.000,00) para 15%, valor que condiz melhor com os referidos critérios legais. Sentença parcialmente modificada. Apelo parcialmente provido. (*TJSP* – AC 1006966-44.2019.8.26.0309, 30.07.2021, Rel. Carlos Dias Motta).

Condomínio Edilício – Ação declaratória de anulação de atas de assembleias gerais, com pleitos cumulados de inexigibilidade de aumentos de condomínio, de repetição de indébito e de consignação em pagamento – Demanda de condômina em face de condomínio – Sentença de improcedência – Recurso da autora – Manutenção do julgado – Cabimento – Inexistência de irregularidades nas assembleias gerais realizadas – Convenção condominial não alterada – Cláusula sexta do estatuto que não dispôs expressamente sobre a contribuição igualitária entre os condôminos para as despesas comuns – Aplicação, à hipótese, do art. 1.336, do CC, o qual determina a contribuição do condômino na proporção de sua fração ideal – Honorários sucumbenciais – Montante fixado por equidade em quantia módica e que remunera condignamente o trabalho exitoso e a profissão de advogado – Inteligência ao art. 85 , §§ 2º e 8º, do CPC. Apelo da autora desprovido. (*TJSP* – AC 1015631-30.2019.8.26.0477, 06.07.2021, Rel. Marcos Ramos).

Apelação cível – Despesas do condomínio – Contribuição – *Dever do condômino* – Proporção – Multa moratória – Percentual determinado no Código Civil – 1 – Constitui dever do condômino contribuir para as despesas do condomínio, na proporção de suas frações ideais. 2- A multa moratória sobre os débitos condominiais em atraso deve observar o limite previsto no § 1º do artigo 1.336 do Código Civil. (*TJMG* – AC 1.0027.08.170339-2/002, 07.02.2020, Rel. Maurílio Gabriel).

Apelação cível – Despesas do condomínio – Contribuição – *Dever do condômino* – Proporção – Multa moratória – Percentual determinado no Código Civil – 1 – Constitui dever do condômino contribuir para as despesas do condomínio, na proporção de suas frações ideais. 2- A multa moratória sobre os débitos condominiais em atraso deve observar o limite previsto no § 1º do artigo 1.336 do Código Civil. (*TJMG* – AC 1.0027.08.170339-2/002, 07.02.2020, Rel. Maurílio Gabriel).

8. Apelação cível – Ação declaratória de inexigibilidade de débito c/c consignação em pagamento e reparação de danos morais – Preliminar de nulidade da sentença por ausência de fundamentação – Relação Condominial – *Multa por comportamento antissocial* – Art. 1.337 do Código Civil – Necessidade de deliberação em assembleia por três quartos dos condôminos restantes – Direito de defesa – Postulado civil-constitucional – Eficácia horizontal dos direitos fundamentais – Danos morais não configurados – Não há que se cogitar a anulação de sentença por falta de fundamentação, quando, ainda que de forma concisa, está fundamentada, com referências aos elementos de prova que instruem os autos. Nos termos do § 1º, do art. 1.013 do CPC, serão objeto de apreciação e julgamento pelo tribunal todas as questões suscitadas e discutidas no processo, ainda que não tenham sido solucionadas, desde que relativas ao capítulo impugnado. Nos termos do *caput* do art. 1.337 do Código Civil, o condômino, ou possuidor, que não cumpre reiteradamente com os seus deveres perante o condomínio poderá, por deliberação de três quartos dos condôminos restantes, ser constrangido a pagar multa correspondente até ao quíntuplo do valor atribuído à contribuição para

Note que essas punições podem atingir não apenas o condômino, em sentido estrito, como qualquer possuidor da unidade, não importando a que título, seja essa posse ou mera detenção, como inclusive referido no art. 1.333. É importante, também dar atenção ao termo "reiteração" acentuado no texto. Há que se levar em conta o *reiterado comportamento* nocivo e antissocial. O que se tem em mira no dispositivo é o condômino ou possuidor recalcitrante e insubmisso.

A respeito desse texto punitivo é muito oportuno e esclarecedor mencionar a opinião de Pedro Elias Avvad (2017: 88):

> quer-nos parecer que essa coerção foi posta na lei pelo legislador como um simples espantalho, sem a intenção real de punir severamente os infratores, porquanto a exigência de um quórum de ¾, isto é, de 75% dos condôminos restantes significa, efetivamente, tornar inócua a penalidade pela quase impossibilidade de se pôr em prática a medida especificamente nas grandes edificações, salvo se, como dissemos alhures, forem utilizados expedientes como troca de favores da administração, procurações inespecíficas e coisas do gênero.

A conduta nociva do condômino pode se manifestar de várias formas, que os tribunais enfrentam, sendo infactíveis enunciá-las, ainda que perfunctoriamente.

Mais do que um espantalho, o legislador criou no texto um fogo fátuo ou um foguetório de dúbia aplicação. Caberá à convenção, ao regimento interno e, em última análise, à assembleia punir exemplarmente, quando cabível, inafastável e necessário. Há, em toda situação, que se avulta no campo da vizinhança, uma avaliação do tolerável e do intolerável. "Em limites razoáveis de tolerabilidade, a vida em sociedade impõe a obrigação de suportar incômodos que configurem ofensas ao sossego, como ruídos exagerados, gritarias, festas ruidosas etc." (Wagner, 2015: 97). Há, de fato, um limite de tolerabilidade em cada caso concreto que não pode ser ultrapassado. Os níveis de saúde, sossego e segurança da vizinhança que se deve admitir é aquele que se pode conseguir sob determinadas circunstâncias, levando em conta o bem-estar e a qualidade de vida. Em cada caso, esses aspectos devem ser examinados. As situações excêntricas que se encontram nos condomínios são múltiplas, como demonstram os casos analisados na jurisprudência e tantos outros que temos conhecimento em nossa vida profissional e social. A questão mais intrincada para se definir a melhor solução deve ser sempre a temperança. Há sempre que se sopesar o abuso de direito e a função social da propriedade.

---

as despesas condominiais, conforme a gravidade das faltas e a reiteração, independentemente das perdas e danos que se apurem. As disposições de convenção condominial não têm o condão de se sobrepor às normas legais. Para imposição de multa por comportamento antissocial a condômino, é imperioso que lhe seja assegurado direito de defesa, postulado civil-constitucional, que, no âmbito das relações privadas, decorre da eficácia horizontal dos direitos fundamentais, sendo reconhecido, pela doutrina e pela jurisprudência dos Tribunais Superiores, que "as sanções do art. 1.337 do novo Código Civil não podem ser aplicadas sem que se garanta direito de defesa ao condômino nocivo" (Enunciado 92 do CJF). O simples fato de não terem sido observadas as formalidades legais para a imposição da multa do art. 1.337 do Código Civil ao condômino e de a ele não ter sido oportunizado direito de defesa, não é capaz de percutir na esfera íntima do indivíduo, atingindo-o em direitos da personalidade, a ensejar reparação por danos morais. (*TJMG* – AC 1.0000.19.165950-7/001, 21.07.2020, Relª Mônica Libânio).

Ação de obrigação de não fazer c.c – Tutela Antecipada – *Condômino Antissocial* – Regularidade nas notificações – Exigibilidade das multas aplicadas – Sentença de parcial procedência mantida – Apelo improvido. (*TJSP* – AC 1003216-54.2015.8.26.0477, 30.04.2020, Rel. Soares Levada).

Como facilmente se percebe, o Código chegou muito perto da solução, qual seja, estabelecer que o condômino ou assemelhado seja impedido de utilizar sua unidade, mas se mostrou arredio e sumamente esquivo, levando em conta os julgados que demoraram muito a perceber isso, não há dúvida, tendo em vista o sentido social da propriedade e o respectivo conflito de princípios próprios do condomínio em edifícios, que essa solução pode e deve ser tomada nos casos extremos de nocividade e antissociabilidade do imputado.

O legislador do Código, sem dúvida, deixou de estampar essa solução extrema por evidente respeito ao conceito clássico de propriedade, garantido constitucionalmente. Todavia, como aludem os atualizadores da obra de Caio Mário, "esquecem-se os que assim entendem que o direito de propriedade não é absoluto, sofrendo limitações, até mesmo constitucionais, como preconiza o art. 5º, XXIII, da Constituição Federal de 1988. Ao atribuir a ele uma função social" (2018: 135). E recorde-se ainda dos princípios do abuso de direito descritos com detalhe no Código de 2002, sendo específico a esse respeito o art. 1.228, § 2º.

É de se questionar em cada caso se devem os moradores de um condomínio suportar a presença a seu lado, por exemplo, de baderneiro contumaz, sociopata perigoso ou traficante de drogas ou armas. Ademais, para muitos condôminos tresloucados, a multa, ainda que vultosa, não será punição eficiente, mormente se é inadimplente contumaz, ou, no outro extremo, se o pagamento da multa, de qualquer valor, nada representa para seu bolso, nem como punição, nem como dissuasão e muito menos como efeito pedagógico.

Desse modo, o contexto que deve ser encarado deve também equacionar a proibição ou restrição do uso do direito de propriedade condominial a essas pessoas nocivas em razão de seu estado psíquico e antissocial, a exemplo do que consta em inúmeras legislações estrangeiras, como destaca Arnaldo Rizzardo (2019: 152). Pode, por exemplo, a convenção estabelecer situações nas quais o condômino ou ocupante de unidade pode ser proibido de ocupar sua unidade. Entre dois princípios aparentemente conflitantes, a amplitude do direito de propriedade e a função social da propriedade nos condomínios, há de preponderar este último.

A V Jornada de Direito Civil do Conselho da Justiça Federal do STJ, que também contou com nossa presença e aprovação, deliberou o seguinte enunciado 508, apresentado pelo Des. Marco Aurélio Bezerra de Melo:

> Verificando-se que a sanção pecuniária mostrou-se ineficaz, a garantia fundamental da função social da propriedade (arts. 5º, XXIII, da CF e art. 1.228 do CC) e a vedação ao abuso de direito (arts. 187 e 1.228, §2º, do CC) justificam a exclusão do condômino antissocial, desde que a ulterior assembleia prevista na parte final do parágrafo único do art. 1.337 do Código Civil delibere a propositura de ação judicial com esse fim, asseguradas todas garantias inerentes ao devido processo legal.

É evidente que não podem todas as formas de nocividade serem descritas, assim como as condutas penais, cujos tipos deveriam estar presentes na lei de condomínios, dificilmente são exaustivas. Fica claro que o intuito da lei é punir o condômino nocivo contumaz e não aquele que praticou esporadicamente uma única conduta.[9]

---

9. Apelação – Condomínio – *Ação de exclusão de ocupante antissocial* – Sentença de improcedência – Ausência de previsão legal expressa no ordenamento jurídico que permita a expulsão de condômino por mau comportamento. Aplicação estrita do disposto no art. 1.337 do Código Civil de 2002. Ainda que o direito de propriedade esteja limitado em sua função social, devendo o condômino observar regras mínimas de bom comportamento e convívio, a medida de expulsão não encontra amparo legal. Hipótese em que o condomínio pode aplicar multas de elevado valor, como forma

O atual Código Civil chegou perto dessa solução extrema, mas, ao que parece, o legislador não quis se comprometer, como se isso a ele fosse possível. É evidente que essa solução se aplicará em casos com elevada gravidade, como têm decidido os tribunais. E não se trata de perda da propriedade, mas limitação a esse direito em prol do sossego e bem-estar dos demais condôminos.

Uma questão que fica em aberto é saber se essa punição pecuniária persistirá mensalmente até ulterior deliberação assemblear. A interpretação literal do texto autoriza essa conclusão, a qual não nos parece a mais apropriada.

Ninguém pode ser obrigado a habitar ou exercer sua atividade diária ao lado de facínoras ou sociopatas. Nunca se deve esquecer que tratamos de modalidade de propriedade de uso coletivo, com unidades autônomas, mas interligadas por inúmeros pontos de comunhão.

---

de compelir o proprietário a sair de sua zona de conforto e tomar providências quanto à sua locatária. Expulsão que se mostra ainda mais temerária quando se observa estarmos diante de situação emergencial em razão da pandemia da COVID-19, além de ser a Ré pessoa de extrema vulnerabilidade por ser pessoa idosa. Sentença mantida. Honorários majorados. Recurso desprovido. (*TJSP* – AC 1029307-52.2018.8.26.0001, 29.01.2021, Rel. L. G. Costa Wagner).

Condomínio – Exclusão de condômino e obrigação de fazer para compelir à alienação bem – Sentença de improcedência ao fundamento de que a pretensão carece de previsão legal. Reforma de rigor. Sanções pecuniárias do artigo 1.337 do CC não que esgotam as providências que podem ser adotadas para cessar a conduta ilícita do condômino. Comportamento antissocial do réu, de caráter grave e reiterado, que autorizam o acolhimento parcial do pedido. Agressão, intimidação, destruição de patrimônio, perturbação, furto, invasão, ameaça, injúria, entre outros ilícitos. Fatos não controvertidos. Perda do direito de uso da unidade. Medida que, por si só, se revela suficiente para coibir os males provocados pela convivência com o réu. Alienação forçada do imóvel que, nesse contexto, se revela desnecessária. Recurso provido em parte. (*TJSP* – AC 1001406-13.2020.8.26.0366, 27.04.2021, Rel. Milton Carvalho).

Civil – Processo Civil – Apelação – Ação ordinária – Preliminar – Cerceamento de defesa – Rejeitada – Exclusão de condômino por atitudes antissociais – Ausência de assembleia – Litigância de má-fé – Necessidade de demonstração de dolo – Dolo não verificado – 1 – O juiz é o destinatário das provas, cabendo-lhe aquilatar aquelas que realmente se mostrem aptas à formação do seu convencimento, indeferindo as que se revelarem inúteis à resolução da controvérsia. Entendendo, o juízo de origem, como suficientes as provas já coligidas aos autos, não há que se falar em cerceamento de defesa pelo julgamento antecipado da lide. Preliminar rejeitada. 2- O art. 1.337, parágrafo único, do CC, dispõe que o condômino ou possuidor que, por seu reiterado comportamento antissocial, gerar incompatibilidade de convivência com os demais condôminos ou possuidores, poderá ser constrangido a pagar multa correspondente ao décuplo do valor atribuído à contribuição para as despesas condominiais, até ulterior deliberação da assembleia. 3 – Verificando-se que a sanção pecuniária mostrou-se ineficaz, a garantia fundamental da função social da propriedade (arts. 5º, XXIII, da CRFB e 1.228, § 1º, do CC) e a vedação ao abuso do direito (arts. 187 e 1.228, § 2º, do CC) justificam a exclusão do condômino antissocial, desde que a ulterior assembleia prevista na parte final do parágrafo único do art. 1.337 do Código Civil delibere a propositura de ação judicial com esse fim, asseguradas todas as garantias inerentes ao devido processo legal. O Enunciado é claro sobre a necessidade de realização de assembleia para debater o tema, o que não foi verificado no presente caso, ora inexistirem quaisquer atos de deliberação conjunta com os demais condôminos, seja em assembleia ou lista de assinaturas, sendo este, requisito legal e objetivo. 4 – A litigância de má-fé fica caracterizada pela atuação maldosa, com dolo ou culpa, causando dano processual à parte contrária, caso que não aconteceu. A parte que age com litigância de má-fé utiliza procedimentos escusos com a finalidade de vencer ou prolongar o andamento do processo de forma que procrastine o feito. Analisando os autos, é possível perceber que a parte recorrente não exorbitou do seu direito constitucional de ação ao contestar a decisão que indeferiu o pleito inicial. 5 – Recurso de apelação conhecido e não provido. (*TJDFT* – Proc. 07280468520208070001 – (1348071), 28-6-2021, Relª Gislene Pinheiro).

Apelação – Ação declaratória de inexigibilidade de débito cumulada com danos morais – Multa condominial – Inovação recursal – Violação ao quórum de ¾ previsto no art. 1.337 do CC/02 – A tese foi trazida apenas no recurso de apelação – Recurso não conhecido neste particular – Valor da multa – Ausência de violação à convenção de condomínio – Multa ao condômino antissocial limitada a 5 contribuições – Imposição prevista no art. 49 da normativa interna – Violação ao princípio da proporcionalidade – Não ocorrência – Inaceitável a conduta antissocial do marido da apelante ao atirar ovos na unidade vizinha. Pelo que se extrai da instrução diversos são os problemas de convivência. Sentença mantida. Recurso improvido, na parte conhecida. (*TJSP* – AC 1016065-13.2018.8.26.0361, 10.07.2020, Rel. Rosangela Telles).

Contudo, esse rol confuso de punições pecuniárias na lei está longe de autorizar as melhores soluções.

Observa Arnaldo Rizzardo, "revela-se profundamente tímida a lei no reprimir as transgressões e em permitir medidas fortes contra o condômino ou desajustado e de mau procedimento" (2019: 152)

A conclusão de Pedro Elias Avvad sobre esse sistema de punições nos parece peremptória: "Sabe-se que tais disposições legais estão muito longe de solucionar esses problemas quando ocorrem. E, também, os órgãos e poderes constituídos não oferecem a menor segurança e muito menos garantia. Mas é o que temos" (2017: 89).

Há um outro lado da moeda na vida condominial que não diz respeito especificamente a condômino nocivo, mas pode atingir o mesmo desiderato legal. Trata-se da proibição ou restrição de uso do direito de propriedade condominial a determinadas, em razão de seu estado pessoal. Pode, por exemplo, a convenção estabelecer que o condômino (ou locatário, comodatário, ocupante a qualquer título enfim) condenado por certas modalidades de crimes fica proibido de residir ou ingressar no local. Ousamos defender essa possibilidade em prol do sossego condominial.

Outra questão paralela, no outro extremo, é saber se a convenção ou regimento pode impedir que pessoas de grande fama e notoriedade podem também ser repelidos da comunidade condominial. A permanência de pessoas desse nível atrai inevitavelmente atenção popular e de órgãos da imprensa, prejudicando o bem-estar e sossego do condômino comum que ali reside ou trabalha. É de se lembrar que nos Estados Unidos, mormente em prédios de Nova Iorque, há um conselho de condôminos que deve aprovar o ingresso de novos moradores, justamente para essa finalidade. Aliás, não é diferente entre nós as associações e clubes sociais ou esportivos que estabelecem um julgamento prévio para a admissão de novos associados ou membros. A situação análoga ao condomínio. Essas pessoas requerem constante vigilância, presença permanente de segurança, o que por si só já é inconveniente. J Nascimento Franco e Nisske Gondo (1988: 93) lembram da situação do ex-Presidente Richard Nixon, que não conseguiu mudar para prédio nobre situado na Park Avenue de NY, porque a convenção vedava ali pessoas dessa gradação, o mesmo tendo sucedido com a cantora Barbra Streisand e um príncipe saudita. Da mesma forma com o que aqui expusemos, não se argumente contra essa proibição com a amplitude do direito de propriedade e com a garantia constitucional, conforme já debatemos.

Quando se trata de edifício já em utilização, com convenção registrada, os futuros adquirentes deve se submeter à essa norma, pois a ele aderem. Não pode ocorrer modificação em prejuízo de direitos adquiridos, o que não se confunde com mau uso ou nocividade de condômino.

4.3 RESPONSABILIDADE CIVIL DO CONDOMÍNIO. ABUSO DE DIREITO

A matéria da responsabilidade civil se espraia por todos os campos do direito e não é diferente com o condomínio. Visto como uma pessoa com personalidade anômala ou uma pessoa quase jurídica, o condomínio está sujeito, como qualquer agente a ser parte ativa ou passiva no campo da responsabilidade civil.

CAPÍTULO 4 • DO CONDOMÍNIO EM EDIFÍCIOS

Rege nossa responsabilidade em geral o art. 186, que substituiu o art. 159 do Código anterior. Em cada caso há que se observar as nuanças da responsabilidade subjetiva, com a configuração de culpa, e responsabilidade objetiva.

Há várias situações que envolvem a responsabilidade direita e indireta do condomínio e análise de eventuais danos.

O seguro, que sempre caminha em paralelo com a responsabilidade civil, é um primeiro aspecto a ser considerado. O art. 1.346 dispõe: "*É obrigatório o seguro de toda edificação contra o risco de incêndio e destruição, total ou parcial*".[10]

Cabe ao síndico, com a fiscalização dos demais condôminos, que esse importante seguro seja concluído e periodicamente renovado. Na sua ausência, a responsabilidade recairá no condomínio e em, sem dúvida, sobre o síndico.

Outros seguros facultativos podem ser feitos e geralmente o são, como relação a terceiros, na proteção de artigos de decoração e outros.

Deve estar sempre presente na vida condominial que o condomínio pode vir a ser responsabilizado por ressarcir danos morais e materiais a condôminos, vizinhos e terceiros em geral, sem deixar de mencionar responsabilidades trabalhistas nessa mesma área. Toda ampla teoria da responsabilidade civil deve ser trazida à colação, e os princípios da responsabilidade direta e indireta.

Quando um preposto do condomínio, síndico ou empregado, causar dano a terceiro, o condomínio será chamado a indenizar por foça da responsabilidade indireta, cominada no art. 932, II e art. 933, que muitos denominam impropriamente caso de responsabilidade objetiva, mas se trata na verdade de presunção de culpa, por suas razões históricas.

O condomínio, no entretanto, pode ser responsabilizado por danos ocasionados por condômino não identificado. Sempre nos lembramos de fato que dávamos como exemplo, em nossas aulas, de fato ocorrido em época de final de ano, muitas décadas passadas, numa das ruas centrais de São Paulo, noticiado pela imprensa. Nos últimos dias de cada ano era costume no centro da cidade de os escritórios lançaram papel picado das janelas. Em uma dessas situações, junto com os recortes, *foi lançada uma*

---

10. Apelação Cível – Indenização – Danos materiais e morais – Sinistro – Prejuízos causados por incêndio – Sentença de procedência parcial – Preliminar – Ilegitimidade passiva dos corréus – Manutenção – Obrigatoriedade do síndico de realizar o seguro da edificação quando se tratar da administração de condomínio edilício. Interpretação dos artigos 1346 e 1348 do Código Civil. Contrato de seguro realizado em benefício dos condôminos. Administradora e condomínio que figuram apenas como estipulantes (artigo 436 do Código Civil). Corretor de seguros que também não é parte legítima para figurar no polo passivo da ação. Ausência de omissão da sua parte, vez que procurou resolver a situação. Corretor que figura como mero intermediário do contrato de seguro e sem obrigação contratual no pagamento de indenização. Permanência no polo passivo apenas da titular do direito material litigioso, ou seja, a seguradora. Mérito. Ocorrência do sinistro incontroverso. Obrigação da seguradora ressarcir os prejuízos sofridos pela autora. Danos materiais. Controvérsia em relação ao valor da indenização que deve ser medida pela extensão do dano. Aplicação do artigo 944 do Código Civil. Condenação por ato ilícito deverá ensejar a reparação dos prejuízos suportados, pelo lesado, na exata proporção da perda que lhe foi imputada. Autora que pleiteou na inicial o pagamento do valor de R$10.105,90. Ausência de qualquer referência aos critérios utilizados para a aferição deste valor. Indenização que deve ser limitada ao valor dos danos efetivamente comprovados. Danos morais. Indenização indevida. Inexistência do dano "in re ipsa". Ônus da autora de demonstrar os prejuízos gerados, na forma do art. 373, I, do CPC/2015, do qual não se desincumbiu. Negativa de pagamento de cobertura securitária constitui simples descumprimento contratual. Ausência de lesão à honra nem ferimento ao princípio da dignidade humana. Resultado: Preliminar rejeitada. Recurso não provido. (*TJSP* - Ap 0010469-81.2013.8.26.0477, 28-1-2021, Rel. Edson Luiz de Queiroz).

pedra de gelo de um dos prédios, que atingiu com velocidade e peso extremos a cabeça de um transeunte que teve morte instantânea. Nesses casos a maior dificuldade é localizar o infrator, cuja responsabilidade consta do art. 938 do Código Civil vigente. Foi um dos primeiros julgados que entendeu na época a responsabilidade do condomínio pela indenização, com eventual direito de regresso ao efetivo autor do ano, então não identificado. A responsabilidade é do dono do prédio por coisas danosas caídas ou lançadas. Essa aplicação nos vem desde o direito romano e vinha expressa no art. 1.529 do Código de 1916, como parte da responsabilidade *de efusis et dejectis*. Hoje a situação faz parte do direito geral de vizinhança. Os julgados têm sufragado essa orientação dentro da ideia central de que a responsabilidade civil busca sempre não deixar danos irressarcidos, sempre um fator de inquietação social. Trata-se da chamada socialização dos danos. Por tudo isso e em muitas outras oportunidades, alargam-se as possibilidades de indenização em prol da paz social.

Outras hipóteses sobre o tema podem ser examinadas. Algo sempre preocupante diz respeito aos *furtos e roubos em garagens* do condomínio. Dentre os inúmeros problemas que envolvem as garagens em condomínios, como ainda veremos nesta obra, a legislação não se manifestou expressamente sobre essa séria problemática. Na realidade, a lei é silente sobre aspectos da responsabilidade civil nos condomínios, deixando os problemas a cargo dos princípios gerais e dos tribunais, como acentuamos aqui de início.

No roubo, onde há violência ao se surrupiar o bem, a conduta costuma ser vista como caso fortuito ou força maior, embora não seja uma regra.

Já no furto, os julgadores têm entendido que não há responsabilidade do condomínio em furto em suas dependências, mormente nas garagens, salvo praticado por empregado do condomínio ou se a convenção ou regulamento forem expressos nesse sentido. Admite-se também decisão de assembleia nesse sentido. Atente-se que uma indenização nesse nível onera todos os condôminos.

De outro lado, tem-se entendido que se o condomínio coloca costumeiramente vigilância no local, assumindo dever de guarda, surge sua responsabilidade. A questão desloca-se para o exame do caso concreto. Cláusula de não indenizar na convenção pode dar a solução, mas nesse caso a questão é ainda é duvidosa. Como regra, a existência de porteiro ou vigia em entrada ou guarita não é de ser sempre considerada vigilância. Na verdade, examina-se a falha de segurança, se existente, no caso concreto. Solução similar, com os mesmos princípios, deve ocorrer no tocante a furtos em unidades autônomas. Quando no edifício, residencial ou não, é contratada empresa privada de segurança para o local, surge responsabilidade solidária entre esta e o condomínio. Quando há seguro cobrindo furtos, deve ser examinada a extensão da apólice, uma vez que o contrato de seguro é interpretado restritamente.

Nelson Kojranski pontua sobre o tema: "Somente em duas hipóteses a responsabilidade civil do condomínio é acolhida: quando vem expressamente prevista na convenção ou quando são admitidos manobristas e guardas específicos para cuidar dos automóveis e a garagem coletiva. No primeiro caso a responsabilidade é manifesta, e no segundo a responsabilidade pelo furto permite a configuração da culpa *in vigilando*" (2015: 251). E completa o autor que quando há vigilância específica, cai por terra eventual desobrigação de indenizar da convenção, pois existe aparato específico para proteção do patrimônio dos condôminos e ocupante. Note que não estamos tratando de estacionamentos em empresas e estabelecimentos comerciais, quando a solução é outra (Súmula 130 do STJ).

O *abuso de direito* está diretamente ligado a tudo que falamos sobre o condômino antissocial e à responsabilidade civil e atos ilícitos em geral. Quando o agente pratica ato volitivo, procura atingir efeitos, jurídicos ou não. Esse é o campo dos atos e negócios jurídicos. Quando o ato está eivado da intenção de prejudicar, ou mesmo seja culposo e atinja essa finalidade, estremos no campo dos atos ilícitos.

De outro lado, cada dia mais se torna complexo manter o ser humano no âmbito de seus próprios direitos. Tendo em vista a pressão e necessidades sociais, o exercício de dum direito, ainda que aparentemente dentro do seu próprio limite, pode causar dano a outrem.

Na noção de ato ilícito o jurista transita sob os conceitos de dolo ou culpa, dentro da ampla noção de culpa civil. Por vezes, ocorre dano praticado por alguém que, aparentemente no exercício de seu direito, causa transtorno a terceiros. É o caso, por exemplo, do condômino que ouve música em sua unidade em alto volume, a desoras. O extravasamento no exercício do direito pode acarretar o dever de indenizar. A temperança no exercício de qualquer ato da vida humana não é apenas uma virtude moral ou ética, mas um dever. O Direito não pode desconhecer essa realidade. Direitos não podem ser levados a extremo. Desse modo, a noção do abuso de direito é um conceito supralegal. Surge do sopesamento do direito individual com o direito social.

No vocábulo abuso, encontramos a noção de excesso, aproveitamento indevido. As situações de abuso, na vida condominial, devem ser vistas no caso concreto.

A doutrina tem certa dificuldade em caracterizar o abuso de direito. Foi tratada a princípio como parte da responsabilidade civil, como simples expansão da noção de culpa. Também foi tradado como categoria autônoma. O abuso de direito deve ser tratado como categoria autônoma porque acarreta efeitos jurídicos. Todavia, como no campo da responsabilidade civil há quase sempre a noção de culpa, no abuso de direito ela pode existir, mas não é essencial.

É inafastável que, sendo o abuso transgressão, no sentido lato, suas consequências devem ser assemelhadas ao ato ilícito. No abuso de direito, sob a máscara de ato legítimo se esconde uma ilegalidade. Afasta-se, de plano, qualquer ideia de direito absoluto.

O presente Código Civil inseriu texto sobre o abuso de direito, na categoria dos atos ilícitos:

Art. 186. Aquele que por ação ou omissão voluntária, negligência ou imprudência, violar direito e causar dano a outrem, ainda que exclusivamente moral, comete ato ilícito.

Art. 187. Também comete ato ilícito o titular de um direito que, ao exercê-lo, excede manifestamente os limites impostos pelo seu fim econômico ou social, pela boa-fé ou pelos bons costumes.

Esse conceito do art. 187 se aplica com perfeição à noção de condômino antissocial e situações de responsabilidade civil, como aqui expusemos. Está bem colocado juntamente com a noção de ato ilícito, pois os dois institutos são muito próximos. O abuso de direito não constitui propriamente um ato ilícito e transcende os limites da responsabilidade civil. A boa-fé objetiva, como cláusula aberta, é um dos elementos a serem analisados na conceituação do abuso de direito. Como sabemos, a boa-fé objetiva está presente em outras situações do Código de 2002.

Em cada caso concreto, ao concluir pelo abuso de direito, o julgador verificará se o agente transgrediu a boa-fé exigida na conduta e se esta excedeu os limites estabelecidos para o fim moral e econômico para qual se destina, além dos bons costumes, citados no texto legal.

Vejam, portanto, que em cada caso de desvio de conduta condominial, alguns já vistos aqui, outros exemplificados pela jurisprudência que trazemos em rodapé, como é importante o olhar cônscio e arguto do julgador, que em última análise representa o olhar da sociedade.

4.4 CONDOMÍNIOS ESPECIAIS: CONDOMÍNIOS PARA IDOSOS, JOVENS, LOTEAMENTOS FECHADOS, *SHOPPING CENTERS*, CLUBES DE CAMPO, CEMITÉRIOS

As necessidades da sociedade contemporânea vêm criando outras modalidades de condomínio, que além de se utilizar dos princípios comuns, possuem finalidades específicas, não se amoldando propriamente à tipicidade regulada pela Lei 4.591/64 e aos dispositivos do Código Civil.

O amparo à chamada terceira idade vem exigindo soluções sociais e legislativas de todos os níveis, mormente quando a extensão de vida tem atingido facilmente a casa próxima ou em torno dos 100 anos de idade. A longevidade e as necessidades das pessoas longevas estão a exigir novas soluções. De há muito se vê nos Estados Unidos e em países da Europa os chamados "adult homes" e condomínios para essa faixa específica, atendendo às suas necessidades próprias. Nesses locais devem conviver facilidades médicas, de locomoção, socialização etc. Nossa legislação especifica ainda não cuidou com detalhes dessa problemática.

No outro extremo, também têm surgido condomínios destinados a jovens, estudantes ou profissionais, geralmente solteiros, que residem sozinhos ou com companheiros, com outras modalidades de necessidades, como apartamentos pequenos, locais de convivência, cozinhas coletivas, salas de ginástica, bibliotecas, acesso comum à informática etc.

O mercado imobiliário vem exigindo também no Brasil, nas maiores cidades, essa dedicação. Trata-se de fato social que o Direito não pode ignorar.

Certamente em cada um desses condomínios teremos questões especificas a serem dirimidas. As convenções e regimentos devem apontar as necessidades, direitos e deveres em cada caso, de molde que ao adquirir unidade nesses condomínios, ou locando-as, o interessado se amolde à sociedade que está aderindo, não podendo ignorar suas regras.

São muito frequentes, também, os chamados *condomínios fechados*, terminologia trazida pelo mercado imobiliário, utilizando o parcelamento do solo: bairros urbanizados, geralmente em torno de grandes centros, para fins residenciais ou mesmo não residenciais, assim como em regiões afastadas com finalidades de lazer. Se as edificações ocorrem em dezenas de lotes, com portaria controlada, vias de acesso delineadas, área toda murada, não há dúvida que aí também existem unidades autônomas e áreas de uso comum, utilizando-se, no que não conflitar, a legislação de condomínios. Cada casa ou construção deve ser vista como uma unidade autônoma. Não se afasta a abrangência da lei de condomínios em edifícios. A cada unidade do terreno alienado surgirá uma unidade autônoma, que gozará também as áreas comuns. Ao registro imobiliário compete regularizar essas áreas, mediante autorização municipal, e vários órgãos públicos. Essa realidade social está distribuída por todo País. A Lei 4.591/64 (art. 8º) previu essa modalidade de propriedade horizontal, a exemplo das antigas vilas de casas. O terreno total continua não fragmentado e os lotes representam uma fração ideal do todo. Com o "habite-se" de cada unidade, esta ganha individualidade, mas o terreno do empreendimento continua uno e indivisível.

Os loteamentos tradicionais continuam regidos exclusivamente pela Lei 6.766/79 (Lei de parcelamento do solo). Os loteamentos fechados são uma consequência de necessidades sociais e nada mais são de áreas loteadas com fechamento autorizado pela municipalidade.

Há ainda questões controversas. Se as vias internas foram implantadas pela Administração Municipal, haverá uma acepção diversa, não havendo, em princípio, áreas comuns. Como regra, denomina-se condomínio fechado, porque as ruas, praças e áreas de lazer pertencem ao domínio privado autorregulamentado por convenção ou assembleias de condomínio. As vias públicas e áreas verdes são entregues ao Município, estabelecendo um sistema híbrido. Uma associação administradora fará o papel do síndico, por seus órgãos, segundo a forma que for estruturada. Dependendo da extensão da área do condomínio e da quantidade de lotes, o trabalho do síndico será de um verdadeiro prefeito.

Não podemos esquecer da existência de *condomínios de fato*, situações não oficializadas atualmente tendo sua regularização facilitada, com a dicção do art. 1.358-A. Esse texto auxilia casas e unidades múltiplas construídas em local fechado, com acesso mais ou menos complexo por vias, ruas, alamedas, com ou sem vigilância, sem qualquer preocupação com regularidade legal, dentro da necessidade urbana. Essa situação pode ser regularizada, sob esse dispositivo legal.

Os *shopping centers*, normalmente tratados sob o prisma exclusivamente contratual, envolvendo lojistas, possui nítidos contornos condominiais, mormente quando cada unidade é alienada a um titular. Existe neles um complexo condominial subordinado a normas mercadológicas próprias. O contrato maior de implantação do empreendimento funciona como a convenção do condomínio, em cada caso. Na prática, porém, com maior frequência, o administrador ou empreendedor mantém a propriedade de todo imóvel, cedendo os espaços em locação ou a outro título, daí a importância de sobressair a relação locatícia nessa hipótese e não o direito real. Inafastável, sem dúvida a aplicação analógica da lei condominial à espécie no que tange, principalmente às despesas de condomínio, que nesse caso são mais complexas, e o regime das partes comuns, entre outros aspectos.

Há um hiato legislativo em nossa legislação para os centros de comércio. Prevalece um sistema de locação comercial, com pagamento combinado de valor determinado e variável conforme o faturamento do estabelecimento. A constituição jurídica do empreendimento assume a feição de um condomínio especial. Há várias feições que o shopping pode tomar, com diferentes formas de relacionamento com os lojistas.

Nos *clubes de campo* e assemelhados, quando se alienam imóveis residenciais em seu interior, também se estabelece um condomínio com unidades autônomas, a exemplo dos condomínios fechados. A ideia, ao se organizar esse empreendimento, é que os membros titulares de unidades gozem igualmente das áreas comuns, esportivas e sociais do clube. Há um complexo condominial, com utilização da lei condominial, frações ideais, despesas, convenções, regulamentos etc.

Outro fenômeno moderno é a existência de *cemitérios privados*. Há que se entender que os contratos concessivos de sepulcros poderão gerar direito real se assim for convencionado. A relação entre o administrador e o titular da parcela de terreno do cemitério será em princípio de locação ou comodato. Há também aspectos condominiais a serem considerados.

Como deflui destes aspectos, a vida contemporânea possui várias situações de condomínio não imaginadas no passado. Como tem ocorrido entre nós, o legislador tem ampliado significativamente nas últimas décadas o rol de direitos reais. Mais um deles será visto no próximo tópico.

4.5 CONDOMÍNIO DE LOTES

A Lei de Regularização Fundiária Rural e Urbana (Lei 13.465/2017) toca na problemática dos lotes conjuntos criados sem apoio legal, por mero acordo ou convivência de vizinhos. Tratou-se de tentativa de regularizar condomínios informais. Introduziu-se o art. 1358-A no Código Civil.[11]

---

11. Processual Civil – Agravo interno em recurso especial – Cobrança de taxas de manutenção em loteamento fechado – Devedor não associado – Cumprimento de sentença – Reconhecimento pelo STF de que referida cobrança não é constitucional – Ausência de declaração de inconstitucionalidade de norma – Sentença exequenda transitada em julgado antes da decisão da corte suprema – Inaplicabilidade do art. 475-L, II, § 1º, DO CPC/73 – Agravo interno não provido – 1 – As disposições do NCPC, no que se refere aos requisitos de admissibilidade dos recursos, são aplicáveis ao caso concreto ante os termos do Enunciado Administrativo n. 3, aprovado pelo Plenário do STJ na sessão de 09.03.2016. 2 – A Corte Suprema e este próprio STJ entendem não ser possível às associações de moradores exigirem o pagamento de contribuições mensais ou taxas para manutenção de condomínios de fato de quem não seja associado, sob pena de ofensa ao princípio constitucional da livre associação previsto no art. 5 º, XX, da CF. 3 – Isso não significa, porém, que a sentença exequenda, que validou esse tipo de cobrança no caso concreto, tenha perdido sua exigibilidade. 4 – Para que se possa cogitar da aplicação do art. ART. 475-L, II, § 1º, DO CPC/73 é necessário que a sentença tenha se baseado em norma declarada inconstitucional pelo STF ou numa interpretação de lei ou ato normativo tida como incompatível com a Constituição Federal por aquela mesma Corte. 5 – Além disso, também é necessário que a decisão do STF seja anterior ao trânsito em julgado da sentença exequenda, como veio a ser expressamente consignado no art. 525, § 14, do NCPC. 6 – Agravo interno não provido. (*STJ* – AGInt-REsp 1715789/SP – (2017/0088591-0), 18.08.2021, Rel. Min. Moura Ribeiro).

Apelação cível – Ação de cobrança – Direito Civil – Condomínio de fato – Taxa de associação de moradores – Alegação de inadimplência – Sentença de procedência – Manutenção – Inaplicabilidade ao caso concreto do entendimento do E. STJ, expressado pelo Tema 882, segundo o qual não são devidas taxas instituídas por associações de moradores nos chamados condomínios de fato, em relação aos proprietários que não se associaram voluntariamente a elas. Aquisição de lote posterior à instituição da associação que constitui aceitação tácita, a ensejar a obrigação de pagamento da taxa. Majoração dos honorários advocatícios, na forma do art. 85, § 11, do CPC. (*TJRJ* – AC 0034651-86.2015.8.19.0209, 02.03.2021, Relª Desª Regina Lucia Passos).

Direito civil – Ação de cobrança – *Condomínio irregular* – Taxas inadimplidas – Aprovação Regular – Dever de pagamento – Sentença mantida – I – Se o condomínio de fato existe e funciona nos moldes do condomínio de lotes previsto no artigo 1.358-A do Código Civil, não há como afastar o emprego da analogia expressamente autorizado pelo artigo 4º da Lei de Introdução às Normas do Direito Brasileiro. II – Nos casos em que a associação existe e subsiste por conta de uma realidade condominial sedimentada, ainda que imperfeita do ponto de vista jurídico, é natural, senão imperativo, que a qualidade de associado esteja vinculada à titularidade dos imóveis que formam, independentemente

Na situação de fato, há posse de porção de terreno *pro indiviso*, isto é, marcada e identificada. Geralmente há áreas comuns, arruamentos, praças etc. O texto deve ser regulamentado, somente assim se poderá definir a fração ideal de cada lote. O dispositivo referido estatui que a fração ideal de cada condômino *poderá* ser proporcional à área do solo de cada unidade autônoma. Portanto, poderão os interessados estabelecer outros critérios. Desse modo, o loteamento será regularizado, depois de sua existência de fato. A menção à incorporação imobiliária é um convite para que o empreendedor-incorporador assuma a tarefa de regularização. A lei poderia ter trazido mais detalhes.

Tanto quanto possível, esses condomínios exóticos ou mais recentemente reconhecidos serão regidos pelos princípios legais condominiais.

4.6 EXTINÇÃO DO CONDOMÍNIO

Como toda realidade fática, o condomínio de edifícios ou assemelhados, pode se extinguir, embora seja criado sem prazo determinado.

Segundo a lei condominial anterior, apontam-se como causas principais de extinção a desapropriação, o perecimento da coisa, bem como a alienação de todas as unidades a um só titular.[12]

Na desapropriação, os valores das unidades autônomas caberão a cada titular, separando-se, por rateio, o valor das partes comuns. Divide-se a indenização pelas respectivas quotas.

No caso de destruição de pelo menos 2/3 da edificação, o síndico promoveria o recebimento do seguro e a reconstrução e reparos (art. 16). Dois terços dos condôminos representando fração ideal de 80% do terreno e partes comuns poderiam decidir pela demolição e reconstrução do prédio ou sua alienação, por motivos urbanísticos ou arquitetônicos, ou ainda, no caso de condenação do prédio pela autoridade pública, em

---

da vontade dos associados, um condomínio de lotes de fato. III – Deve ser confirmada a sentença que condena ao pagamento das taxas aprovadas em assembleias realizadas segundo a convenção ou o estatuto. IV – Recurso desprovido. (*TJDFT* – Proc. 00152467620148070001 – (1263889), 04.08.2020, Rel. James Eduardo Oliveira).

12. Sucessão pela ótica da obrigação *propter rem* – Inexistência – *Extinção de condomínio edifício* – Aquisição de todas as unidades autônomas de edifício residencial para expansão de empreendimento hospitalar – I – A recorrente adquiriu prédio localizado nos fundos de sua sede, aonde se situava um condomínio residencial, com vistas à expansão de seu empreendimento hospitalar. II – Aquele que adquire unidade condominial, a qualquer título (compra e venda, adjudicação etc.), deve responder pelos encargos condominiais, mesmo os anteriores à aquisição do imóvel, resguardado o direito de regresso contra o antigo proprietário. É que esses encargos constituem-se em obrigações *propter rem* em favor do condomínio, de modo que acompanham o bem. III – Contudo, no caso em exame, operou-se a extinção do condomínio pela venda de todo o prédio à parte ré e pela mudança de sua destinação. Ora, sendo a *obligatio propter rem* uma obrigação acessória mista, pelo fato de ter como a *obligatio in personam* objeto consistente em uma prestação e, como a *obligatio in re*, vincular-se a um direito real não se lhe pode atribuir subsistência quando não mais existente o condomínio. IV – As dívidas condominiais são obrigações para com o condomínio que por lei, e apenas por conta da lei, aderem à unidade predial (Lei 4.591/64, parágrafo único do artigo 4º; Código Civil, artigo 1.345). V – Assim, não mais existindo o condomínio, o adquirente não sucede em obrigação aos antigos proprietários. A obrigação neste caso passa a ser *in personam*. Aquele que assume a posição de proprietário responde pelas obrigações que ficam presas à coisa na exata medida em que se põe na mesma situação jurídica daquele a quem sucedeu, o proprietário ou outro a quem incumbiria a obrigação. Afinal, a dívida subsiste em favor do condomínio e por conta dele. VI – Recurso a que se dá provimento. (*TRT-01ª R.* – RO 0017400-85.2006.5.01.0059, 10.04.2013, Rel. Evandro Pereira Valadao Lopes).

razão de insegurança ou insalubridade (art. 17). Assegurava-se o direito da minoria de ter suas partes adquiridas pela maioria. A alienação total do edifício também era autorizada pelos votos dos 2/3 mencionados, correspondendo a 80% do terreno e frações ideais (§§ 1º e 2º do art. 17).

No Código Civil, o art. 1.357 aponta que se a edificação for total ou consideravelmente destruída ou ameace ruína, os condôminos deliberarão em assembleia, sobre a construção ou venda, por votos que representem metade mais uma das frações ideais. O texto não se refere a proporção de destruição, como na lei anterior, mencionado apenas que seja *considerável*.

Como se nota, essa solução é mais realista e menos complexa que da lei anterior porque dependendo dos danos, os reparos podem ser inviáveis nessa trágica situação. O Código traduz de forma mais eficiente o direito das minorias. Como a reconstrução implica em vultoso investimento para os condôminos, estes poderão eximir-se do pagamento, alienando seu direito a outros condôminos, ou mesmo a terceiros, mediante avalição judicial (art. 1.357, § 1º). A assembleia pode concordar em realizar avaliação por perito indicado pelo próprio condomínio. Nem sempre a avaliação ficará isenta de dúvidas.

A preferência na aquisição será dos outros condôminos, ou na ausência de interessados, a quota pode ser alienada a um estranho e o valor apurado repartido proporcionalmente entre os condôminos (art. 1.357, § 2º). Poderá, contudo, a assembleia definir outro destino a essa verba.

Na hipótese de desapropriação, a indenização será repartida também a cada condômino, na proporção de sua respectiva unidade (art. 1.358).

Capítulo 5
MULTIPROPRIEDADE

Sumário: .5.1 Princípios do *time sharing*. 5.2 Particularidades da multipropriedade.

5.1 PRINCÍPIOS DO *TIME SHARING*

O sistema *time-sharing* ou multipropriedade introduz nova especificidade de condomínio. O adquirente de unidade autônoma em empreendimento imobiliário passa a ser titular de um imóvel, assegurando-se-lhe determinado período anual para usar e gozar do imóvel. Trata-se de local destinado primordialmente ao lazer.

O sistema surge primeiramente na Europa, sendo atualmente muito utilizado por empresários ligados ao turismo. Esse sistema é conhecido como *time-sharing* nos países de língua inglesa, *propriedade a tempo repartido, direito real de habitação periódica* em Portugal, multipropriedade na França, Espanha e Itália, neste último país também como *proprietà spazio-temporale*.

A Lei 13.777/2018, veio regulamentar a multipropriedade entre nós, introduzindo os arts.1.358-B a 1.358-U no Código Civil, criando mais um direito real. A maioria das legislações não possui uma disciplina legal e a doutrina, ao tentar fixar a natureza transita ente o direito obrigacional e o direito real.

O art. 1358-C assim define:

> Multipropriedade é o regime de condomínio em que cada um dos proprietários de um mesmo imóvel é titular de uma fração de tempo, à qual corresponde a faculdade de uso e gozo, com exclusividade, da propriedade imóvel, a ser exercida pelos proprietários de forma alternada.

Trata-se, portanto, de uma nova forma de condomínio, com muitos dos seus princípios legais aplicáveis ao titular ou possuidor usuário do período, como se pode imaginar. Assim, os mesmos princípios de abuso de direito ou de nocividade, entre outros, são aplicáveis, nesse universo dedicado primordialmente ao lazer.[1]

---

1. Ação de rescisão contratual – Cessão de direito de uso de unidades hoteleiras – Pacto de uso compartilhado ("Time Sharing") – Preliminares de ilegitimidade passiva e incompetência territorial que restaram bem afastadas. Autores que não comprovaram a ocorrência de inadimplemento contratual por parte das rés, fato que, no entanto, não lhes retira o direito de rescindir a avença a qualquer tempo, não havendo que se falar em prescrição ou decadência. Onerosidade excessiva e nulidade da cláusula de renúncia ao direto de cancelamento do contrato. Ausência de utilização dos pontos adquiridos. Necessidade de restituição das quantias pagas. Ausência de cláusula penal ou comprovação de despesas que pudessem ensejar a retenção de valores. Restituição que, no entanto, deverá ser feita mediante a apuração dos valores pela cotação do dólar na data de cada desembolso, com incidência de correção monetária pela Tabela Prática do Tribunal de Justiça, e juros legais a partir da citação. Recurso parcialmente provido. (*TJSP* – AC 1009638-74.2020.8.26.0152, 24.06.2021, Rel. Ruy Coppola).

    Apelação – Contrato de "time sharing" – Defeito na prestação de serviços – Reconhecimento – Adquirentes que não conseguiram utilizar os imóveis – Empecilhos causados pelas rés – Inexistência de fato que se possa impor aos

O fenômeno surgiu da busca da classe média por uma residência de férias, na praia ou na montanha. Os empresários optaram por um sistema que facilitasse o acesso a essa segunda propriedade a grupo social ao qual não convém ou não possui meios de manter vários imóveis concomitantemente. Busca-se com o *time sharing* a democratização do imóvel de férias. Como regra, esses empreendimentos, de índole e administração hoteleira, filiam-se a entidades internacionais de permuta. Assim, o titular de semanas no Brasil, por exemplo, pode permutá-las por imóveis em outros países, Europa, Estados Unidos, Caribe etc. em locais de férias. Essa modalidade pode abranger tanto unidades de apartamentos, como casas em condomínios fechados, em vilas, fazendas ou similares.

Alguns países optaram por conceituar essa utilização como direito real de habitação, por meio de um administrador denominado *trustee*, que mantém a propriedade em nome de um clube ou instituição. Em Portugal criou-se o contrato de arrendamento múltiplo como direito real (*direito de habitação periódica*). No dizer de Oliveira Ascensão (1987: 475), trata-se de um direito real mais limitado. Conclui, no entanto, o autor lusitano que se estabelece parcialmente um regime semelhante à propriedade horizontal.

A Grécia foi um dos primeiros países a regulamentar o sistema da multipropriedade por uma lei de 1986, tratando-a como forma de locação. A União Europeia preocupa-se em estabelecer diretivas para facilitar seu uso por todos os países.

No Brasil o fenômeno surgiu timidamente e deve ganhar corpo agora com a regulamentação.

Nesse sistema, todos os multiproprietários são condôminos, mas esse condomínio somente aflui materialmente nas semanas anuais respectivas de cada um deles. Todos os adquirentes são titulares de fração ideal, não se identificando a unidade. Desse modo, o princípio das unidades autônomas não é visto com a precisão dos condomínios de apartamentos e similares em geral. As normas condominiais são utilizadas subsidiariamente. A relação de tempo repartido deve ficar exposta no regulamento. A administração é atribuída a empresa, que normalmente reserva para si frações ideais, correspondente a duas semanas em todos apartamentos ou casas. Essa reserva é utilizada para manutenção.[2]

---

autores – Rescisão corretamente reconhecida com a devolução dos valores pagos – Apelo improvido. (*TJSP* – AC 1009263-09.2018.8.26.0099, 1º.09.2020, Rel. Almeida Sampaio).

2. Apelação – Prestação de serviço – Turismo – Ação de rescisão contratual c.c. Restituição de quantias pagas – Sistema de tempo compartilhado (*Time-Sharing*) – Relação de consumo – Falha no dever de informação e elevada dificuldade de agendamento das férias nos hotéis credenciados – Frustração das expectativas do consumidor – Rescisão contratual justificada independentemente de imposição de multa – Devolução dos valores pagos – Sentença mantida – Necessidade de majoração dos honorários advocatícios em grau recursal – Recurso desprovido. (*TJSP* – AC 1009593-95.2020.8.26.0564, 09.03.2021, Rel. Cesar Luiz de Almeida).

   Apelação – *Time Sharing* – Turismo – Resolução Contratual – Defeito na prestação de serviços – Prestação de serviços de hospedagem – Provas indicam que não houve, antes da formalização da contratação, informação clara e adequada acerca dos serviços e da situação que se afigurou manifestamente desvantajosa para o consumidor. Serviços não prestados como pactuados. Dificuldade na reserva de hospedagem. Fatos não impugnados especificamente em contestação. Inteligência do artigo 336 do CPC/15. Incontroverso inadimplemento contratual das rés. Restituição das partes ao *status quo ante*. Rescisão do contrato por culpa das rés, restituindo-se ao autor os valores desembolsados por ele, referente à entrada, comissões e parcelas mensais, sendo inaplicável a multa contratual com retenção de 25% dos valores pagos e demais custos, porque a culpa pela rescisão coube às prestadoras de serviços. Os valores deverão ser corrigidos a partir de cada desembolso, consoante a Tabela prática deste E. TJSP. Os juros de mora de 1% ao mês incidirão desde a citação, nos termos do art. 405 CC. Taxa de Reserva – Abusividade – Não se pode exigir daquele que é claramente hipossuficiente que conheça a meto-

Certos conceitos do condomínio são aplicados, como, por exemplo, o dever de concorrer com as despesas na proporção da fração ideal em rateio das despesas. Da mesma forma os direitos e deveres expostos na convenção e no regimento interno.

A multipropriedade cria um direito real *sui generis* de usar, gozar e dispor da propriedade, cuja limitação não é apenas condominial, mas essencialmente temporal. O texto introduzido no Código Civil regula a possibilidade do registro imobiliário dessa modalidade. Não há incompatibilidade de aplicação dos dispositivos legais condominiais à multipropriedade. Com essa regulamentação, o instituto deve ganhar dinâmica em nosso país, principalmente para as regiões voltadas para o turismo.

5.2 PARTICULARIDADES DA MULTIPROPRIEDADE

Realçamos aqui alguns dos aspectos mais relevantes introduzidos no Código Civil.

O art. 1.358-B destaca que supletiva e subsidiariamente o fenômeno será regido pela Lei 4.591/64 e pelo Código de defesa do Consumidor, como já apontamos.[3] *O time haring*

---

dologia empregada pelas rés para se chegar ao valor da taxa de utilização. Cuida-se de fórmula imprecisa e com dados que fogem da alçada do consumidor, permitindo abusos e arbitrariedades por parte do fornecedor. Não bastasse isso, não há informação acerca da contraprestação dessa taxa cobrada. Sucumbência. Majoração dos honorários advocatícios, segundo as disposições do art. 85, § 11, do CPC/15. Recurso improvido. (*TJSP* – AC 1009092-81.2020.8.26.0002, 04.08.2021, Relª Rosangela Telles).

Direito do consumidor – *Time Sharing* – Falha no repasse de pontos para fins de reserva – Indisponibilidade de vaga no hotel pretendido – Demasiada dificuldade de fruição do serviço contratado – Resolução contratual – Dano material não caracterizado – Dano moral inexistente – Parcial reforma da sentença – 1 – Em contrato de *time sharing* (que confere o direito de uso de unidade hoteleira, por sistema de tempo compartilhado, mediante utilização de tabela de pontuação), caracteriza falha na prestação do serviço o repasse dos pontos um mês após extrapolado o prazo contratual de cinco dias úteis, contados do pagamento da respectiva taxa, e quando já não mais havia vagas disponíveis nos hotéis do destino pretendido. 2 – Diante das insistentes tentativas frustradas de uso de quatro cortesias previstas para expirar no prazo de doze meses, resta evidenciada a impropriedade do consumo do serviço ofertado. O conjunto das cláusulas contratuais limitadoras do uso da rede hoteleira, em extrema desvantagem imposta ao consumidor, culminando por inviabilizar a fruição dos serviços contratados, caracteriza prática abusiva. 3 – A falha na prestação do serviço e a impropriedade no gozo do serviço ofertado, dificultando em demasia a sua fruição pelo consumidor, justificam a resolução contratual com a restituição das quantias pagas (artigo 20 do CDC e artigo 475 do CC), sem prejuízo de indenização por perdas e danos. 4 – À medida que não efetivada a reserva em conformidade às vagas disponíveis, não há expectativa criada quanto à data e destino da hospedagem pretendidos. A opção por prosseguir com a viagem, nas condições que se seguiram, encontra-se na esfera de liberalidade do próprio consumidor. As rés não causaram necessidade premente de contratação de outro hotel. Não há dano material a ser indenizado. 5 – A reparação por dano moral, em sede de relação contratual, pressupõe, além do descumprimento do contrato ou de seus deveres anexos, circunstância fática ofensiva a direito da personalidade. Não obstante o elevado dissabor e estresse sofridos por parte do consumidor na insistente tentativa de fruição dos serviços contratados, não se verifica abalo excedente à angústia ordinária ao descumprimento contratual. Não há dano moral a ser indenizado. 6 – Recurso da ré parcialmente provido. Recurso adesivo do autor não provido. (*TJDFT* – Proc. 0706951962020807001 – (1322967), 17.03.2021, Rel. Humberto Ulhôa).

Agravo de instrumento – Turismo – Ação rescisória de contrato envolvendo hospedagem compartilhada (time-sharing) – Insurgência contra a cobrança de multa e seu respectivo volume – Pedido de deferimento de tutela provisória de urgência para suspensão da exigibilidade das parcelas e da negativação de nome – Requisitos autorizadores da medida evidenciados – Exegese do art. 300 do CPC – Decisão reformada – Recurso provido. (*TJSP* – AI 2251917-79.2019.8.26.0000, 02.04.2020, Rel. Tercio Pires).

3. Agravo de instrumento – Compra e venda – Ação de rescisão contratual – Multipropriedade ("Time-Sharing") – Tutela de urgência – Possibilidade de resilição do contrato pelo promitente comprador, em atenção à legislação consumerista, aplicável à hipótese nos termos do art. 1.358-B do Código Civil – Suspensão da exigibilidade das prestações do financiamento e demais despesas decorrentes do contrato – Requisitos do artigo 300 do CPC satisfeitos – Liminar deferida – Recurso provido. (*TJSP* – AI 2098998-37.2021.8.26.0000, 30.08.2021, Rel. Luis Fernando Nishi).

alcança número ponderável de consumidores e sua proteção é, sem dúvida, autorizada pela lei consumerista.

O art. 1.358-D indica a indivisibilidade do condomínio, que não se sujeita a divisão ou extinção de condomínio (inciso I) e dispõe que se inclui no seu objeto "*as instalações, equipamentos e mobiliário destinados a seu uso e gozo*".[4] Essa é uma particularidade e necessidade da propriedade. Seu uso é coletivo e a unidade deve sempre estar apta a receber o seu titular, sua família e convidados no período aprazado. Como regra, a administração deve fornecer utensílios de cozinha, banheiro, televisores etc., o que realça sua proximidade com a hotelaria.

O período mínimo de uso é gozo do imóvel é de sete dias cada ano, períodos esses que podem ser múltiplos até um total permitido pela convenção ou regimento interno. Esses períodos podem ser estabelecidos de plano ou serem flutuantes, à escolha do interessado. Ou misto e combinado, preservando-se a isonomia de direitos (1.358-E, § 1º). Podem ser contratados períodos maiores de sete dias, observando-se sempre esse mínimo.

A multipropriedade se estabelece por ato entre vivos ou por testamento, com registro imobiliário, devendo constar do ato a duração dos períodos de fração de tempo (art. 1.358-F).

O art. 1.358-G aponta quais cláusulas devem constar da convenção obrigatoriamente, além de outras que forem convenientes aos interessados. Dentre essas destacamos a responsabilidade pelos cuidados com móveis, eletrônicos e eletrodomésticos, bem como a forma de pagamentos de conservação e limpeza (inciso I). Chama-se a atenção para o inciso II desse artigo que é fundamental: a convenção deve estipular "o número máximo de pessoas que podem ocupar simultaneamente o imóvel no período de cada fração de tempo". Caberá ao administrador fiscalizar essa ocupação sob pena de sua desobediência desvirtuar a finalidade do empreendimento. As unidades devem ser a priori predeterminadas para utilização, por exemplo, para duas, três ou quatro pessoas. A inobservância dessa regra sujeitará o responsável a multa e outras punições do regulamento, da convenção ou do Código Civil.

Lembre-se que também a multipropriedade pode se dirigir a grupos sociais específicos, como pessoas idosas, casais com crianças, jovens solteiros etc. Da mesma forma a convenção ou regimento pode regras a permanência e o local para animais de estimação, se autorizados. Todas as disposições nessas casas e apartamentos devem ter em mira essencialmente o conforto e o desfrute de um período de férias e lazer.

O art. 1.358-H dispõe que os instrumentos de instituição ou convenção do condomínio poderá estabelecer o limite máximo de frações de tempo que poderão ser atribuídas ao condômino, que pode ser pessoa natural ou jurídica.[5] A matéria é de conveniência

---

4. Apelação – Aquisição de fração ideal indivisível de imóvel sob o regime de "sistema de multipropriedade de imóvel com direito de uso em tempo compartilhado" em empreendimento hoteleiro – Forma de investimento conhecido como "time sharing" – Modalidade de arrendamento imobiliário – Matéria afeta às Colendas Câmaras integrantes da Subseção de Direito Privado III (C. 25ª a 36ª Câmaras), nos termos da Resolução 623/2013, artigo 5º, III. 10. Recurso não conhecido. (*TJSP* – AC 1021522-51.2019.8.26.0309 18.02.2021, Rel. Roberto Mac Cracken).

5. Cobrança de despesas condominiais – Condomínio edilício – *Multipropriedade* – Legislação específica aplicável que enseja, como regra, a previsão da contribuição condominial por assembleia de maneira proporcional à fração

e oportunidade do instituidor, pois se levará em conta a natureza dessa propriedade. Unidades concentradas em poucas pessoas tendem que estas absorvam as decisões, prejudicando os minoritários.

Dentre os direitos do multiproprietário, no rol do art. 1.538-I, destaca-se que o titular pode ceder sai fração que lhe cabe, em locação ou comodato, enfim é proprietário. O regimento deverá estabelecer a modalidade de comunicação desse fato ao administrador, pois este sempre deverá ter ciência sobre quem ocupará a unidade, tendo em vista a segurança e convivência social.

Na esfera das obrigações do titular, além daquela de pagar as despesas correspondentes a seu período e a sua unidade, (art. 1.358-J), deverá responder pelos danos causados ao imóvel e seus pertences, por si, por qualquer de seus acompanhantes e convidados, e pessoas que autorize lá adentrar (incido II). Perante o condomínio será sempre o condômino o titular, com eventual direito de regresso. Sob o mesmo prisma, não é dado ao titular modificar, alterar ou substituir o mobiliário, os equipamentos e as instalações do imóvel (inciso IV). Essa faculdade é exclusiva da administração.

O § 1º do último artigo citado dispõe acerca de multa em caso de descumprimento dos deveres por parte do condômino ou assemelhado, inclusive com multa progressiva no caso de multiproprietário antissocial recalcitrante, inclusive com perda temporária do direito de utilização do imóvel em sua fração de tempo (itens I e II). Trata-se da mesma situação estudada aqui sobre o condômino nocivo.

A transferência da multipropriedade pode ocorrer independente de anuência ou cientificação dos demais proprietários (art.1.358-I), devendo apenas a administração ser cientificada. Não há direito de preferência a ser observado., salvo se expresso na convenção (§ 1º). É de se discutir se pode ser atribuído ao administrador cobrar taxa de transferência da unidade temporal. Esse valor, se existir, deve ser módico e não pode obstruir o direito de propriedade.

Cabe ao adquirente exigir declaração de inexistência de débitos condominiais referente à fração de sua aquisição, sob pena de ficar solidariamente responsável (§ 2º).

A administração da multipropriedade é descrita no art. 1.358-M. Caberá à pessoa indicada no instrumento de instituição ou na convenção de condomínio. Na ausência de indicação o artigo menciona que a escolha caberá à assembleia geral dos condôminos. Cuida-se aqui do *trustee*, quando tratamos do direito comparado.

O administrador, na realidade uma empresa especializada, geralmente do ramo hoteleiro, é instrumento fundamental para o sucesso do empreendimento, pois cuidará do dia a dia dos prédios e das unidades, das despesas, manutenção, contatos empresariais e com os proprietários e terceiros etc. É importante recordar que o instrumento pode prever fração de tempo nas unidades destinada à manutenção do imóvel e suas instalações (art. 1.358-N).

---

de cada condômino multiproprietário, e não considerando cada unidade imobiliária – Cobrança procedente para acolher os valores reclamados na ação sem a subdivisão em 1/52 – Provimento. (*TJSP* – AC 1024143-63.2015.8.26.0114, 10.02.2021, Rel. Vianna Cotrim).

No rol das disposições específicas da multipropriedade (art. 1.358-0 e seguintes), aponta-se que o condomínio poderá adotar regime misto, parte com *time sharing* e parte como condomínio em geral, podendo ser adotado o regime de hotelaria ampla ou suplementar. Embora não esteja claro, o edifício ou conjunto de casas pode operar com unidades destinadas somente à hotelaria. A instituição deve prever os direitos dos multiproprietários nessa hipótese.

Assim como no condomínio edilício, o regulamento ou regimento interno complementará a instituição ou convenção. Dispõe o art. 1.358-R, que havendo multipropriedade em parte ou na totalidade das unidades, haverá sempre um administrador profissional, o que realça a importância da função. A questão passa a ser de exame do caso concreto, embora o § 5º especifique que *"o administrador pode ser ou não um prestador de serviços de hospedagem"*.

Note que o art. 1.358-P elenca outras situações que devem estar presentes na convenção. Forma de rateios, despesas etc. Devem ser especificados os órgãos que integram a administração, como conselho fiscal e órgão encarregado de imposição de penas, por exemplo.

É usual que a multipropriedade se insira no sistema de intercâmbio com outros empreendimentos nacionais e internacionais, o que também deve ser regulado (inciso VI). Há empresas internacionais especializadas nesse segmento.

Muitas das disposições que estarão presentes na convenção ou regimento interno são semelhantes às do condomínio edilício. Em nosso Código Civil Interpretado descemos a minúcias mais amplas.

Digno de nota o dispositivo do art. 1.358-T que permite ao multiproprietário renunciar seu direito em favor do condomínio, se estiver em dia com suas obrigações e despesas tributárias. A renúncia consiste no abandono da propriedade e não se confunde com cessão gratuita ou onerosa.

No que tange ao registro imobiliário o texto legal altera a Lei dos Registros Públicos para possibilitá-lo (art. 176). Inovação importante é a possibilidade de cada fração de tempo poder ser objeto de inscrição imobiliária individualizada em função de legislação tributária municipal, facilitando o pagamento do tributo (redação introduzida no art. 176, § 11, da Lei 6.015/1973).

Espera-se que essa modalidade de propriedade seja socialmente útil para larga camada da população e incentive também a construção civil.

Capítulo 6
TERRAÇO DE COBERTURA. GARAGENS. ÁREAS COMUNS. ANIMAIS. INQUILINO NO CONDOMÍNIO. SISTEMA DE UTILIZAÇÃO RESTRITA NOS CONDOMÍNIOS (AIRBNB)

Sumário: 6.1 Coberturas. 6.2 Garagens. 6.3 Áreas comuns. 6.4 Animais em condomínio. 6.5 Inquilino no condomínio. 6.6 Condomínio e Airbnb.

6.1 COBERTURAS

Já despontamos que os empreendimentos imobiliários nas últimas décadas ganharam, por vezes, dimensão de pequenas cidades, com comunidades amplas, sejam residenciais, comerciais ou mistos. Há edifícios que mantêm amplas e variadas áreas de lazer: quadras esportivas, salas de jogos e convivência, locais para informática, churrasqueiras, piscinas etc. Os prédios não residenciais possuem salas de reunião, bares, restaurantes, garagens administradas, sofisticados sistemas de comunicação e segurança etc.

A disciplina dessas áreas deve ser estabelecida pela convenção. O regimento interno pode completá-la ou suprir omissões. Nada impede que o regulamento das áreas comuns permita que sejam remuneradas, autorizando ou não a utilização e permanência de terceiros, revertendo em benefício da administração do condomínio.

O Código de 2002 preocupou-se expressamente com o terraço de cobertura, o qual, no passado, foi palco de constantes disputas. No art. 1.331, § 4º, estabelece que *"o terraço de cobertura é parte comum, salvo disposição contrária da constituição do condomínio"*.[1] Esse

---

1. Apelação cível – Ação de reintegração de posse e demolitória – Sentença de improcedência – Recurso do autor. Posse – Área Comum em condomínio edilício – Unidade privativa localizada na cobertura, ao lado de pátio que constituía área comum. Reforma do telhado do edifício. Ampliação da área privativa do réu, a partir do aumento do telhado, avançando sobre a área comum. Alegado esbulho. Descabimento. Condomínio que, em assembleia, delibera pela cessão onerosa da posse da área comum ao condômino. Inexistência de esbulho. Exegese do art. 561 do CPC. Descabimento da proteção possessória. Deliberação em assembleia acerca da cessão onerosa da área objeto da lide. Alegada irregularidade na convocação e na decisão em assembleia. Questões que não foram objeto de debate durante a fase de conhecimento, não sendo decididas na sentença. Inovação recursal. Supressão de instância. Inviabilidade do conhecimento destes pontos em sede de apelação. Honorários recursais. Cabimento. Fixação. Recurso parcialmente conhecido e, nesta extensão, desprovido. (*TJSC* – Ap 0042962-77.2010.8.24.0023, 17.06.2021, Rel. Des. Rubens Schulz).
   Condomínio – Ação de obrigação de fazer c.c. indenização por danos materiais e morais – Sentença de parcial procedência – Autora que é proprietária de cobertura no condomínio – Unidade da autora no pavimento superior que tem um terraço descoberto e uma sala coberta com telhas. O terraço é área privativa, mas o telhado é área comum do edifício. Vazamentos provenientes do telhado que é de responsabilidade do condomínio. Dano moral. Não ocorrência. Apelos desprovidos. (*TJSP* – AC 1004788-25.2019.8.26.0309, 1º.03.2021, Rel. Morais Pucci).
   Apelação – Ação reivindicatória – Condomínio Edilício – Alegação de uso exclusivo de área comum – Ação reivindicatória procedente e reconvenção improcedente – A instituição do condomínio deu-se em 03/02/1992 e,

terraço, no entanto, pode pertencer à unidade do último andar do edifício. Completa o art. 1.344: "Ao proprietário do terraço de cobertura incumbem as despesas da sua conservação, de modo que não haja danos às unidades imobiliárias inferiores". Se o terraço ou cobertura for área comum, os reparos e a conservação cabem ao condomínio, sempre com direito a regresso contra o construtor ou causador do dano.[2] Assim, o terraço de cobertura não é inevitavelmente uma área comum, quando se ligar aos chamados apartamentos de cobertura.

Matéria sempre preocupante nos edifícios é a problemática das infiltrações e o ingresso na unidade causadora para os respectivos reparos. O problema se avulta quando decorrem das coberturas.

6.2 GARAGENS

Um dos problemas cruciais de todos os condomínios, com maior ou menor intensidade diz respeito às garagens e sua respectiva utilização, numa sociedade demasiadamente dependente dos veículos.

O dispositivo referente à garagem no art. 2º da lei anterior era sumamente incompleto. Parece referir-se apenas aos edifícios-garagem, isto é, prédios exclusivamente destinados a estacionamentos.

---

desde sempre, a parte ré utiliza a piscina e o solário com exclusividade, cujo acesso se dá pela escada interna do seu apartamento. Prescrição operada conforme Código Civil revogado (art. 177). Ainda que não ocorrida a prescrição, seria de se aplicar, como decidido em sentença, a *supressio*. Apesar disso, a reconvenção é improcedente. A solução simplista de excluir da área comum piscina e solário e acrescer à área do apartamento de cobertura não pode ser acolhida. Seria imprescindível a participação de todos os condôminos, eis que tal decisão impacta diretamente nas frações ideais a eles pertencentes, sem falar na necessidade de perícia para eventual decisão a respeito. Sucumbência recíproca. Mantida condenação da sentença quanto à denunciação da lide. Sentença reformada para julgar improcedente a reconvenção. Recurso do autor acolhido em parte. (*TJSP* – AC 3006401-71.2013.8.26.0595, 19.02.2021, Relª Cristina Medina Mogioni).

Apelação cível – Ação cominatória – Realização de obras – *Cobertura – Área comum* – Artigo 1.331, § 5º do Código Civil – O terraço de cobertura é parte comum, salvo disposição contrária da escritura de constituição do condomínio, inteligência do artigo 1.331, § 5º do Código Civil. (*TJMG* – AC 1.0000.17.068365-0/005, 22.07.2020, Rel. José Américo Martins da Costa).

Apelação – Ação de danos materiais e morais – Enriquecimento ilícito – Apropriação para exclusivo de parte comum de condomínio – Terraço de cobertura – Indenização correspondente à fração ideal titularizada por cada condômino – Presunção de igualdade entre as frações – Danos morais – Ônus probatório sobre fato constitutivo – Persistência do ônus – Improcedência – O terraço de cobertura representa área comum do condomínio, conforme previsão contida no art. 1.331, § 5º, do Código Civil. A apropriação para uso exclusivo de área comum enseja o dever de indenizar os demais condôminos. A indenização corresponderá à fração ideal que cada condômino possui sobre a área total do imóvel. Diante da ausência de diferenciação expressa, presumem-se iguais as frações ideais titularizadas pelos condôminos. A ocorrência de meros aborrecimentos, contrariedades da vida cotidiana, como os provenientes de uma relação contratual insatisfatória, não caracteriza dano moral, o qual somente deve ser reconhecido quando demonstrada efetiva violação de direitos da personalidade, como a dignidade, honra, imagem, intimidade ou vida privada. (*TJMG* – AC 1.0000.19.137815-7/001, 29.01.2020, Rel. Octávio de Almeida Neves).

2. Condomínio Edilício - *Infiltrações pela laje de cobertura*, atingindo e danificando seriamente a unidade autônoma da autora, situada no último andar. Origem decorrente da deficiente impermeabilização da referida laje, conforme constatado pela perícia. Falha construtiva que não exime o condomínio, ante o dever de conservação e manutenção das áreas comuns, do encargo de prover aos reparos necessários, de modo a restaurar a higidez da construção e evitar danos aos condôminos, sem prejuízo de eventual pretensão regressiva em face da construtora. Sentença apelada, que impôs ao condomínio obrigação de fazer no sentido da regularização da área comum sob sua responsabilidade, bem como de reparar os danos internos na unidade da autora, confirmada. Danos morais caracterizados, pela dimensão dos estragos verificados e interferência na qualidade de vida da condômina. Decisão confirmada também quanto a esse aspecto. Apelação do condomínio-réu desprovida. (*TJSP* – AC 1003320-23.2019.8.26.0019, 04.08.2021, Rel. Fabio Tabosa).

É fato que a garagem ou garagens ligadas à unidade autônoma pode ser considerada também uma unidade autônoma, se corresponder a fração ideal do terreno.[3] Além desse aspecto, deve ser definida, demarcada e identificada em planta detalhada presente no memorial e registrada no cartório imobiliário, com descrição na especificação de condomínio (Lopes, 1994:64). Se não preencherem esses requisitos, as garagens são consideradas áreas comuns do edifício, tipicamente uma garagem coletiva (Franco e Gondo, 1988:46).

No geral, a vaga de garagem, como parte privativa da unidade, é vista também como uma unidade autônoma, possuindo matrícula registral e lançamento tributário próprios.

Na garagem do prédio existirá um local demarcado com direito exclusivo ou coletivo para utilização de todo espaço, dependendo de regulamentação, conforme sua tipificação jurídica. Não é lícito ao condômino demarcar uma vaga se o local é de uso comum. Em qualquer hipótese, o direito à garagem integra o direito de propriedade condominial. Cabe ao adquirente certificar-se dos detalhes desse direito, sob o risco de enfrentar incômodos no futuro.

A proteção possessória do espaço de garagem individualizado é possível contra quem turbe a posse, contra outro condômino, terceiros e o próprio condomínio. Tratando-se de garagem *pro indiviso*, a possessória é possível contra quem turbe a utilização da coisa comum de forma geral. Não existe a possibilidade de usucapião nessa garagem indivisa, porque se trata de posse simultânea, nem para o condômino e muito menos para estranho. A garagem deve ser tratada como acessório da unidade autônoma, salvo se se tratar de edifício-garagem.

Não permitindo a convenção, ou sendo omissa, ou proibindo o regimento interno, sob o prisma da lei anterior, a garagem não pode ser alienada ou cedida a qualquer título a estranho do corpo condominial. Não é o que entendem alguns julgados, com os quais não concordamos. Nesse sentido deve ser entendido o alcance do art. 1.338. Esse dispositivo permite ao condômino alugar área de abrigo para veículos, preferindo em condições iguais, qualquer dos condôminos a estranhos e entre todos, os possuidores. O Código deveria ter sido mais específico e incisivo. Não só a convenção e o regimento podem vedar o ingresso de estranhos, como também a assembleia geral pode decidir sobre a matéria. Permitir que estranho ingresse livremente no condomínio é mais um fator de insegurança que deve ser evitado. Cabe, porém, ao condomínio decidir sobre seu peculiar interesse.[4]

---

3. Apelação - Usucapião - *Vaga de garagem em condomínio edilício* – Constituição e especificação de condomínio que prevê apartamentos e garagens como unidades autônomas. Número de garagens superior ao número de apartamentos, não havendo vinculação entre ambos, contando cada vaga de garagem com descrição própria e fração ideal sobre a propriedade e coisas comuns. Caracterização como unidade autônoma que pode ser objeto de usucapião. Contestação que também impugnou o exercício da posse pelo tempo legal. Pretensão de soma da posse do antecessor. Questão de fato controvertida que demanda produção de provas. Anulação de ofício da sentença para retomada da instrução. Sentença anulada de ofício, prejudicado o recurso dos autores. (*TJSP* – AC 1003400-29.2018.8.26.0566, 03.03.2021, Rel. Enéas Costa Garcia).

4. Apelação – Ação declaratória e condenatória – Recurso das autoras – Pedido de nulidade de deliberação em assembleia condominial– Descabimento – Quórum correto – Pedido de cumprimento das disposições da convenção condominial – Cabimento – Obrigação de fazer consistente em realização de um novo sorteio de vagas de garagem – Direito assegurado a todos os condôminos – 1 – Não há nulidade na assembleia geral ordinária que, por maioria simples, apenas prorroga o prazo para a realização de um novo sorteio de vagas de garagem, tendo em vista que essa prorrogação não constitui alteração da Convenção de Condomínio, mas, sim, a concretização de suas

Nada impede que a vaga de garagem seja cedida a outro condômino. Essa vedação está incluída no § 2º do art. 2º da lei anterior.

O art. 1.338, como referimos, dispõe que, se o condômino resolver alugar área de abrigo para veículos, preferir-se-á, em igualdade de condições, qualquer dos condôminos a estranhos, e, entre todos, os possuidores. Por outro lado, pelas mesmas razões, o art. 1.339, § 2º, permite que o condômino aliene parte acessória de sua unidade a outro condômino, só podendo fazer a terceiro se essa faculdade constar da convenção e se não se opuser a assembleia geral. Portanto, na ausência de disposição no ato constitutivo do condomínio, a assembleia deve autorizar a venda da parte acessória, tal como a vaga para estacionamento ou garagem, a terceiro, estranho ao condomínio.

É sempre problemática a situação da garagem quando não há vagas demarcadas ou especificadas, sendo de uso comum. Por vezes o incorporador institui verdadeiras vagas-fantasmas, que existem na planta, mas são impraticáveis ou inexistem. Pode ocorrer que os veículos de todos os condôminos não podem ser acomodados. A responsabilidade nessa hipótese é do incorporador, que deve responder por perdas e danos, sendo legitimados o condomínio ou os condôminos prejudicados a ingressar com ação.

O critério de sorteio e rodízio das vagas de garagem, quando não demarcadas, é critério por vezes adotado, mas não é isento de dúvidas.[5] A esse respeito conclui João Batista Lopes (1994: 68)

---

disposições (CC, art. 1.352, parágrafo único). 2 – Possibilidade de condenar o condomínio, na figura do síndico, ao cumprimento da Convenção de Condomínio, realizando um novo sorteio de vagas de garagem que, agora, observe estritamente os parâmetros estabelecidos no documento constitutivo (CPC, art. 1.348, IV). Recurso das autoras parcialmente provido. (*TJSP* - AC 1006051-05.2016.8.26.0663, 08.03.2021, Relª Maria Lúcia Pizzotti).

Condomínio – Ação de obrigação de fazer julgada improcedente – Apelo do autor – Matrícula da unidade condominial pertencente ao autor/apelante faz menção a vaga de garagem em lugar indeterminado. Destarte, não há que se falar em cerceamento do direito de propriedade, na medida em que a faculdade de locar, ou mesmo alienar, o direito à vaga de garagem poderá ser exercido, desde que o locatário ou adquirente se submeta às regras de utilização da vaga, da forma como estabelecido pelos condôminos. Isso porque a restrição ao pleno exercício da propriedade decorre diretamente da natureza indeterminada da vaga de garagem, sujeitando o proprietário à regulamentação específica do condomínio. Outrossim, contrariamente ao que sustenta o apelante, há nos autos elementos de prova que demonstram que a regulamentação do uso de vagas de garagem, de forma diversa daquela prevista na convenção do condomínio, vem sendo implementada desde 02.12.1989. A alegação de que o apelante constatou a destinação arbitrária de vagas de garagem, beneficiando apenas os condôminos que têm mais de um veículo, não veio acompanhada de qualquer elemento de prova, motivo pelo qual deve ser desconsiderada. Outrossim, observo a propalada necessidade de regularização da exploração de aluguel de vagas de garagem pelo condomínio não é objeto da ação. E mesmo que assim não fosse, por questões de competência material, tal questão não poderia ser discutida no Juízo cível, ficando resguardada a possibilidade do litigante de acionar o Juízo competente. Recurso improvido. (*TJSP* – AC 1013260-65.2016.8.26.0003, 22.06.2020, Rel. Neto Barbosa Ferreira).

5. Condomínio – *Vaga de garagem* – Alegação da autora de mobilidade reduzida – Imputação ao condomínio, por meio da síndica, de supressão arbitrária do direito de uso de vaga de garagem por ela utilizada em razão de sua condição. Tutela de urgência deferida para o restabelecimento da fruição. Descabimento. Ausência, por primeiro, de situação de urgência extrema. Destinação da vaga a outro condômino fruto de deliberação assemblear, não de ato da síndica, ocorrida em abril de 2017. Deliberação não mencionada pela autora nem tampouco questionada quanto à validade. Previsão na convenção ademais de sistema de rodízio de vagas, por sorteio. Elementos a indicar a observância de prioridade pelo condomínio aos necessitados, sem que a autora tenha sequer demonstrado eficazmente em assembleia eventual condição de deficiente. Presença de outros condôminos, com mobilidade reduzida, também interessados na vaga em disputa. Existência, por fim, de demanda anterior ajuizada pelo marido da autora, quanto ao mesmo objeto, com decisão desfavorável. Decisão vinculativa também da autora, como ocupante da mesma unidade. Decisão concessiva da tutela antecipada que se reforma. Agravo de instrumento do réu provido para tal fim. (*TJSP* – AI 2036762-20.2019.8.26.0000, 07.08.2019, Rel. Fabio Tabosa).

"que o sorteio jamais poderá assumir caráter definitivo, devendo ser realizado periodicamente, sob pena de conceder vantagem indevida a alguns condôminos em sacrifício de outros".[6]

Não sendo permitido o estacionamento cômodo, torna-se necessária a presença de manobrista na garagem, não podendo o condômino obstar o trânsito dos demais. Convenção também deve estabelecer local para veículos de visitantes ou sua proibição.

Transgride regra convencional e regulamentar o condômino que estacione maior número de veículos ou veículos de porte avantajado, além do que lhe assegura seu título aquisitivo. Da mesma forma, é transgressor aquele que pretenda utilizar o espaço de veículos para outra finalidade, que não exclusivamente o estacionamento de veículos.

Em sede de condomínio, há sempre que se avaliar o uso adequado do uso inadequado ou abusivo. Em situação análoga às garagens se colocam os armários e espaços de depósito vinculados às unidades condominiais, situados no subsolo, em outro local ou nas próprias garagens. O regime é o mesmo.

O condomínio pode reservar para si a propriedade e posse de um ou algumas vagas de garagem, cuja utilização deve constar da convenção ou regulamento. Geralmente essas vagas são destinadas a situações de pânico ou emergência na hipótese de invasões.

---

6. Imóvel – Vaga de garagem–- Reserva para uso por pessoa com deficiência (PCD) – Artigo 47 da Lei 13.146/2015 – Reserva que deve ser feita em vagas de uso comum ou público, e não em vaga demarcada de uso exclusivo pelo proprietário – Garantia constitucional do direito de propriedade – Mera previsão no projeto para que determinadas unidades pudessem ser adaptadas às PcDs – Limitação de utilização por decisão do condomínio que pode decorrer de incompreensão do texto legal, mas que não impõe à construtora responsabilidade – Dano moral não caracterizado – Improcedência – Recurso não provido. (*TJSP* – AC 1007214-79.2019.8.26.0286, 19.08.2021, Relª Mônica de Carvalho).

Imóvel – Compromisso de compra e venda – *Garagem do condomínio* – Sorteio – Atribuição de "vaga presa" ao adquirente – Falta de informação adequada e clara – Artigo 6º, III, do CDC–- Menção no memorial de incorporação quanto a vagas indeterminadas, sem especificar que algumas delas seriam presas – Dever de indenizar – Dano material decorrente da desvalorização – Necessidade, contudo, de apurar o montante da desvalorização através de perícia, em fase de cumprimento de sentença – Precedentes jurisprudenciais – Obrigação de ressarcimento, na forma simples, dos valores pagos de condomínio e IPTU até efetiva entrega – Verba que se justifica pela posse, e não apenas pela propriedade – Tema 886 do STJ – Recurso provido em parte. (*TJSP* – AC 1017023-22.2018.8.26.0224, 23.08.2021, Relª Mônica de Carvalho).

Condomínio – Vaga de garagem – Ação de obrigação de fazer cumulada com indenização por danos materiais – Alegação de que a vaga designada por sorteio possui medida inferior à constante na escritura de compra e venda, impedindo que a autora, pessoa idosa e portadora de deficiência física, estacione seu veículo na garagem do edifício – Constatação de que a área descrita na matrícula e na convenção de condomínio abrange também espaços comuns – Sorteio periódico realizado por determinação judicial – Impossibilidade de acolher o pedido de designação de vaga para pessoa portadora de necessidades especiais à autora ou de impor ao condomínio a contratação de manobrista – Recurso improvido – 1 – Diante da constatação de que os sorteios periódicos passaram a ser realizados em razão de determinação judicial, observando-se que a vaga de garagem obedece ao limite fixado na Lei 11.228/92 e que a área total apontada na matrícula do imóvel e na convenção de condomínio compreende espaços comuns, como rampa de acesso e área de circulação e manobra, impossível se torna o acolhimento do pedido de designação de vaga de garagem de tamanho grande à demandante. 2 – Ademais, constatando-se que no condomínio residem várias pessoas idosas e/ou portadoras de deficiência física, não é viável o acolhimento do pedido subsidiário para que lhe seja reservada vaga especial. 3 – De igual modo, não há fundamento para impor ao condomínio a obrigação de contratar manobrista sem a deliberação respectiva em assembleia. O simples fato de a convenção mencionar genericamente que a garagem contará com manobrista não é suficiente para aplicar medida de impacto significativo no orçamento da coletividade condominial. Sucumbência. Recurso de apelação – Honorários advocatícios – Elevação do montante em razão do improvimento – Observação efetuada – Por força do que estabelece o artigo 85, § 11, do CPC, uma vez improvido o recurso de apelação, daí advém a elevação da verba honorária para R$ 6.000,00. (*TJSP* – AC 1132160-41.2015.8.26.0100, 23.07.2020, Rel. Antonio Rigolin).

A convenção deve estabelecer também a responsabilidade por furtos, roubos ou danos nas garagens e áreas comuns. Tem-se entendido como válida a cláusula de não indenizar nessas situações, salvo quando o condomínio possui vigilância especializada no local.

6.3 ÁREAS COMUNS

A todos os condôminos é facultada a utilização das áreas comuns, não se permitindo a utilização exclusiva ou individual. Todos têm acesso às áreas comuns como escadarias, piso intermediários, coberturas comuns.

Por vezes a jurisprudência tem admitido a utilização de coisa ou partes comuns com exclusividade por algum condômino, atenuando a dicção do art. 1.335, II em situações especiais (Mello, 2019: 40)[7]. Cuida-se de aplicar no caso concreto a melhor função so-

---

7. Apelação – Condomínio – Vaga de garagem – Ação declaratória, cumulada com tutela provisória de urgência. Proprietários de unidade autônoma que pretendem alugar seu imóvel para curta temporada permitindo que o locatário utilize vaga de uso comum do condomínio destinada a todos os moradores. Assembleia condominial que limita o uso das vagas comuns somente para moradores, sob o fundamento de que há escassez de vagas e por questões de segurança. Quantidade de vagas no prédio que atende praticamente metade dos moradores. Sentença de improcedência, sob o fundamento de que as vagas são da massa condominial, não possuindo matrícula individualizada, sendo, portanto, destinadas ao uso comum. Sentença fundamentada ainda na restrição de uso amparada pelo art. 1.331, § 1º do Código Civil. Sentença que deve ser mantida. Interesse da massa condominial que se sobrepõe ao interesse individual. Vagas de uso comum que devem ser destinadas preferencialmente aos moradores em obediência ao que foi decidido em assembleia condominial. Situação fática que demonstra que as vagas são insuficientes para atender a totalidade das unidades autônomas, devendo atender prioritariamente parentes e moradores por ordem de chegada. Alegação dos apelantes de nulidade de assembleia condominial por ausência de quórum mínimo. Inovação recursal. Inteligência do art. 1.014 do CPC. Recurso conhecido em parte e negado provimento na parte conhecida. (*TJSP* – AC 1000918-27.2020.8.26.0441, 25.02.2021, Rel. L. G. Costa Wagner).

Execução de título judicial – Utilização de vagas de garagem em condomínio – Acórdão anterior transitado em julgado decidindo pela vedação da locação das vagas a terceiros não condôminos e do aluguel do espaço correspondente às vagas pertencentes aos exequentes – Juntada de imagem comprovando a oferta de vagas na parte externa do edifício e de lista com informações dos mensalistas – Contrato de aluguel firmado pelo executado com terceiro que abrange todas as vagas de garagem existentes no edifício – Descabimento diante da violação ao art. 1.335, I, do Código Civil – Necessidade de alteração do instrumento para excluir as 22 vagas de propriedade dos apelantes – Possibilidade de mera utilização diante do sistema de rotatividade adotado – Prosseguimento da execução com intimação do apelado para cumprir as determinações contidas neste acórdão no prazo de quinze dias a partir da sua publicação, sob pena de incidência da penalidade outrora fixada – Recurso provido. (*TJSP* – AC 0006137-04.2019.8.26.0011, 05.11.2020, Rel. César Peixoto).

Apelação – Usucapião – Vaga de garagem em condomínio edilício – Constituição e especificação de condomínio que prevê apartamentos e garagens como unidades autônomas. Número de garagens superior ao número de apartamentos, não havendo vinculação entre ambos, contando cada vaga de garagem com descrição própria e fração ideal sobre a propriedade e coisas comuns. Caracterização como unidade autônoma que pode ser objeto de usucapião. Contestação que também impugnou o exercício da posse pelo tempo legal. Pretensão de soma da posse do antecessor. Questão de fato controvertida que demanda produção de provas. Anulação de ofício da sentença para retomada da instrução. Sentença anulada de ofício, prejudicado o recurso dos autores. (*TJSP* – AC 1003400-29.2018.8.26.0566, 03.03.2021, Rel. Enéas Costa Garcia).

Apelação – Ação de obrigação de fazer – *Condomínio – Vaga de garagem* – Autora que ajuíza demanda com a pretensão de proibir o condomínio de utilizar a vaga de garagem utilizada por sua unidade condominial para a realização de eventos envolvendo "food-trucks" – Sentença de improcedência – Insurgência da requerente – As vagas de garagem do condomínio réu não são de propriedade dos proprietários das respectivas unidades condominiais, mas foram constituídas como área de uso comum – Inteligência do art. 6º da Convenção Condominial – Norma condominial que regulamenta o uso das vagas através da vinculação de cada uma a uma unidade habitacional específica – Contudo, previu também a possibilidade de alteração para permitir o pleno uso e gozo das vagas por todos os condôminos, obedecendo ao quanto previsto no art. 1.335 do Código Civil – Assembleia condominial em que ficou aprovada por maioria dos presentes a realização dos eventos com "food-trucks", o que pressupõe

cial da propriedade. Não se esqueça do art. 1.340, que autoriza esse abrandamento: "*As despesas relativas a partes comuns de uso exclusivo de um condômino ou de alguns deles, incumbem a quem delas se serve*". Podemos citar como exemplo a utilização de local de área comum do prédio para pequeno estabelecimento comercial, útil para a comunidade condominial, na laje da cobertura, no térreo, na área esportiva etc. Assim como toda regra, há de se ter temperamentos, sempre como exceção.

Como anota Arnaldo Rizzardo, "a ocupação ou proveito das áreas comuns se dará de modo a que não se exclua a utilização dos demais titulares. Entrementes, em assembleia, não se coíbe aos condôminos autorizar a utilização, em caráter de exclusividade, em favor de um ou alguns condôminos, das partes comuns do prédio. Isto, em especial, nos espaços adjacentes ou na entrada das unidades, que fazem pequenas adaptações para a transformação em pequenos halls" (2019: 84).

Por vezes, um espaço comum se consolida na posse e uso exclusivo de algum condômino. Não há, como regra, de se admitir qualquer direito exclusivo sobre referida área, que será, quando houver, sempre posse precária. Todavia, por vezes o caso concreto apresenta particularidades que se dirigem para outras soluções. Por vezes será mais aconselhável admitir-se a supressão de algum direito condominial, em prol da paz social, uma vez não prejudicados os demais condôminos.

A ocupação indevida ficará sujeita às ações possessórias ou petitórias a serem propostas pelo síndico ou mesmo por algum condômino.

Lembre-se, também, que nos prédios nos quais se localizam lojas no térreo, normalmente se concede um estacionamento para elas. As despesas gerais dessas utilizações devem recair sempre para pagamento de quem as utilizam.

Não devem ser permitidas obras que invadam ou prejudiquem as áreas comuns. Sob o mesmo prisma, não se permite o alargamento das sacadas e parapeitos.

Nas convenções e regulamentos, em princípio, consta que determinadas áreas e utilidades somente podem ser utilizadas pelos condôminos e ocupantes e suas famílias. Nem sempre essas podem e devem ser fielmente cumpridas.

6.4 ANIMAIS EM CONDOMÍNIO

Cada vez mais em nosso país se torna comum e usual a permanência de animais em condomínios, como cães, gatos e pássaros. Por vezes os tribunais informam de animais

---

o estacionamento temporário dos veículos adaptados para a comercialização de refeições rápidas – Requerente que esteve presente na assembleia e aquiesceu à realização dos eventos – Não constatada qualquer ilegalidade na conduta do condomínio, que convocou assembleia condominial para deliberar acerca da alteração temporária das vagas para viabilizar a realização dos eventos – Negado provimento. (*TJSP* – AC 1008174-40.2018.8.26.0037, 29.01.2020, Rel. Hugo Crepaldi).

Apelação – Ação ordinária – *Condomínio* – *Área comum* – Utilização – Convenção – Observância – Obrigatoriedade – Artigo 1.335 do CCB – São direitos do condômino usar das partes comuns, conforme a sua destinação, contanto que não exclua a utilização dos demais compossuidores. Se a convenção do condomínio, acorde com a Lei civil Brasileira, não distingue os condôminos para fins da utilização das áreas comuns e, não estando provado o quórum para alteração do que ali é determinado, devem ser aplicados os estreitos termos daquela norma de regência. (*TJMG* – AC 1.0024.14.346375-0/004, 21.02.2020, Rel. Antônio Bispo).

exóticos convivendo em condômino. As convenções e regulamentos internos geralmente proíbem ou regulam essa convivência.[8]

Porém, como tem demonstrado a jurisprudência, as proibições têm sido, por vezes, letra morta, pois os julgados têm permitido, ao menos animais de pequeno porte, ao arrepio desses regimentos. Sob esse prisma, observa Nelson Kojranski (2015: 293): "Contudo, como sucede com toda norma de conduta, há de ser interpretada segundo o espírito que a inspirou e a finalidade que pretendeu".

De qualquer forma, essa problemática permanece viva, trazendo discussões acaloradas nas assembleias, bem como decisões conflitantes nos tribunais. Há sentenças e acórdãos que continuam a sustentar a prevalência das convenções que proíbem animais nas unidades, outra corrente defendendo posição contrária, com certa elasticidade.

É claro e evidente que essa questão tem a ver com atividade nociva ou perigosa ao sossego e segurança dos condôminos (como observa a Lei 4.591/1964, art. 10, III). E isso

---

8. *Condomínio* – Ação de cobrança de multas por infração praticada por inquilinos a disposições do regulamento interno – Barulho excessivo causado por animal(is) de estimação – Os elementos reunidos nos autos não infirmam a presunção de veracidade da declaração de hipossuficiência pela ré, não havendo fundamento para revogar a gratuidade da justiça a ela concedida. Diante da disposição expressa sobre a conduta indevida praticada pelos inquilinos da ré e a respectiva penalidade, não era necessário submeter a aplicação da multa à decisão da assembleia, conforme prescreve o § 2º, do art. 1.336, do CC. A ré foi advertida previamente, mas não adotou nenhuma providência eficaz para interromper o barulho excessivo. Penalidades devidas. De rigor o afastamento da multa imposta ao condomínio autor, com fundamento no § 2º, do art. 1.026, do CPC, porquanto não evidenciado o intuito protelatório dos embargos de declaração. Recurso parcialmente provido. (*TJSP* – AC 1016278-59.2018.8.26.0477, 02.08.2021, Rel. Gomes Varjão).

Apelação cível – Ação de obrigação de não fazer – Animal de estimação em condomínio – Cachorro de grande porte – Proibição genérica no regimento interno – Norma que se mostra desarrazoada porquanto não demonstrado que o animal oferece risco à segurança, à higiene, à saúde e ao sossego dos condôminos – Procedência mantida – Honorários de sucumbência – Redução – Recurso conhecido e parcialmente provido – 1 – Discute-se no presente recurso: a) a possibilidade ou não, de autorização da entrada e permanência de animal de estimação de grande porte em condomínio. A despeito da proibição no Regimento Interno; E b) o valor dos honorários de sucumbência. 2 – Sobre o tema, a 3ª Turma do Superior Tribunal de Justiça decidiu que a convenção de condomínio residencial não pode proibir de forma genérica a criação e a guarda de animais de qualquer espécie nas unidades autônomas, quando o animal não apresentar risco à segurança, à higiene, à saúde e ao sossego dos demais moradores e dos frequentadores ocasionais do local (REsp 1783076/DF, Rel. Ministro Ricardo Villas Bôas Cueva, Terceira Turma, julgado em 14/05/2019, REP DJe 19/08/2019, DJe 24/05/2019). 3 – Na espécie, não se afigura razoável a restrição ao direito de propriedade do apelado frente à regra genérica – Acerca do tamanho dos animais– Prevista no regulamento interno do condomínio, até porque não há provas de que o animal do autor-apelado, apesar de ser de grande porte, seja agressivo, perturbe o sossego dos demais condôminos ou de que incomode quem quer que ali resida, tampouco que propicie risco à segurança, à higiene, à saúde dos moradores. 4 – Segundo o art. 85, § 2º, do CPC, os honorários serão fixados entre o mínimo de dez e o máximo de vinte por cento sobre o valor da condenação, do proveito econômico obtido ou, não sendo possível mensurá-lo, sobre o valor atualizado da causa, atendidos: "I – o grau de zelo do profissional; II – o lugar de prestação do serviço; III – a natureza e a importância da causa; IV – o trabalho realizado pelo advogado e o tempo exigido para o seu serviço". 5- Na espécie, a sentença recorrida ao fixar os honorários em R$ 5.000,00, não se mostrou estritamente obediente aos parâmetros legais acima transcritos, de forma que o percentual se mostra incondizente com o grau de zelo do profissional, a natureza e a importância da causa e o tempo exigido para o seu serviço, devendo, por isso, serem reduzidos os honorários de sucumbência. 6 – Apelação Cível conhecida e parcialmente provida. (*TJMS* – AC 0809617-74.2019.8.12.0001, 08.04.2021, Rel. Des. Paulo Alberto de Oliveira).

Agravo de instrumento. Ação de obrigação de não fazer. *Animal de estimação. Área comum*. Convenção do condomínio. Cláusula específica. Tutela antecipada. Ausência dos requisitos. Recurso improvido. Não restou demonstrado o perigo de dano ou risco ao resultado útil do processo, consistente no risco ou perigo iminente ao próprio direito material alegado na inicial, pois o Regimento Interno do Condomínio prevê que o animal de estimação deve ser carregado no colo pelo elevador de serviço, cláusula essa que não fere nenhuma disposição legal. (*TJMS* – AI 1411026-39.2019.8.12.0000, 05.03.2020, Rel. Des. Divoncir Schreiner Maran).

tem que ser visto, sem dúvida, mirando o caso concreto. Por essa razão temos encontrado julgados mais liberais, bem como outros mais estritos.

É claríssima e condizente o texto do autor acima citado:

> Em outras palavras, ainda que a proibição no regimento interno se refira a animais em geral, escapam da restrição os bichinhos que não perturbam o sossego nem atentam contra a saúde e salubridade dos moradores. Daí por que, quanto à sua nocividade e inconveniência, cães de pequeno porte têm sido equiparados a peixes em aquário, a tartarugas, a passarinhos de canto melodioso e outros bichinhos de estimação, como gatos, por exemplo (2015: 294).

É evidente que um cão feroz e de grande porte não se qualifica nessa descrição. Da mesma forma que existem cães pequenos, ruidosos e ferozes. Daí a verificação no caso concreto. É ainda curial que é possível admitir pequeno cão no apartamento, mas não uma matilha de vários animais. O Direito não pode se afastar da lógica. Sempre há que se diferenças uso correto da unidade do abuso. Os animais não podem perturbar a vida condominial acima de determinada aceitabilidade. O bom senso determinará a solução em cada caso.

Daí o aconselhamento de o julgador se pautar pelos fins sociais da lei e às exigências do bem comum, como está estampado no art. 5º da Lei de Introdução às Normas do Direito brasileiro, analisando o caso concreto.

6.5 INQUILINO NO CONDOMÍNIO

A Lei do inquilinato vigente, preocupada com abusos contra locatários em unidades condominiais, introduziu a possibilidade de estes participarem de assembleias, em assuntos pertinentes a despesas que lhes dizem respeito. Foi acrescentado o § 4º ao art. 24 da lei condominial, o qual continua aplicável, segundo se entende:

> nas decisões da assembleia que não envolvam despesas extraordinárias do condomínio, o locatário poderá votar, caso o condômino locador a ela não compareça.

Como as despesas ordinárias são carreadas ao inquilino, geralmente o locador não se preocupa com sua votação. No entanto, a participação do locatário na assembleia nem sempre será tranquila, a começar pelo que se entende por despesa ordinária e extraordinária. A Lei do Inquilinato, Lei 8.245/91, ao estabelecer os direitos e deveres do locador e locatário, como na lei anterior, disciplinou que as despesas ordinárias do condomínio cabem ao inquilino, enquanto as extraordinárias, ao locador. No entanto, procurando espancar dúvidas da legislação anterior, procurou o legislador ser tanto quanto possível exaustivo ao elencar a dicotomia entre o que se entende por despesas ordinárias e extraordinárias.

O parágrafo único do art. 22 da Lei do Inquilinato entende como despesas extraordinárias, de responsabilidade do senhorio:

> aquelas que não se refiram aos gastos rotineiros de manutenção do edifício, especialmente:
>
> a) obras de reformas ou acréscimos que interessem à estrutura integral do imóvel;
>
> b) pintura das fachadas, em penas, poços de aeração e iluminação, bem como das esquadrias comuns;
>
> c) obras destinadas a repor condições de habitabilidade do edifício;

d) indenizações trabalhistas e previdenciárias pela dispensa de empregados ocorridas em data anterior ao início da locação;

e) instalação de equipamentos de segurança e incêndio, de telefonia, de intercomunicação, de esporte e lazer;

f) despesas de decoração e paisagismo nas partes de uso comum;

g) constituição de fundo de reserva.

Em nossa obra *Lei do inquilinato comentada*, tivemos a oportunidade de acentuar ser essa disposição certamente de ordem pública, não podendo o locador carrear as despesas extraordinárias do condomínio ao locatário. A intenção da lei foi justamente evitar abusos. Esse dispositivo deve ser visto em consonância com o do inciso XII do art. 23 da mesma lei, que descreve as despesas ordinárias, estas a cargo do inquilino. Esse dispositivo em seu § 1º descreve:

> Por despesas ordinárias de condomínio se entendem as necessárias à administração respectiva, especialmente:
>
> a) salários, encargos trabalhistas, contribuições previdenciárias e sociais dos empregados do condomínio;
>
> b) consumo de água e esgoto, gás, luz, força das áreas de uso comum;
>
> c) limpeza, conservação e pintura das instalações e dependências de uso comum;
>
> d) manutenção e conservação das instalações e equipamentos hidráulicos, elétricos, mecânicos e de segurança, de uso comum;
>
> e) manutenção e conservação das instalações e equipamentos de uso comum destinados à prática de esporte e lazer;
>
> f) manutenção e conservação dos elevadores, porteiro eletrônico e antenas coletivas;
>
> g) pequenos reparos nas dependências e instalações elétricas r hidráulicas de uso comum;
>
> h) rateios de saldo devedor, salvo se referidos a período anterior ao início da locação;
>
> i)r reposição do fundo de reserva, total ou parcialmente, utilizado no custeio ou complementação de despesas referidas nas alíneas anteriores, salvo se referentes a período anterior ao início da locação.

Acrescenta o § 2º que o locatário fica obrigado a essas despesas desde que comprovadas em previsão orçamentária. Em nossa obra sobre inquilinato apontamos a dificuldade de caracterização desses itens.

Embora o elenco legal tenha se expandido, não é exaustivo. Sempre haverá pontos de dúvida sobre a natureza das despesas. A questão, no entanto, se resolverá no âmbito do contrato de locação. Perante o condomínio, será sempre o condômino e não o inquilino o responsável pelo pagamento de despesas de qualquer natureza. O condomínio não é parte legítima para cobrar do locatário, salvo expressa autorização assemblear ou regimental, o que seria de suma inconveniência.

Com o direito de o inquilino de participar de assembleia no tocante às despesas ordinárias, quando ausente o condômino, poder-se-á levantar questão prévia de ordem, para definir se o âmbito da discussão pertine ou não ao locatário. Por outro lado, a disposição acrescida ao art. 24 da lei condominial anterior, obriga a convocação do locatário às assembleias. É dever do condômino, portanto, comunicar a locação à administração. Por outro lado, o inquilino somente poderá participar da assembleia, provando sua relação *ex locato*, bem como estar o titular quite com as contribuições condominiais. A matéria que refoge às despesas ordinárias é estranha à participação do inquilino.

No sistema do Código Civil, como a convenção, o regulamento e as decisões assembleares, expressamente reportam ao possuidor ou detentor, sob o prisma de serem obrigatórios a eles (art. 1.333), há de se entender que se mantem a possibilidade de o locatário discutir matéria de seu peculiar interesse. Ainda que assim não fosse, o dispositivo aqui comentado pertence ao microssistema da locação, que se mantém ilhadamente vigente em sua plenitude, sem que ocorra derrogação pelo Código, assim como ocorrem com outros microssistemas, como a lei consumerista.

Há um aspecto que deve ser visto em relação não somente aos inquilinos, mas também a todo ocupante de unidade condominial, como comodatários, cessionários e detentores: a questão das multas impostas ao condômino nocivo, quando praticada por esses ocupantes, que também podem agir sob conduta antissocial (arts. 1.336 e 1337). Como se trata de punição e como tal não pode passar do agente que praticou a conduta, deve ser imposta ao inquilino ou ocupante. No entanto, há que se verificar se no caso concreto, não houve participação do condômino titular da unidade na conduta antissocial, ainda que sob a forma omissiva. Tudo levará o condomínio a aplicar a pena pecuniária ao condômino, o que nem sempre será justo. De qualquer forma, se este for apenado, terá direito de regresso contra o causador do dano.

Mas há que se ter a punição como personalíssima, devendo unicamente o causador antissocial ser responsável por ela, locatário ou assemelhado.

"Não seria justo nem razoável punir proprietário, que cumpre regularmente seus deveres, por ato pessoal do locatário" (Câmara, 2017: 180). Esse mesmo autor acrescenta, a seguir, que esse raciocínio pode sofrer exceções conforme o caso concreto, como por exemplo, quando o senhorio deixa de propor ação de despejo por infração contratual, quando as circunstâncias o permitem. Porém, sem dúvida, o locatário, na maioria das vezes, poderá ser punido diretamente por sua conduta nociva ou antissocial. Trata-se, contudo, de situação não enfrentada por nossa legislação. Caio Mário da Silva Pereira, sem entrar em detalhes, associa-se à mesma posição ao comentar as punições pecuniárias: "ressalte-se que a sanção é cominada quanto a qualquer condômino, possuidor ou ocupante das unidades autônomas" (2018: 133).

6.6 CONDOMÍNIO E AIRBNB

Na ampla problemática dos condomínios e empreendimentos assemelhados como loteamentos ou condomínios fechados, avulta mais recentemente a questão da hospedagem curta proporcionada pelo sistema denominado Airbnb.

Esse sistema consiste em uma plataforma *online* de hospedagem pela qual os interessados podem se hospedar em quarto ou imóvel inteiro (casa ou apartamento) por curta temporada. Utiliza um imóvel normal e não uma pousada ou local específico para hospedagens. O sistema possui uma classificação do hóspede por estrelas. Os pagamentos são realizados por plataforma de cartão de crédito.

O maior entrave para a utilização generalizada dessa modalidade diz respeito aos condomínios estritamente residenciais. Esta, como inúmeras inovações sociais trazidas nesta contemporaneidade, gera inquietação aos moradores, principalmente pela quebra de segurança, sem falar na interferência do sossego e no eventual tumulto da vida condominial.

Não existe ainda uma regulamentação legal e nem uma proibição expressa na lei. Em princípio o instituto seria regulado pela Lei n. 11.771/2008, que trata da hospedagem para turismo, mas essa lei está voltada para estabelecimentos de hotelaria. Não se amolda, em absoluto para conjuntos residenciais comuns. A Lei do Inquilinato (arts. 48 a 50 da Lei n. 8.245/1991) prevê a locação por temporada por até noventa dias, mas dirige-se a outra classe de inquilinos e não a hóspedes. A locação por temporada se destina a lazer, realização de cursos, tratamento de saúde, feitura de obras no imóvel do locatário e situações símiles, como dispõe o art. 48. Porém, há que se ressaltar que na locação por temporada há locatários e não hóspedes. Essa compreensão é fundamental. A locação por temporada somente se perfaz com contrato escrito, pois exige o prazo determinado, sendo incompatível o contrato verbal.

Nos condomínios a situação do Airbnb e congêneres que certamente surgirão no mundo globalizado, o "hospedeiro" está locando não apenas sua unidade, mas toda parte comum do condomínio. A primeira questão já se posta para esses hospedes no tocante à utilização dos bens de uso comum como piscinas, salão de festas, sala de ginástica etc. Já aqui surge uma inquietação compreensível dos condôminos em sua vida social e não apenas sob o aspecto da segurança.

O zelador e o síndico não são recepcionistas hoteleiros e não estão preparados para tal, não sendo esse seu mister.

Os condomínios estritamente residenciais não têm permissão para explorar comercialmente suas unidades, caracterizando essa hospedagem como um desvio de finalidade, para dizer o mínimo[9].

Os condôminos atingidos por essa situação devem decidir em assembleia sobre a proibição, até que se faça expressamente menção do fato em alteração da convenção, embora tecnicamente não nos pareça necessário, ainda que seja mais conveniente para espargir dúvidas, pois não se sabe por ora para onde baloiçam exatamente os ventos dos tribunais[10].

---

9. Agravo de instrumento – Associação de moradores – Utilização da unidade para hospedagem, por meio da plataforma "Airbnb". Tutela antecipada pretendida pelos proprietários. Natureza da locação que, a princípio, não pode ser considerada como por temporada. Imperioso o respeito às medidas adotadas pela reunião da diretoria e normas regedoras da associação. Ausência dos pressupostos do art. 300 do CPC, tendo em vista a inexistência da evidência da probabilidade do direito. Decisão mantida. Recurso a que se nega provimento. (TJSP - AI 2229959-08.2017.8.26.0000, 26-4-2020, Rel. José Joaquim dos Santos).

10. Direito Civil. Condomínio edilício residencial. Contrato atípico de hospedagem. Locação concomitante de partes do imóvel a diferentes pessoas. Inviabilidade. Existindo na Convenção de Condomínio regra impondo destinação residencial, é indevido o uso de unidades particulares para fins de hospedagem. É possível, no entanto, que os próprios condôminos deliberarem em assembleia, por maioria qualificada, permitir a utilização das unidades condominiais para fins de hospedagem atípica, por intermédio de plataformas digitais ou outra modalidade de oferta, ampliando o uso para além do estritamente residencial. No caso, tem-se um contrato atípico de hospedagem, que expressa uma nova modalidade, singela e inovadora de hospedagem de pessoas, sem vínculo entre si, em ambientes físicos de padrão residencial e de precário fracionamento para utilização privativa, de limitado conforto, exercida sem inerente profissionalismo por proprietário ou possuidor do imóvel, sendo a atividade comumente

Não resta dúvida, contudo, que a questão é sensível e polêmica, exigindo pronta intervenção do intérprete.

---

anunciada e contratada por meio de plataformas digitais variadas. Assim, esse contrato atípico de hospedagem configura atividade aparentemente lícita, desde que não contrarie a Lei de regência do contrato de hospedagem típico, regulado pela Lei n. 11.771/2008, como autoriza a norma do art. 425 do Código Civil, ao dizer: "É lícito às partes estipular contratos atípicos, observadas as normas gerais fixadas neste Código". No caso específico de unidade condominial, também devem ser observadas as regras dos arts. 1.332 a 1.336 do CC/2002, que, por um lado, reconhecem ao proprietário o direito de usar, fruir e dispor livremente de sua unidade e, de outro, impõem o dever de observar sua destinação e usá-la de maneira não abusiva, com respeito à Convenção Condominial. Ademais, deve harmonizar-se com os direitos relativos à segurança, ao sossego e à saúde das demais múltiplas propriedades abrangidas no Condomínio, de acordo com as razoáveis limitações aprovadas pela maioria de condôminos, pois são limitações concernentes à natureza da propriedade privada em regime de condomínio edilício. Portanto, existindo na Convenção de Condomínio regra impondo destinação residencial, mostra-se inviável o uso das unidades particulares que, por sua natureza, implique o desvirtuamento daquela finalidade residencial (CC/2002, arts. 1.332, III, e 1.336, IV). Com isso, fica o condômino obrigado a "dar às suas partes a mesma destinação que tem a edificação" (CC, art. 1.336, IV), ou seja, destinação residencial, carecendo de expressa autorização para dar destinação diversa, inclusive para a relativa à hospedagem remunerada, por via de contrato atípico (*STJ* – REsp 1.819.075-RS, Rel. p/ acórdão Min. Raul Araújo, Quarta Turma, por maioria, julgado em 20.04.2021).

Apelação – Ação de obrigação de não fazer cumulada com indenização por danos morais – *Condomínio residencial* – Assembleia que proibiu locação de unidade na modalidade "por temporada" – Plataforma *online* (Airbnb) – Finalidade comercial – Sentença mantida. O direito de propriedade dos vizinhos muitas vezes se traduz em interesses conflitantes, uma vez que, o direito de um vizinho, contrapõe-se o direito de outro vizinho em face a sua esfera de direitos restringida ou afetada em razão daquele – A convenção condominial em questão prevê expressamente o caráter residencial do condomínio, sendo proibida qualquer finalidade diversa. Vale ressaltar que a convenção é de observância obrigatória, não só para os condôminos como para qualquer ocupante de unidade, como prevê expressamente o art. 9, da Lei 4.591/1964 – A prática de locação em plataformas online é voltada para fins comerciais, por meio do qual o proprietário, na qualidade de locatário, oferece a hospedagem em troca de remuneração paga pelo hóspede, que pode ficar hospedado, e não residindo, no imóvel no período acordado com o locatário. Trata-se, portanto, de espécie de hospedagem semelhante à pensão, ou hotel, em caráter diverso do residencial. Ao divulgar o imóvel para locação nas plataformas citadas acima, a autora descaracterizou a finalidade residencial da unidade condominial. Apelação desprovida, com observação. (*TJSP* – AC 1023949-80.2017.8.26.0506, 10.06.2020, Rel. Lino Machado).

Agravo de instrumento – *Condomínio* – "Ação cominatória" – Indeferimento da liminar pelo magistrado "a quo" – Pretensão à reforma da r. decisão guerreada para que seja determinado que o condomínio agravado se abstenha de impedir a locação, por temporada, da unidade condominial de sua propriedade por meio de plataformas digitais, como Airbnb. Manutenção da decisão. Ausente contraditório: necessidade. Ausência de elementos necessários para deferimento do pedido. Questão, ademais, que envolve o mérito da discussão e que deve ser apreciada nos autos principais, após o contraditório. Decisão que deve ser mantida diante dos fatos constantes dos autos. Recurso improvido. (*TJSP* – AI 2168529-50.2020.8.26.0000, 04.08.2020, Rel. Francisco Occhiuto Júnior).

Ação de obrigação de não fazer – *Condomínio edilício* – Utilização de aplicativos – Airbnb, Booking e outros assemelhados – Para a disponibilização de unidades condominiais por tempo exíguo – Tema que enseja posições contrapostas e afasta a presença dos requisitos exigidos pelo art. 300 do CPC. Antecipação da tutela que se apresenta inviável nesta fase do processo. Recurso desprovido. (*TJSP* – AI 2214845-92.2018.8.26.0000, 26.11.2020, Rel. Dimas Rubens Fonseca).

Agravo de instrumento – *Condomínio* – Ação anulatória de assembleia condominial – Autora é proprietária de unidade autônoma do condomínio e utiliza o imóvel para locação, mediante o aplicativo "Airbnb" (que viabiliza a intermediação entre locadores e locatários via "internet") – Votação em assembleia condominial vetou a utilização daquela espécie de locação – A princípio, a convenção de condomínio não impossibilita a locação por curtos períodos (com a utilização do "Airbnb") – Proibição de utilização do aplicativo "Airbnb" configura, em tese, alteração na convenção de condomínio e depende de aprovação por dois terços dos condôminos (artigo 1.351 do Código Civil e artigo 31, alínea "c", da convenção de condomínio) – Evidenciado, em cognição sumária, o desrespeito ao quórum mínimo exigido - Autora demonstrou a probabilidade do direito (restrição indevida à utilização de unidade autônoma) e o perigo de dano ou o risco ao resultado útil do processo (aplicação de multa condominial à Autora), impondo-se a concessão da tutela de urgência – Decisão agravada deferiu a tutela de urgência, para permitir "as locações de temporada" e para vedar "a aplicação de multa por tal motivo, sob pena de multa diária a ser fixada" –. Recurso do requerido improvido. (*TJSP* – AI 2251486-79.2018.8.26.0000,11.02.2019, Rel. Flavio Abramovici).

Caberá ao síndico a primeira palavra no sentido de impedir a entrada e saída de pessoas, que irão certamente tumultuar a vida condominial. Uma deliberação assemblear para respaldar o síndico será, em princípio, a primeira medida, com ampla divulgação aos partícipes da vida condominial.

Note que essa discussão não causa problemas apenas entre nós, mas também no Exterior.

Se levarmos a questão para o nível constitucional, tudo girará em torno da função social da propriedade. Mormente nos condomínios de apartamentos e assemelhados, os poderes do proprietário encontram maiores restrições legais e de equidade, pela própria natureza dessa modalidade de propriedade. Cada propriedade deve ser utilizada de acordo com sua função social.

Destarte, parece-nos evidente que a utilização desses condomínios não pode ter função de hotelaria, por sua própria natureza, por não estar destinado a tal, porque não tem mínima condições de atuar nesse ramo, que tem finalidade lucrativa. Todavia, por vezes o caso concreto terá particularidades que mereçam melhor estudo, o que não deve alterar a regra geral que aqui expomos, com o devido respeito às vozes dissonantes. A aplicação do Direito exige sempre bom senso e equilíbrio, mormente levando-se em conta que a acomodação legislativa desse fato social ainda levará algum tempo.

A solução mais eficiente nos parece ser a previsão ou proibição de hospedagem pela natureza do condomínio na sua convenção. A verdade patente é que o condomínio estritamente residencial não se amolda e esse tipo de hospedagem[11].

---

11. Apelação – Condomínio – Ação de obrigação de não fazer visando impedir que o condomínio aplique penalidade em razão da disponibilização do imóvel para locação/hospedagem por meio da plataforma/aplicativo "AIRBNB" ou assemelhados – Sentença de improcedência da ação – Irresignação da condômina autora que não se sustenta – O sistema de reserva de imóveis através de plataformas digitais do tipo "Airbnb" é caracterizado como uma espécie de contrato atípico de hospedagem e não se confunde com locação por temporada. Convenção de Condomínio que contém previsão expressa de destinação exclusivamente residencial das unidades condominiais, sendo impossível a sua utilização para atividade de hospedagem remunerada. Desvirtuamento da natureza residencial do condomínio. Alta rotatividade de pessoas que oferece risco ao sossego e segurança dos demais condôminos. Inteligência do art. 1336, IV, do CC. Sentença mantida. Recurso desprovido. (*TJSP* – AC 1017770-82.2020.8.26.0100, 06.05.2021, Rel. L. G. Costa Wagner).

Apelação – Ação de anulação parcial de assembleia condominial c./c Obrigação de não fazer com pedido de tutela de urgência – Pedido autoral objetivando a anulação da deliberação assemblear que proibiu a exploração comercial de hospedagem por curtos períodos ou aluguel por diária através de plataformas digitais do tipo "Airbnb" ou assemelhados, bem como, que o condomínio se abstenha de proibir a entrada dos locatários no imóvel ou de praticar atos que impeçam a continuidade dos contratos de locação já em vigor, abstendo-se, ainda, de impor regras que limitem o uso da propriedade constitucionalmente garantido. Sentença de procedência da ação. Necessidade de reforma. O sistema de reserva de imóveis através de plataformas digitais do tipo "Airbnb" ou assemelhados é caracterizado como uma espécie de contrato atípico de hospedagem e não se confunde com locação por temporada. Convenção de Condomínio que contém previsão expressa de destinação exclusivamente residencial das unidades condominiais, sendo impossível a sua utilização para atividade de hospedagem remunerada. Desvirtuamento da natureza residencial do condomínio. Alta rotatividade de pessoas que oferece risco ao sossego e segurança dos demais condôminos. Inteligência do art. 1.336, IV, do CC. Precedentes do STJ e desta Corte Paulista. Ausência de qualquer irregularidade apta a macular a decisão "interna corporis" de caráter soberano. Deliberação assemblear que apenas ratificou a natureza residencial do condomínio expressamente estabelecida pela Convenção, inexistindo qualquer alteração das disposições nela contidas a exigir o quórum unânime previsto no art. 1.351 do CC. Sentença reformada. Sucumbência alterada. Recurso provido. (*TJSP* – AC 1054917-45.2020.8.26.0100, 09.12.2021, Rel. L. G. Costa Wagner).

Condomínio edilício – Ação proposta por condômino contra condomínio julgada procedente, em parte – Segundo a convenção, os edifícios que constituem o condomínio possuem natureza exclusivamente residencial – Convenção

A insistência em utilizar essa hospedagem sem o aval do condomínio é infração à sua finalidade, acarretando ao condômino recalcitrante a tipificação de antissocial, sujeitando-o às penalidades definidas no Código Civil (arts. 1.226, 2º e 1.337). Analisamos detidamente essas hipóteses e penalidades em nossa obra Direitos Reais (cap.15).

A convivência em edifícios e condomínios é muito mais complexa do que simples direitos de vizinhança. Os primeiros julgados sobre o tema têm sufragado majoritariamente a opinião aqui exposta, mas com dissonância. Alentado parecer da OAB de São Paulo – Comissão Especial de Direito Condominial, é da mesma opinião.

Aguardemos que as partes que eventualmente conflitem nessa área consigam a melhor solução.

---

condominial que é dotada de força cogente e obriga a toda a coletividade condominial, devendo os condôminos se comportar com respeito e obediência a ela – Locação de unidades condominiais por temporada através de plataforma de hospedagens online (Airbnb, Booking e afins) – A pretensão do autor não se funda em permissão de locação, mas sim de hospedaria e oferecimento ao interessado a frequentar clube – Característica não residencial – Sucumbência recíproca – Reconhecimento – Sentença reformada, em parte – Recurso do autor provido, em parte, improvido o do réu. (*TJSP* – AC 1000055-42.2018.8.26.0635, 05.12.2019, Rel. Caio Marcelo Mendes de Oliveira).

Condomínio – Ação de obrigação de não fazer c.c – Anulação de assembleia e pedido de tutela de urgência – Decisão de Primeiro Grau que indeferiu a liminar pretendida, que visava obstar o condomínio de vedar ou criar embaraços à locação do imóvel do autor na modalidade 'online' por temporada (AIRBNB). Ausência de requisitos cautelares. Regulamento Interno do Condomínio que vedou tal prática por meio de votação em Assembleia, a qual se pretende anular – Utilização de imóvel residencial com contornos de hotelaria, em condomínio, configurando-se, tal modalidade, na prática, uma atividade com fins comerciais – Alta rotatividade de pessoas no condomínio, que altera a rotina e a segurança do local, não se vislumbrando, por ora, restrição ao direito de propriedade, mas sim, medida proibitiva e protetiva do interesse geral dos moradores – Decisão mantida – Recurso não provido. (*TJSP* – AI 2277354-25.2019.8.26.0000, 28.02.2020, Rel. Maria Salete Corrêa Dias).

Agravo de instrumento – *Condomínio* – Tutela de urgência de natureza antecedente – Pretensão a que possa livremente locar seus imóveis por temporada e mediante uso de aplicativos, bem como para que seja afastada a restrição de uso das áreas comuns pelos inquilinos. Locação por uso de aplicativos ou páginas eletrônicas ('Airbnb' e afins) que possui finalidade característica de hotelaria ou hospedaria. Deliberações tomadas em Assembleia Geral Extraordinária, por medidas de segurança aos condôminos. Indeferimento inicial que se mantém, pela inexistência de elementos que evidenciem o perigo de dano ou o risco ao resultado útil do processo. Ausência dos pressupostos do art. 300, CPC. Decisão mantida. Recurso não provido. (*TJSP* – AI 2013529-28.2018.8.26.0000, 28.02.2018, Rel. Bonilha Filho).

Agravo de instrumento – *Ação anulatória de decisão de assembleia condominial c.c* – Pedido de tutela antecipada – Decisão que indeferiu a tutela pleiteada, mantendo deliberação assemblear de proibição de contratos de locação por temporada por meio de aplicativos (Airbnb ou assemelhados). Fatos e fundamentos de direito, trazidos à inicial, que ainda são controversos e somente podem ser analisados, de forma adequada, após o contraditório prévio e pleno. Ausência de elementos que evidenciem a probabilidade do direito e o perigo de dano ou risco ao resultado útil do processo (art. 300, CPC). Medida excepcional que não se justifica, nesta esfera de cognição sumária. Decisão agravada mantida. Recurso não provido. (*TJSP* – AI 2285975-11.2019.8.26.0000, 1º.09.2020, Rel. Alfredo Attié).

Capítulo 7
ADMINISTRAÇÃO DO CONDOMÍNIO. O SÍNDICO. CONSELHOS

Sumário: 7.1 A sociedade condominial a administrar. O síndico. 7.2 Delegação de funções do síndico. Subsíndico. 7.3 Atribuições do síndico. 7.4 Remuneração do síndico. Sua destituição. 7.5 Conselhos. Consultivo e fiscal.

7.1 A SOCIEDADE CONDOMINIAL A ADMINISTRAR. O SÍNDICO

O síndico, com frequência mal compreendido na vida condominial, desempenha o papel mais importante na administração e existência do condomínio. O síndico não somente representa ativa e passivamente o condomínio, nessa quase pessoa jurídica, ou com personalidade anômala, mas também exerce importantes funções executivas na administração, devendo prestar contas à assembleia. Cabe-lhe fiscalizar a atividade nas áreas comuns, os excessos nas áreas privativas, impor multas aos condôminos infratores na forma da lei e da convenção e regulamento, além de cumprir e fazer cumprir esses atos normativos, bem como zelar pelo patrimônio condominial. Desse modo, o papel do síndico vai muito além da simples administração.

A expressão "*síndico*" surge no Decreto 5.428/28, que já cuidava de condomínios, e igualmente na nossa antiga Lei de Falências, Decreto-Lei 7.661/1945, com essa ideia de administrador.

Conforme o art. 1.347 do Código Civil, o síndico é escolhido pela assembleia e poderá não ser condômino.[1] Muitos são os condomínios que se valem de síndicos pro-

---

1. Recurso – Apelação Cível – Condomínio – Ação de anulação de assembleia condominial para eleição de síndico e conselho deliberativo – Autor objetivando a anulação da assembleia realizada tendo em vista não ter respeitado as regras para eleição de síndico e conselho deliberativo. Impossibilidade. Assembleia Geral convocada e realizada com observação dos termos previstos pela convenção condominial e o Código Civil. Descabimento de pedido de decretação de sua nulidade. Ação improcedente. Sentença mantida. Recurso de apelação do autor não provido, descabida majoração da verba honorária, eis que fixada na origem no patamar máximo, com base no artigo 85, § 11, do Código de Processo Civil. (*TJSP* – AC 1007979-60.2019.8.26.0606, 06.10.2021, Rel. Marcondes D'Angelo).
   Apelação Cível – *Convenção condominial* – Divisão em subcondomínios – Presidência do conselho consultivo – Eleição indireta – Ausência de vedação legal – Administração de parte das áreas comuns – Necessidade de modificação da convenção pela assembleia – 1 – Estando resguardada a votação direta dos condôminos na eleição para os subsíndicos que compõem o Conselho Consultivo, não ofende o disposto no art. 1.347, do CC, a previsão da convenção no sentido de que a escolha do presidente daquele órgão, responsável pela gestão de parte das áreas comuns do complexo residencial, seja feita pelos próprios subsíndicos. 2 – Ausente expressa vedação legal à adoção de processos indiretos de escolha, a modificação do arranjo adotado na convenção depende de deliberação da assembleia geral, com quórum qualificado. Assim, dadas as particularidades do condomínio a ser gerido, não cabe intervenção jurisdicional para suplantar a autonomia da vontade dos condôminos, cuja aquiescência com o modelo adotado é observada a partir da continuidade da própria sistemática estipulada por ocasião da instituição do condomínio. 3 – Apelo não provido. (*TJDFT* – Proc. 07034744220198070020 – (1236443), 04.05.2020, Rel. Arnoldo Camanho).

fissionais, ligados ou não a empresas especializadas. Não há óbice na lei que seja uma pessoa jurídica. A figura do síndico não se confunde com a do administrador, pessoa natural ou empresa que cuida da contabilidade e assessoria geral do síndico, atuando concomitantemente.

Torna-se cada vez mais complicado e complexo encontrar condômino que tenha disposição e aptidão para o cargo de síndico. Por essa razão é frequente que os condomínios contratem síndico profissional, geralmente representado por empresa especializada. Já se sustenta, a propósito, a regulamentação da profissão.

Não há relação de emprego com o síndico, não se submetendo ele à legislação trabalhista. Cuida-se de serem aplicados os princípios da prestação de serviços de índole civil.

O seu mandato será de dois anos, podendo ser renovado, conforme igual disposição na lei anterior. Não há limite de reeleições, o que nem sempre é um fator positivo. Temos encontrado problemas em situações de síndicos que se eternizam na função. Na verdade, qualquer posição de autoridade, em qualquer área, deve ser periodicamente renovada, e não apenas no condomínio. Desse modo, a convenção, e mesmo o regulamento, podem proibir a reeleição por mais de um ou dois mandatos. Destarte, pela lei não se proíbem constantes reeleições. Essa proibição foi sugerida pelo extinto Projeto 6.960/2002, ao permitir a reeleição por apenas um segundo mandato consecutivo. É oportuno que o legislador pense nessa problemática.

7.2 DELEGAÇÃO DE FUNÇÕES DO SÍNDICO. SUBSÍNDICO

De acordo com o § 1º do art. 1.348, a assembleia pode investir outra pessoa para poderes de representação, no lugar do síndico. Consoante o § 2º desse artigo, o síndico pode transferir, mediante aprovação da assembleia, total ou parcialmente, as funções administrativas, se a convenção não proibir. Essas contratações dependerão evidentemente do vulto e complexidade do condomínio, pois muitos se assemelham a cidades, exigindo equipes de manutenção, segurança etc. O que se pode transferir são algumas das funções do síndico, mas não seu cargo, que não pode ser dispensado.[2] Com essas delegações a função do síndico continua a existir, exigindo, em inúmeras situações, sua presença, como em audiências e repartições públicas (Rizzardo, 2019:60).

Pedro Elias Avvad aponta com propriedade que se trata de "um dispositivo curioso. Para dizer o menos, que deveria provocar polêmicas e dificuldade de implementação em caso de não ser convenientemente interpretado, ou até que mais bem disciplinada a questão envolvida" (2017: 140). O poder de administração e representação do síndico fica evidentemente mais restrito com a possibilidade dessa delegação. Na situação con-

---

2. Apelação – Condomínio – Ação de obrigação de fazer ajuizada por condômina contra o condomínio e o subsíndico – Reconhecimento da ilegitimidade ativa – Autora que não pode exigir judicialmente e de forma isolada o cumprimento de obrigações administrativas concernentes a atribuição de síndico – Sentença de indeferimento da inicial e extinção do processo, nos termos do artigo 330, II e 485, VI, do Código de Processo Civil mantida – Recurso não provido. (*TJSP* – AC 1030342-07.2019.8.26.0100, 08.09.2021, Rel. Mário Daccache).

CAPÍTULO 7 • ADMINISTRAÇÃO DO CONDOMÍNIO. O SÍNDICO. CONSELHOS

creta, há de existir necessidade evidente dessa delegação que dividirá a responsabilidade do síndico. A lei não traça paradigmas a esse respeito e o dispositivo pode, à primeira vista, ser utilização como modalidade de punição do síndico, mas não é essa a ideia. Essa situação pode ser apenas aparente, porque o § 2º do dispositivo permite ao próprio síndico delegar funções, com aprovação da assembleia. Não pode haver proibição nesse sentido na convenção.

Pode ser lembrada a figura do *porteiro*, não referida na lei, que desempenhou funções importantes em edifícios nobres na Europa e nos Estados Unidos. Trata-se de mero empregado do condomínio, apesar de sua função relevante, hoje paulatinamente sendo substituída por portarias eletrônicas, totalmente informatizadas. No entanto, no aspecto tradicional, o porteiro é um delegado do síndico, que por seu intermédio preenche uma de suas funções (Pereira, 2018: 179). Cabe à portaria do edifício exercer a primeira vigilância sobre os transeuntes que adentram o prédio. Nos edifícios não residenciais, com grande afluxo de pessoas, essa função ganhou relevância.

Outro empregado, ou empresa especializada, que atua nos condomínios é o *garagista*, hodiernamente com muita importância. Este assume funções específicas para manobrar, acomodar os veículos e guardá-los. Quando há esse sistema, o condomínio assume a responsabilidade e pelos riscos com relação aos veículos, segundo nossa jurisprudência.

As áreas comuns de lazer e de convívio também podem ter outros empregados, em tempos atuais, como educadores físicos, cuidadores de crianças e idosos e salva-vidas em piscinas etc. Todos esses empregados afluirão para a responsabilidade do condomínio em caso de eventos danosos a eles relacionados.

Há que se verificar em cada caso concreto o nível de delegação de poderes atribuídos a esses profissionais. Quando a lei se reporta a "delegação" a outra pessoa de poderes inerentes ao síndico, o termo é usado em sentido genérico, abrangendo então inúmeras situações, envolvendo pessoas naturais e jurídicas. Caberá sempre a fiscalização desses contratados pelo universo condominial, por via da Assembleia, e de conselhos, se houve, que em última análise, guardam o poder de aprovação.

A Convenção pode autorizar e demandar também um *subsíndico*, com a precípua função de substituir o titular, nos seus impedimentos ou em situações de urgência. Essa figura era prevista na lei anterior de condomínios e incorporações, no art. 22, § 6º, cujo mandato deve acompanhar o lapso do síndico. O subsíndico existe com frequência nos condomínios. Não exerce ele funções concomitantes com o síndico, isto é, não se dividem as obrigações e atribuições. O subsíndico deve atuar somente na ausência, impedimento ou impossibilidade do síndico. Nada impede, todavia, que receba delegação de funções, como permitem os parágrafos do art. 1.348. Nesse caso deverá haver um ato do síndico, com autorização da assembleia. Sem essa delegação, como expusemos, o subsíndico será um substituto.

Em situações decorrentes de processos judiciais, nos quais se verifica impasse para eleição de síndico ou estado grave de beligerância entre os condôminos, é possível ao juiz nomear transitoriamente um administrador judicial, até resolução da pendenga, embora não seja conveniente.

7.3 ATRIBUIÇÕES DO SÍNDICO

A competência do síndico está elencada no art. 1.348, em 9 incisos, que não é um rol exaustivo. Os seus poderes são, em síntese, de administração e representação. Sua responsabilidade, por dolo ou culpa grave, é apurada no caso concreto.[3]

Muitas são as obrigações do síndico e poucos seus direitos. Pode e deve a função de síndico ser remunerada, mormente naqueles condomínios de amplo espectro. Diga-se que o síndico profissional sempre será remunerado pela própria denominação. Cada vez mais os moradores têm se furtado a assumir a função, em razão do evidente desgaste com os vizinhos, uma vez que é impossível agradar a todos em qualquer situação. Cabe ao síndico o poder de polícia do condomínio, além de fazer cumprir a convenção e as deliberações das assembleias. Como representante dos condôminos, responde também pela má execução dos serviços, assumindo a responsabilidade por culpa ou dolo. É evidente que não pode o síndico agir abusivamente, sob a complexidade que é distinguir o uso do abuso de direito.

Como o síndico é representante processual do condomínio, a sentença proferida em processo atinge todos os condôminos. É evidente que em ações de interesse de um ou alguns condôminos, isso não ocorre. Como regra, o síndico age no interesse de todos os condôminos e não no direito subjetivo de um ou alguns.

Deve ele convocar a assembleia de condôminos (inciso I). Segundo o art. 1.350, a assembleia ordinária deve ser realizada anualmente para aprovação de orçamento de despesas, contribuições dos condôminos, prestações de contas, alteração de regimento e eventual eleição do novo síndico.[4] Outras matérias podem ser discutidas nessa assembleia,

---

3. Agravo de instrumento – Ação de prestação de contas – Condomínio –- Ex-síndico – Decisão agravada que condenou o agravante a prestar as contas exigidas do período de sua administração. Obrigação de prestar as contas. Artigo 1.348, VIII, do Código Civil, c/c artigo 22, § 1°, inciso f, da Lei 4.591/64. Carência de ação. Inocorrência. Obrigação do síndico de prestar as contas de forma mercantil. O síndico só se desobriga da prestação de contas quando houver comprovação de que as mesmas foram apresentadas e aprovadas pela assembleia. *In casu*, as contas apresentadas pelo agravado não foram aprovadas, em razão da constatação de diversas irregularidades, conforme se verifica da ata que instruiu o feito originário. Desprovimento do recurso. (*TJRJ* – AI 0043723-35.2021.8.19.0000, 17.12.2021, Rel. Des. Carlos José Martins Gomes).

   Apelação – *Condomínio edilício* – Ação de exigir contas proposta contra ex-síndico – Prazo prescricional decenal – Prescrição afastada – Se a situação não está expressamente prevista em alguma das hipóteses específicas de prazo prescricional, elencadas na norma do artigo 206 do Código Civil ou na legislação extravagante, a ela deverá ser aplicado o prazo genérico estatuído na regra do artigo 205 do mesmo diploma legal. A pretensão de exigir contas não está contemplada em nenhum dos prazos específicos de prescrição, motivo pelo qual tal situação deve ser regida pelo prazo prescricional genérico, de dez anos, como já assentou o Colendo Superior Tribunal de Justiça (AgInt no AREsp 1.115.154/PR). Não é capaz de alterar o prazo prescricional o fato de a norma estabelecida no artigo 22, § 1°, g, da Lei 4.591/64 prever que o síndico deve "manter guardada durante o prazo de cinco anos para eventuais necessidades de verificação contábil toda a documentação relativa ao condomínio". Além de não conter uma disposição específica sobre a prescrição da pretensão de exigir contas do síndico, essa regra trata de uma obrigação acessória à de prestar contas (CC, art. 1.348, VIII; Lei 4.591/64, art. 22, § 1°, f). Ou seja, o síndico deve guardar a documentação porque tem a obrigação de prestar contas de sua administração e não conseguirá prestá-las se não possuir a documentação pertinente. A lógica jurídica induz à constatação de que o acessório segue o principal e não o inverso. Apelação provida. (*TJSP* – AC 1011027-51.2018.8.26.0577, 29.04.2020, Rel. Lino Machado).

4. Apelação – Ação de exigir contas – Síndico de condomínio edilício – Divergência doutrinária sobre a natureza jurídica da decisão que encerra a primeira fase da ação de exigir contas e, consequentemente, sobre o recurso cabível – Dúvida objetiva – Cabimento da apelação – Denunciação da lide – Ausência de direito regressivo – Ausência de qualquer das hipóteses do art. 125, CPC – Indeferimento – Acolhimento da impugnação ao valor da causa em

CAPÍTULO 7 • ADMINISTRAÇÃO DO CONDOMÍNIO. O SÍNDICO. CONSELHOS

como eleição do conselho fiscal. Geralmente o que for estranho a esses tópicos, apesar de poderem constar da pauta da assembleia ordinária, melhor se adaptam às assembleias extraordinárias, reguladas pelo art. 1.355, as quais podem ser convocadas pelo síndico ou por ¼ dos condôminos.

A convocação das assembleis deve obedecer a um procedimento prévio, primeiramente estabelecendo a ordem do dia. Isto é, as matérias que serão votadas. A seguir devem ser notificados todos os titulares das unidades condominiais, sendo também oportuno um edital de convocação fixado em local do edifício de fácil leitura. A ausência de ciência a todos os interessados poderá propiciar a anulação da assembleia.

O inciso II do art. 1348 estatui que o síndico representa o condomínio ativa e passivamente, sendo a pessoa habilitada para ser citada ou promover ações em defesa do condomínio.[5] O art. 12, IX do estatuto processual aponta no mesmo sentido. Já co-

---

decisão anterior, que indeferiu os benefícios da gratuidade da justiça – Rejeição da preliminar de inépcia da petição inicial – Preenchimento dos requisitos dos artigos 319, 320 e 550, § 1º, CPC – Rejeição da preliminar de nulidade da sentença por cerceamento de defesa – Descabimento, na hipótese, de fase de saneamento do processo – Dever de o juiz indeferir as provas desnecessárias ou meramente protelatórias – Art. 370, parágrafo único, CPC – Demonstração pelo autor dos fatos constitutivos do seu direito – Comprovação de ausência de prestação de contas pelo réu – Violação aos deveres previstos nos artigos 668 e 1.348, inciso II, do CC – Manutenção da condenação do réu à prestação de contas – Recurso parcialmente provido, em pequena parte – Majoração dos honorários advocatícios do patrono do autor – Art. 85, § 11, CPC. (*TJSP* – Ap 1003633-62.2016.8.26.0609, 13.04.2021, Rel. Carlos Nunes).

Apelação – *Condomínio edilício* – Ação de exigir contas – Ilegitimidade ativa dos condôminos para exigir contas do síndico e da administradora do condomínio – Com relação ao pedido deduzido contra a administradora corré, a legitimidade é do Condomínio, representado, por sua vez, pelo síndico, vez que a empresa administra os interesses comuns da coletividade condominial – Por sua vez, o síndico tem o dever de prestar contas perante a Assembleia, nos termos dos arts. 1.348, VIII, e 1.350, ambos do Código Civil – Assente na jurisprudência do C. STJ e deste E. TJSP que o condômino, isoladamente, não possui legitimidade para propor ação de prestação de contas em face do síndico –. Sentença mantida – recurso improvido. (*TJSP* – AC 1007858-51.2018.8.26.0320, 22.07.2020, Rel. Luis Fernando Nishi).

5. Apelação cível – Preliminar de não conhecimento – Rejeitada – Condomínio – Área comum – Lojista condômino – Construção – Convenção Condominial – Vedação – Ausência de aprovação – Normas e eficácia da convenção – Inafastáveis – Tolerância – Edificação – Extrapolação – Uso privativo – *Supressio* – Inaplicável – Litigância de má-fé – Inocorrente – 1 – Inexistem impedimentos à análise do recurso pela Corte revisora quando possível verificar das razões de apelação os fundamentos aptos à impugnação da sentença. 2 – Não se pode manter edificação desacompanhada de qualquer autorização específica pelo síndico ou em Assembleia que extrapola o uso precário e minimamente tolerável da área comum no local, conforme práticas no local, e que configura intuito de utilização da área comum como se privativa fosse, em caráter eminentemente individual, atendendo-se aos interesses privados de apenas um condômino em detrimento dos interesses da coletividade. 3 – Não há que se falar na aplicação da teoria da *supressio* em relação jurídica condominial que afeta toda a coletividade no local, uma vez que inexiste qualquer impedimento à administração do Condomínio em exigir o cumprimento das normas previstas na Convenção, não sendo eventual omissão, inércia ou tolerância por certo decurso de tempo capaz de suprimir a eficácia e o caráter cogente dos direitos, obrigações e vedações previstos e que devem ser observados por todos os condôminos, tampouco gerar legítima expectativa de direito a amparar pretensão expressamente vedada, *contra legem* e/ou desacompanhada de prévia aprovação pelos demais condôminos. 4 – Indevida a condenação por litigância de má-fé quando não comprovada conduta maliciosa e desleal, assim como dano efetivo à parte contrária, não podendo haver punição pelo exercício do direito de ação. 5 – Recurso conhecido e não provido. (*TJDFT* – Proc. 07098138020208070020 - (1366761), 08.09.2021, Relª Ana Cantarino).

Ação demolitória cumulada com obrigação de fazer – *Edificação realizada em área comum do edifício* – Legitimidade Ativa – Condomínio – Município – Parte estranha à lide – Fiscalização efetivada no âmbito administrativo – Recurso desprovido – 1 – O Código Civil brasileiro estabelece, em seu artigo 1.348, que compete ao síndico, "representar, ativa e passivamente, o condomínio, praticando, em juízo ou fora dele, os atos necessários à defesa dos interesses comuns" (inciso II) e "diligenciar a conservação e a guarda das partes comuns e zelar pela prestação dos serviços que interessem aos possuidores", pelo que a demanda que visa a demolição de edificação em área comum, a titularidade ativa compete ao condomínio. 2 – Nem o condomínio nem a Municipalidade são partes legítimas passivas

mentamos anteriormente nesta obra sobre a situação jurídica do condomínio, atuando quase como uma pessoa jurídica, ou, como denominamos, como uma das modalidades de pessoa jurídica com personalidade anômala. Como representante legal, não necessita, portanto, de procurações dos condôminos, bastando que prove essa sua condição.

O síndico, como administrador, pode praticar atos gerais de administração, porém, atos que extrapolem essa atividade, devem ser autorizados pela assembleia. Assim, cabe a ele, por exemplo, adquirir materiais de limpeza; no entanto, se necessitar de maquinário, necessitará de autorização. Cabe à convenção e ao regimento, geralmente, estabelecer um teto de gastos e o nível da administração. Note que se houver urgência da aquisição, por exemplo, de equipamentos de segurança, o síndico poderá adquirir, mediante autorização posterior da assembleia. Toda essa atividade, como se nota, ficará nas raias do bom senso. Cabe ao síndico, manter os equipamentos contra incêndio em condições de uso, não necessitando de autorização para as despesas normais.

Como anota Michel Rosenthal Wagner, "cada condomínio é uma célula, além de social e urbana, tributária e contábil. Não recebe tratamento de empresa, mas segue várias rotinas assemelhadas, e por ele passa uma importante parcela da economia" (2015: 180). Sua gestão administrativa inclui a administração e contratação de pessoal, além de consultoria frequente de engenharia civil, elétrica e de segurança, o que obriga o síndico a se valer de consultorias. Daí porque cada vez mais essa atividade vem se profissionalizando. Sua atividade se baseia na decantada boa-fé objetiva, presente no Código Civil. Será responsabilizado perante o condomínio se agir com culpa ou dolo. Periodicamente está obrigado a prestar contas de sua gestão, à assembleia e, portanto, a todos os condôminos.

O inciso III do art. 1.348 estabelece a obrigação de o síndico comunicar de imediato à assembleia o ajuizamento de processo judicial ou administrativo, de interesse do condomínio. Como a ele serão endereçadas as citações e intimações, essa sua obrigação é importante para possibilitar defesa ou tentativa de conciliação, conforme a diretriz da assembleia.

O inciso IV pondera que o síndico deve cumprir e fazer cumprir a convenção e o regulamento do condomínio, bem como as comunicações da assembleia. Há como que um poder de polícia do síndico, nem sempre bem aceito por condôminos recalcitrantes. E nem sempre os síndicos atuam com moderação. Difícil compreender a priori a multiplicidade de problemas que surgem nos condomínios. Cabe ao síndico impor a ordem no condomínio com os meios necessários e oportunos.

O inciso V afirma caber ao síndico *"diligenciar a conservação e a guarda das partes comuns e zelar pela prestação dos sérvios que interessam aos possuidores"*. Destarte, entre as suas atribuições de administração, deve ele ser um gerente do patrimônio do edifício. Assim, deve estar sempre atento ao que ocorre nas partes comuns, verificar defeitos, vazamentos, quebra de segurança etc. Cumpre que tenha sempre à mão relação de técnicos que possam acorrer ao local, mas emergências. Geralmente as empresas administradoras

---

para ação demolitória de construção irregular, eis que o objetivo da demanda interessa ao edifício como um todo e a fiscalização da obra em contraposição as posturas municipais deve ser realizada no âmbito administrativo com a determinação de demolição pelo proprietário que age em desconformidade com o preconizado pela legislação. 3 – Recurso desprovido. (*TJMG – AC* 1.0338.14.004262-7/001, 16.03.2015, Rel. Teresa Cristina da Cunha Peixoto).

possuem equipes para essas situações. Nos condomínios de maior porte, é importante que exista pessoal de manutenção disponível. Cabe ao síndico intermediar esses serviços, oferecendo orçamentos para escolha da assembleia. Para situações de urgência, as medidas devem ser prontas, comunicando-se à próxima assembleia.

O inciso VI se reporta à *elaboração orçamento de receita e despesa relativa a cada ano*. Certamente servir-se-á de serviços especializados, na maioria das vezes postos à disposição pela empresa administradora. Essa previsão orçamentária pode ser revista quando necessário, se ocorrer algo imprevisível ou o edifício necessitar reformas urgentes, por exemplo.

O inciso VII do art. 1.348 dispõe que cabe ao síndico *"cobrar dos condôminos as suas contribuições, bem como impor e cobrar as multas devidas"*. Como representante legal do condomínio não necessita de autorização da assembleia para a propositura de cobrança judicial de parcelas condominiais em atraso. Essa é sua obrigação.

Quanto às multas impostas, mormente aos condôminos inoportunos ou antissociais, já nos manifestamos ao tratar dessa matéria. Lembre-se, contudo, que não importando a natureza da punição, o indigitado deve ter sempre pleno direito de defesa.

Segundo o inciso VII, o síndico *"deve prestar contas à assembleia anualmente e quando exigidas"*.[6] Como toda pessoa encarregada de gerir patrimônio de outrem, a prestação de contas é essencial. O momento regular para a sua prestação de contas é a assembleia ordinária anual. Todavia, pode ser jungido a prestá-las sempre que houver dúvidas e descrenças fundadas do corpo condominial. Geralmente a empresa administradora informa mensalmente as despesas. De qualquer forma, a omissão do síndico nessa obrigação abre margem a sua destituição pela assembleia, na forma do art. 1.349.[7]

---

6. Anulatória – Condomínio edilício – Assembleia geral extraordinária – Destituição de síndico e novas eleições – Convocação da assembleia e votação que se deu de forma absolutamente regular, observando-se as exigências do Código Civil (arts. 1.349 e 1.355) e da convenção condominial – Improcedência da ação que se mantém – Honorários advocatícios que se reduz, em adequação ao § 2º, do art. 85 do Código de Processo Civil – Recurso parcialmente provido. (*TJSP* – AC 1070228-23.2013.8.26.0100, 06.05.2021, Rel. Fábio Quadros).

Apelação – Ação de exigir contas c.c – Destituição de síndico – *Administração de condomínio edilício* – Processo extinto sem resolução do mérito – Inconformismo. Descabimento – Legitimidade – Condôminos que, isoladamente, carecem de legitimidade para exigir do síndico as contas em juízo, pois a obrigação dele é de prestá-las anualmente à assembleia. Inteligência do art. 1.348, VIII, do Código Civil. Precedentes do E. STJ e desta C. Câmara. Interesse. Falta aos condôminos interesse de agir quanto à pretensão de destituir o síndico eleito. Providência que depende de prévia deliberação em assembleia, que pode ser convocada para essa finalidade por 1/4 (um quarto) dos condôminos. Artigos 1.349 e 1.355 do Código Civil. Precedentes do E. TJSP. Carência de ação evidente. Sentença mantida. Sucumbência. Majoração dos honorários advocatícios, segundo as disposições do art. 85, § 11, do CPC/2015. Gratuidade de justiça. Benefício que tão somente suspende a exigibilidade da cobrança por 5 anos. Inteligência do art. 98, § 3º, do CPC/15. Recurso não provido. (*TJSP* – AC 1010485-49.2019.8.26.0625, 13.08.2020, Rel. Rosangela Telles).

7. Ação anulatória de ato jurídico – Condomínio – Destituição de síndico – Discussão acerca do quorum aplicável face à divergência entre a Convenção e a disposição legal (CC, art. 1349). Lei que contém norma geral e recomendação de quorum para a hipótese, não afastando a deliberação decorrente de Convenção. Doutrina e precedentes. Recurso desprovido. (*TJSP* – AC 1009447-24.2020.8.26.0477, 10.09.2021, Rel. Milton Carvalho).

Condomínio – Obrigação de fazer, declaração de nulidade de atos e destituição do síndico. Sentença de extinção sem resolução do mérito. Convocação de assembleia para eleger subsíndico. Obrigação prevista na convenção condominial. Norma cogente. Inconformismo acolhido nesse tocante. Apresentação de documentos para os subsíndicos. Obrigação de fazer rejeitada. Impossibilidade de postular direito alheio em nome próprio (CPC, art. 18). Pretensão de declarar a nulidade de todos contratos e distratos. Descabimento. Contas aprovadas por assembleia. Destituição do síndico. Questão que deve ser apreciada em assembleia convocada para esse fim específico, mediante maioria

O inciso IX expõe a obrigação de o síndico em realizar o seguro da edificação. Esse seguro é muito importante. Essa obrigação consta do art. 1.346: "*É obrigatório o seguro de toda edificação contra o risco de incêndio ou destruição total ou parcial*". Sua omissão fará surgir sua responsabilidade pessoal. A norma é cogente e nem mesmo a assembleia pode dispensá-la, pois decisão nesse sentido será ineficaz. É de se lembrar que a convenção poderá exigir outras modalidades mais amplas de seguros, como por exemplo responsabilidade civil com relação a terceiros, empregados, furto e roubo etc. Mesmo quando o seguro for apenas o geral da lei, é importante que cubra todo o valor do edifício.

A relevância desse seguro se revela pela responsabilidade pessoal do síndico na sua omissão, na hipótese de ocorrer sinistro (Pereira, 2018: 178).

O prêmio desse seguro obrigatório é despesa ordinária do condomínio.

Esse seguro não se confunde com que que pode ser firmado pelos condôminos, no que se refere à sua unidade, que não é obrigatório.

É de conveniência, apesar de não constar da lei, que o síndico submeta propostas das seguradoras à assembleia geral.

As obrigações desse art. 1.348 são essencialmente decorrentes da posição condominial. Os poderes gerais de administração decorrem certamente da natureza própria da função, como contratar e descontratar empregados, pagar salários, contribuições, taxas e impostos etc.

7.4 REMUNERAÇÃO DO SÍNDICO. SUA DESTITUIÇÃO

Como regra, o síndico pode ser remunerado. O Código Civil não é expresso, porém a Lei 4.591/1964 o faz, no art. 22, § 4º. A Convenção poderá obstar a remuneração, o que não é conveniente, pois todo o trabalho deve, em princípio, ser remunerado. Muitos condomínios exigem dedicação integral para administrá-lo e a gratuidade da função não se coaduna, sendo sumamente prejudicial.

Há que se notar que se o síndico escolhido é pessoa estranha ao corpo condominial, sua remuneração é sempre exigível.

De outro lado, diversas situações de incompatibilidade podem surgir entre o síndico e os condôminos. É claro que situações comezinhas não podem ser levadas em conta sob pena de obstar a administração.

A decisão extrema de destituição do síndico vem descrita no art. 1.349:

> A assembleia, especialmente convocada para o fim estabelecido no § 2º do artigo antecedente, poderá, pelo voto da maioria absoluta de seus membros, destituir o síndico que praticar irregularidades, não prestar contas ou não administrar convenientemente o condomínio.[8]

---

absoluta dos condôminos (CC, art. 1.349). Recurso provido em parte. (*TJSP* – AC 1004307-98.2019.8.26.0006, 04.03.2020, Rel. Milton Carvalho).

8. Apelação Cível – Direito Civil – Condomínio – Prestação de contas – Síndico – Dever legal – Pedido de destituição – Competência da assembleia de condôminos – 1 – A destituição do síndico de condomínio decorre da prática de irregularidades, recusa à prestação de contas ou administração inconveniente, por deliberação da maioria absoluta dos membros de assembleia específica. Art. 1.349 do Código Civil e precedentes do TJDFT e STJ. 2 – O Poder Judiciário não está autorizado a suplantar a autoridade da assembleia de condôminos, ou melhor, substituir a

CAPÍTULO 7 • ADMINISTRAÇÃO DO CONDOMÍNIO. O SÍNDICO. CONSELHOS

Como anota Arnaldo Rizzardo, a convocação da assembleia de restituição é feita por "ao menos um quarto dos condôminos, ou mesmo por ordem judicial, ainda que a pedido de um único condômino, por aplicação extensiva do art. 1.350, e seus §§ 1º e 2º do art. 1.355, pois dificilmente o síndico levará a efeito a convocação" (2019: 244).[9]

Pela dicção legal, § 2º do art.1.348, a assembleia, que destituir o síndico, nomeará outro administrador, até que seja eleito novo síndico. Nada impede, segundo parece, que da ordem do dia já conste eleição de novo síndico, em caso de destituição.

Não se afaste, porém, a possibilidade de o síndico ser afastado por via judicial, inclusive em decisão cautelar. Não resta dúvida que o quórum de maioria absoluta exigido para a destituição dificulta, na prática, o procedimento interno de destituição.

No caso concreto, devem ficar equacionados os fatos relevantes contra a conduta do síndico, a serem expostos na assembleia. A ausência de prestação de contas por parte dele é fato grave, mas vários outros, como apropriação indevida de valores, podem inculpar o síndico relapso ou de má-fé.

Como o ato de destituição é um direito ou poder da Assembleia. Não gera qualquer direito ao síndico demitido, estando fato fora da legislação trabalhista e sob as vestes da lei condominial. Não há direito a qualquer indenização pelo simples fato da demissão.

7.5 CONSELHOS. CONSULTIVO E FISCAL

A atividade do síndico, com o substrato do colegiado representado pela Assembleia pode, como vimos, ser secundado por subsíndicos. Há possibilidade também de serem formados conselhos, cuja atribuição será secundar, aconselhar, facilitar ou fiscalizar a atividade do síndico e de sua administração. A existência desses conselhos é facultativa, pelo atual Código Civil

A lei condominial anterior aventou no art. 23 a possibilidade de eleição, um *conselho consultivo* constituído de três condôminos, com mandato de dois anos no máximo, permitida a reeleição. No parágrafo único desse artigo, a lei especifica:

---

vontade dos membros acerca da possibilidade de afastamento do síndico. Cabe ao magistrado, caso a assembleia não seja convocada pelo próprio síndico ou por ¼ dos condôminos, tão somente proferir decisão no sentido de que a reunião seja designada de imediato. Art. 1.350, § 2º, do Código Civil. 3 – Foi designada assembleia condominial, em observância ao que dispõe o art. 1.350 do Código Civil, porém a reunião foi suspensa por decisão judicial, em razão da pandemia da COVID-19. A solução da controvérsia vem sendo analisada nos daquela ação, já que, no presente caso, resta evidente a impossibilidade do Poder Judiciário substituir a vontade dos condôminos. 4 – Apelação desprovida. (*TJDFT* – Proc. 07048689220208070006 – (1326516), 23.03.2021, Rel. Hector Valverde). *Condomínio* – Obrigação de fazer, declaração de nulidade de atos e destituição do síndico. Sentença de extinção sem resolução do mérito. Convocação de assembleia para eleger subsíndico. Obrigação prevista na convenção condominial. Norma cogente. Inconformismo acolhido nesse tocante. Apresentação de documentos para os subsíndicos. Obrigação de fazer rejeitada. Impossibilidade de postular direito alheio em nome próprio (CPC, art. 18). Pretensão de declarar a nulidade de todos contratos e distratos. Descabimento. Contas aprovadas por assembleia. Destituição do síndico. Questão que deve ser apreciada em assembleia convocada para esse fim específico, mediante maioria absoluta dos condôminos (CC, art. 1.349). Recurso provido em parte. (*TJSP* – AC 1004307-98.2019.8.26.0006, 04.03.2020, Rel. Milton Carvalho).

9. Apelação – *Condomínio* – Remuneração de síndico – Aprovação em assembleia ordinária, sem observância do quórum necessário à alteração da convenção, que veda o pagamento – Devolução das quantias pagas – Descabimento – 'Surrectio' – Inteligência do artigo 422 do CC – Improcedência –. Recurso provido. (*TJSP* – Ap 1057385-87.2017.8.26.0002, 20.02.2019, Rel. Luis Fernando Nishi).

"Funcionará o conselho como órgão consultivo do síndico, para assessorá-lo na solução dos problemas que digam respeito ao condomínio, podendo a convenção definir suas atribuições específicas".

Como se verifica, esse conselho será sempre de condôminos, não podendo ser de pessoas estranhas. Essa atividade é em princípio gratuita, salvo se a convenção dispuser em contrário.

Modernamente fixaram-se a convenções de condomínio denominar de "conselho fiscal", esse corpo coletivo, sob o texto do art. 1.356. Como regra, ficou textualmente estabelecido que a principal função do conselho é examinar periodicamente as contas e despesas da administração.

No entanto, como se percebe da descrição legal, a ideia do legislador pretérito, foi criar um corpo de assessoramento ao síndico e não restrito à fiscalização. No entanto, por aplicação do art. 1.356 do Código Civil, a menção que se encontra nas mais recentes convenções é apenas de um conselho fiscal, com essa finalidade precípua e única de fiscalização de contas, como está no texto.[10]

---

10. Apelação cível – Condomínio – Conselho Fiscal – Preliminares – Cerceamento de defesa e ausência de fundamentação – Rejeitadas – Apuração de irregularidades – Cabimento – Atribuição do conselho – Dano Moral – Não configurado – Lucros Cessantes – Não comprovação – Contas rejeitadas – 1 – O magistrado pode indeferir as provas que considerar inúteis ou desnecessárias à resolução do mérito da causa, conforme disciplina o art. 370 CPC. Além disso, não está obrigado a explicar exaustivamente todas as teses defensivas, desde que demonstradas as razões do seu convencimento. Só há falar em nulidade da sentença diante da absoluta ausência de motivação por violação ao art. 93, inc. IX, da Constituição Federal. Preliminares rejeitadas. 2 – O conselho fiscal é órgão integrante do condomínio e essencial ao seu funcionamento. Cabe, portanto, ao Conselho fiscalizar as contas prestadas pelo síndico e observar as demais atribuições previstas na convenção condominial. No caso, os membros do Conselho Fiscal apenas estavam cumprindo com o dever que a legislação pertinente e a própria Convenção de Condomínio determinam. 3 – Não constou dos autos prova de que os apelados, membros do Conselho Fiscal, tenham excedido sua função fiscalizadora ou que tenham constrangido ou violado os direitos da personalidade dos apelantes. 4 – Para a configuração do dano moral é indispensável a comprovação da ofensa a algum dos direitos da personalidade do indivíduo, como dano à imagem, ao nome, à honra subjetiva e objetiva, à integridade física e psicológica, o que não ocorreu no caso. 5 – A reparação por lucros cessantes, conforme previsto no art. 402 do Código Civil, requer a demonstração efetiva dos danos e não apenas suposições hipotéticas ou presumidas de futuros ganhos. 6 – Os apelantes não puderam concorrer à reeleição em razão da desaprovação das contas referentes ao período de 2018/2019 pelo Conselho Fiscal, razão pela qual não há que se falar em lucros cessantes. 7 – Recurso conhecido e improvido. (*TJDFT* – Proc. 07136380220198070009 – (1378830), 03.11.2021, Rel. Fabrício Fontoura Bezerra).

   Condomínio edilício – Ação anulatória de assembleia c. c. Obrigação de não fazer e indenização por dano moral – Julgamento no estado que atendeu ao preceito contido no art. 355, I, do CPC. Cerceamento de defesa não configurado. Assembleia geral ordinária que elegeu o síndico, subsíndico e dois conselheiros, aprovou as contas do período anterior, a previsão das despesas para os meses subsequentes e o prosseguimento dos serviços de reformas do prédio, bem como a possibilidade de aplicação da multa ao condômino, em caso de continuidade em conduta antissocial, a ser antecedida de advertência. Ausência de previsão do cargo de subsíndico na convenção. Irrelevância. Assembleia geral que tem poderes para modificar a lei convencional e criar os cargos que desejar. Eleição de dois membros do conselho fiscal que não é causa de nulidade, ante a ausência de demonstração de prejuízo ao condômino, máxime diante da falta de outros interessados em concorrer para a função. Compreensão do art. 1.356 do Código Civil e do art. 23 da Lei 4.591/64. Aprovação da prestação de contas do período anterior e da continuidade das obras de reforma do prédio. Desnecessidade de apresentação de prévios orçamentos de todas as despesas com reformas. Condômino que não demonstrou eventual abuso, desvio ou mau uso dos valores arrecadados. Aplicação ao condômino de multa por conduta antissocial, sem prévia advertência, conforme preconizado na assembleia, que não se admite. Verba honorária que comporta majoração para se ajustar aos dispositivos que regem o tema. Recurso do autor provido em parte. Recurso adesivo do réu provido. (*TJSP* – AC 1016079-37.2018.8.26.0477, 30.01.2020, Rel. Dimas Rubens Fonseca).

Contudo, a possibilidade de criação de conselhos não fica aferrolhada apenas a esse conselho fiscal, de atividade restrita. Outros podem ser criados, conforme as convenções, com forma e número de integrantes especificados.

A convenção, e mesmo o regimento interno e a assembleia, podem criar conselhos com a função de real assessoramento ao síndico, como para manutenção patrimonial, julgamentos de recursos a multas impostas pelo síndico, informática, compra de novos equipamentos; administração das garagens etc. O vulto de cada condomínio poderá determinar essa necessidade, para o uso adequado da propriedade, sem prejuízo, como se vê, da atividade do síndico e da competência das assembleias. Como anota Caio Mário em sua obra clássica, "nos grandes condomínios, hoje frequentes, é de praxe que haja um Conselho Consultivo e outro Fiscal, para auxiliar o síndico, no exercício de suas múltiplas e complexas funções (Pereira, 2028: 185).

Esses conselhos podem ter membros suplentes e a normas internas dos condomínios podem estabelecer que na ausência, impossibilidade ou impedimento do síndico e subsíndico, os conselheiros assumam temporariamente essa função.

Capítulo 8
DESPESAS CONDOMINIAIS

Sumário: 8.1 Conceito de despesas – Disposições gerais. 8.1.1 Generalidades. 8.1.2 Cobrança das despesas condominiais. 8.2 Despesas ordinárias. 8.3 Despesas extraordinárias. 8.4 Despesas necessárias, úteis e voluptuárias. 8.5 Cobrança das despesas condominiais. Legitimidade. 8.6 Despesas condominiais. Alguns aspectos. 8.6.1 Penhora do bem de família para pagamento. 8.6.2 A execução de créditos relativos a despesas condominiais. 8.6.3 As cotas condominiais e a responsabilidade dos compradores de unidades condominiais. 8.6.4 A inaplicabilidade do CDC nas relações jurídicas entre condomínio e condôminos. 8.6.5 As taxas de manutenção criadas por associações de moradores. 8.6.6 Sala térrea com acesso próprio á via pública – Despesas condominiais.

8.1 CONCEITO DE DESPESAS – DISPOSIÇÕES GERAIS

Despesas condominiais são gastos relativos às áreas de uso comum do condomínio, normalmente suportados por rateio entre os condôminos, observando-se a proporcionalidade de suas quotas, ou seja, trata-se de obrigação de natureza *propter rem*, que mantém o funcionamento operacional do condomínio. Inclui-se nessa categoria despesas de energia elétrica, gastos com água, material de limpeza, manutenção e conservação de equipamentos, salários e despesas com funcionários etc.

A previsão dessas despesas de natureza *propter rem* consta do § 1º do art. 12 da Lei 4591/64, que dispõe: *"salvo disposição em contrário na convenção, a fixação da quota do rateio corresponderá à fração ideal do terreno de cada unidade".* [1]

O Código Civil traz a mesma obrigação no art. 1.336, I:

Art. 1.336. São deveres do condômino:

I – contribuir para as despesas do condomínio na proporção das suas frações ideais, salvo disposição em contrário na convenção.

---

1. Cobrança de despesas condominiais – Condomínio edilício multipropriedade – Legislação específica aplicável que enseja, como regra, a previsão da contribuição condominial por assembleia de maneira proporcional à fração de cada condômino multiproprietário, e não considerando cada unidade imobiliária – Cobrança procedente para acolher os valores reclamados na ação sem a subdivisão em 1/52 – Provimento. (*TJSP* – AC 1024143-63.2015.8.26.0114, 10.02.2021, Rel. Vianna Cotrim).

   Cobrança de despesas condominiais – r. Sentença de procedência, com apelo só do requerido – Obrigação *propter rem* – Por se tratar de obrigação de trato sucessivo, possível a inclusão das cotas condominiais vincendas e não pagas no cumprimento de sentença. Aplicação do art. 323, do CPC. Inocorrência da prescrição da cota condominial cobrada em face do anterior proprietário. Correção monetária e juros moratórios devidos desde o vencimento da respectiva contribuição. Sentença mantida. Intelecção do art. 252 do Regimento Interno deste Tribunal. Nega-se provimento ao apelo do acionado. (*TJSP* – AC 1019944-06.2016.8.26.0100, 18.03.2021, Rel. Campos Petroni).

   Apelação cível – *Despesas do condomínio* – Contribuição – Dever do condômino – Proporção – Multa moratória – Percentual determinado no Código Civil – 1 – Constitui dever do condômino contribuir para as despesas do condomínio, na proporção de suas frações ideais. 2 – A multa moratória sobre os débitos condominiais em atraso deve observar o limite previsto no § 1º do artigo 1.336 do Código Civil. (*TJMG* – AC 1.0027.08.170339-2/002, 07.02.2020, Rel. Maurílio Gabriel).

As despesas extraordinárias requerem aprovação em assembleia, da mesma forma que despesas urgentes podem ser realizadas buscando-se sua aprovação posterior.

8.1.1 Generalidades

O critério de rateio das despesas condominiais para cada condômino é a fração ideal, embora possam ser admitidas outras soluções, estabelecidas em convenção ou assembleia.

Das disposições do art. 1.315, parágrafo único do Código Civil, temos que, presumem-se iguais as partes ideais dos condôminos, ou seja, cada um possui determinada fração ideal em relação as partes comuns do edifício, apresentando o texto legal um conceito abstrato com a escolha da expressão *ideal*.[2]

---

2. *Jurisprudência em Teses STJ: Edição N. 68: Condomínio* – 13) Não é lícita a cobrança de tarifa de água no valor do consumo mínimo multiplicado pelo número de unidades autônomas existentes no condomínio quando houver único hidrômetro no local. (Tese julgada sob o rito do art. 543-C do CPC/73 Tema 414). Administrativo. Processo civil. Agravo regimental no agravo em recurso especial. Fornecimento de água. Ilegalidade da cobrança. Tarifa mínima multiplicada pelo número de economias. Existência de único hidrômetro. Repetitivo. Súmula 83/STJ. Demais questões. Ausência de manifestação pela corte local. Falta de prequestionamento. 1. O acórdão local está em consonância com o entendimento firmado pela Primeira Seção desta Corte, no julgamento do REsp 1.166.561/RJ, relator Ministro Hamilton Carvalhido, processado no rito do art. 543-C do CPC, a qual decidiu que, nos condomínios em que o consumo total é medido por um único hidrômetro, é indevida a cobrança por meio da multiplicação da tarifa mínima pelo número de economias existentes na unidade. 2. Estando o acórdão recorrido em consonância com a jurisprudência desta Corte, incide o óbice da Súmula 83/STJ, segundo a qual "não se conhece do recurso especial pela divergência, quando a orientação do Tribunal se firmou no mesmo sentido da decisão recorrida". 3. Diante da evidente ausência de manifestação da Corte local, todas as outras alegações realizadas pela parte em sede de recurso especial não observaram o requisito imprescindível do prequestionamento, apesar da interposição de embargos de declaração, o que inviabiliza sua análise nesta Corte de Justiça. Incidência da Súmula 211/STJ. 4. Agravo regimental a que se nega provimento (*STJ* – AgRg no AREsp 208243 / RJ, 2012/0154193-0, 21.03.2016, 2ª Turma – Rel. Ministra Diva Malerbi (Desembargadora Convocada TRF 3ª Região).

Despesas condominiais – Ação declaratória de inexigibilidade – Condôminos que pretendem o rateio das despesas condominiais entre todos, de forma igualitária, e não em razão do tamanho, ou fração ideal, de cada unidade – Sentença de improcedência – Apelação – Cobrança das despesas condominiais em razão do tamanho da fração ideal da unidade condominial que é correta e legítima, pois decorre diretamente dos comandos legais e específicos consubstanciados no art. 1.336, I, do Código Civil e art. 12, § 1º da Lei 4.591/64, como também da convenção condominial – Inaplicabilidade do art. 884 do CC à espécie. Norma específica que se sobrepõe às de caráter genérico. Critério de rateio de despesas condominiais que tem fundamento (causa) na legislação de regência e na convenção condominial – O laudo pericial acostado aos autos, produzido unilateralmente pelos apelantes, por si só, não possui o condão de corroborar a tese esposada, tendo em vista que a matéria discutida no feito é unicamente de direito, sendo irrelevante no caso a demonstração de que o fato de possuírem uma unidade condominial com área privativa superior em comparação às demais não gera despesa extra para manutenção das áreas comuns do Condomínio. Em outras palavras, a situação dos apelantes, por força de lei, não altera sua obrigação de pagamento da cota parte proporcionalmente à fração ideal do imóvel. Recurso improvido. (*TJSP* – AC 1014760-18.2016.8.26.0602, 2101.2021, Rel. Neto Barbosa Ferreira).

Agravo de instrumento – Ação de declaração de inexistência de débito cumulada com repetição de indébito e indenização por danos materiais e morais. Alegação de que foram realizadas obras de ampliação no edifício que importou redução da fração ideal da unidade autônoma do agravante, que pendem de regularização documental e ensejam a cobrança de valores a maior pelo condomínio no rateio das despesas condominiais. Pedido de tutela de urgência. Pretensão de que o valor da contribuição condominial devida pelo agravante seja proporcional à sua fração ideal que, na realidade, é de 5,4373%. Requisitos exigidos para a concessão da medida não vislumbrados. Cobranças efetuadas pelo condomínio que são respaldas por deliberação assemblear que ensejou modificação da convenção do condomínio no ano de 2004. Perigo de dano ou urgência na obtenção da tutela não demonstrados. Recurso desprovido. (*TJSP* – AI 2058509-55.2021.8.26.0000, 22.04.2021, Rel. Milton Carvalho).

Apelação – Ação de cobrança – *Despesas de condomínio* – Sentença de procedência do pedido – Apelação da ré – Rejeição do pedido preliminar de aplicação de multa ao autor, nos termos do § 8º, art. 334 do CPC. Mérito. Dever do condômino contribuir com as despesas ordinárias e extraordinárias de acordo com sua cota parte. Cotas

CAPÍTULO 8 • DESPESAS CONDOMINIAIS

Assim, a fração ideal pode ser alcançada por critérios de definição, como a metragem de cada unidade autônoma em relação ao todo e identificada na forma ordinária ou decimal, ou definido pelo número de unidades em relação ao conjunto, independente da área ocupada, bem como, com base no valor de cada unidade privativa e sua posição na edificação. Uma conjugação desses critérios pode definir de forma mais precisa o valor da fração ideal de cada condômino, do que somente aquele que leva em consideração singelos cálculos matemáticos. Nossa lei civil como vimos, adotou a proporcionalidade, como regra geral, que pode não ser seguida

O critério subjetivo tem relevância, na medida em que, unidades de mesma área, posicionada uma nos fundos da edificação, outra na frente dela, ou em andar alto ou baixo, são necessariamente valoradas com caráter subjetivo, que consequentemente refletem no cálculo da fração ideal em relação e sua proporcionalidade na área comum e consequente rateio das despesas comuns da unidade.

A antiga lei condominial, art. 1º, § 2º estabelecia que a fração ideal devia ser definida de forma ordinária ou decimal, deixando aos condôminos o uso do melhor critério para o cálculo da fração ideal

O art. 1.331, § 3º estatui a fração ideal no solo e nas outras partes comuns, proporcional ao valor da unidade imobiliária, calculada em relação ao conjunto da edificação.[3]

---

condominiais que foram devidamente aprovadas em assembleias por unanimidade dos presentes. Dicção dos artigos 1.315 e 1.336, I, do CC. Taxa de água que também é devida por constituir mero repasse do condomínio pela cobrança feita pela SABESP de forma global de acordo com o Decreto 41.446/1996. Individualização da conta que é realizada posteriormente por empresa particular especializada, conforme medição dos hidrômetros de cada unidade. Despesas efetivamente devidas. Sentença mantida. Recurso não provido. (*TJSP* – AC 1012096-84.2019.8.26.0577, 08.05.2020, 08.05.2020, Rel. Carmen Lucia da Silva).

Apelação – Ação de cobrança – *Condomínio* – Dever do condômino de contribuir para as despesas condominiais na proporção de sua fração ideal previsto no art. 12 da Lei 4.591/64 e no art. 1.336, I, do Código Civil. Inadimplemento admitido. Caso fortuito – Inocorrência – Dificuldades financeiras decorrentes de desemprego, de baixa renda auferida com trabalhos informais e custos com cirurgia recente, apesar de lamentáveis, não liberam a devedora do cumprimento da obrigação. Inteligência do art. 393, parágrafo único, do Código Civil. Diante do inadimplemento culposo, deve a devedora arcar com os acréscimos decorrentes de sua mora. Sentença mantida. Sucumbência. Majoração dos honorários advocatícios, segundo as disposições do art. 85, § 11, do CPC/2015. Recurso não provido. (*TJSP* – AC 1000137-79.2019.8.26.0363, 15.07.2020, Rel. Rosangela Telles).

3.	Recurso Especial – Restrição imposta na convenção condominial de acesso à área comum destinada ao lazer do condômino em mora e de seus familiares – Ilicitude – Reconhecimento – 1 – Direito do condômino de acesso a todas as partes comuns do edifício, independente de sua destinação – Inerência ao instituto do condomínio – 2 – Descumprimento do dever de contribuição com as despesas condominiais – Sanções pecuniárias taxativamente previstas no Código Civil – 3 – Idôneos e eficazes instrumentos legais de coercibilidade, de garantia e de cobrança postos à disposição do condomínio – Observância – Necessidade – 4 – Medida restritiva que tem o único e espúrio propósito de expor ostensivamente a condição de inadimplência do condômino e de seus familiares perante o meio social em que residem – Desbordamento dos ditames do princípio da dignidade humana – Verificação – 5 – Recurso especial improvido – 1 – O direito do condômino ao uso das partes comuns, seja qual for a destinação a elas atribuídas, não decorre da situação (circunstancial) de adimplência das despesas condominiais, mas sim do fato de que, por lei, a unidade imobiliária abrange, como parte inseparável, não apenas uma fração ideal no solo (representado pela própria unidade), bem como nas outras partes comuns que será identificada em forma decimal ou ordinária no instrumento de instituição do condomínio (§ 3º do art. 1.331 do Código Civil). Ou seja, a propriedade da unidade imobiliária abrange a correspondente fração ideal de todas as partes comuns. A sanção que obsta o condômino em mora de ter acesso a uma área comum (seja qual for a sua destinação), por si só, desnatura o próprio instituto do condomínio, limitando, indevidamente, o correlato direito de propriedade. 2 – Para a específica hipótese de descumprimento do dever de contribuição pelas despesas condominiais, o Código Civil impõe ao condômino inadimplente severas sanções de ordem pecuniária, na medida de sua recalcitrância. 2.1 Sem prejuízo da sanção prevista no art. 1.336, § 1º, do Código Civil , em havendo a deliberada reiteração do comportamento faltoso (o

Em relação ao regramento das quotas condominiais e a forma de pagamento destas, tanto o Código Civil no art. 1.334, I, como a Lei 4.591/64 estabelecem a obrigatoriedade da convenção do condomínio dispor sobre a quota proporcional e o modo de pagamento das contribuições dos condôminos para atender as despesas ordinárias e extraordinárias.

Sobre as despesas condominiais e a proporcionalidade destas, o art. 1.340 dispõe que:

"Art. 1.340. As despesas relativas a partes comuns de uso exclusivo de um condômino, ou de alguns deles, incumbem a quem delas se serve".

A jurisprudência tem consolidado o entendimento de que todos os condôminos devem arcar com a manutenção da coisa comum, conforme dispõe o artigo 1.336, I, do Código Civil Brasileiro.[4] Prevalece nos tribunais o entendimento de que a lei máxima

---

que não se confunde o simples inadimplemento involuntário de alguns débitos), instaurando-se permanente situação de inadimplência, o Código Civil estabelece a possibilidade de o condomínio, mediante deliberação de ¾ (três quartos) dos condôminos restantes, impor ao devedor contumaz outras penalidades, também de caráter pecuniário, segundo gradação proporcional à gravidade e à repetição dessa conduta (art. 1.337, *caput* e parágrafo único – multa pecuniária correspondente até o quíntuplo ou até o décuplo do valor da respectiva cota condominial). 2.2 O art. 1.334, IV, do Código Civil apenas refere quais matérias devem ser tratadas na convenção condominial, entre as quais, as sanções a serem impostas aos condôminos faltosos. E nos artigos subsequentes, estabeleceu-se, para a específica hipótese de descumprimento do dever de contribuição com as despesas condominiais, a imposição das sanções pecuniárias acima delineadas. Inexiste, assim, margem discricionária para outras sanções, que não as pecuniárias nos limites da lei. 3 – Além das sanções pecuniárias, a Lei adjetiva civil, atenta à essencialidade do cumprimento do dever de contribuir com as despesas condominiais, estabelece a favor do condomínio efetivas condições de obter a satisfação de seu crédito, inclusive por meio de procedimento que privilegia a celeridade. 3.1 A Lei 8.009/90 confere ao condomínio uma importante garantia à satisfação dos débitos condominiais: a própria unidade condominial pode ser objeto de constrição judicial, não sendo dado ao condômino devedor deduzir, como matéria de defesa, a impenhorabilidade do bem como sendo de família. E, em reconhecimento à premência da satisfação do crédito relativo às despesas condominiais, o Código de Processo Civil de 1973, estabelecia o rito mais célere, o sumário, para a respectiva ação de cobrança. Na sistemática do novo Código de Processo Civil, aliás, as cotas condominiais passaram a ter natureza de título executivo extrajudicial (art. 784, VIII), a viabilizar, por conseguinte, o manejo de ação executiva, tornando a satisfação do débito, por meio da incursão no patrimônio do devedor (possivelmente sobre a própria unidade imobiliária) ainda mais célere. Portanto, diante de todos esses instrumentos (de coercibilidade, de garantia e de cobrança) postos pelo ordenamento jurídico, inexiste razão legítima para que o condomínio dele se aparte. 4 – A vedação de acesso e de utilização de qualquer área comum pelo condômino e de seus familiares, independentemente de sua destinação (se de uso essencial, recreativo, social, lazer etc.), com o único e ilegítimo propósito de expor ostensivamente a condição de inadimplência perante o meio social em que residem, desborda dos ditames do princípio da dignidade humana. 5 – Recurso especial improvido. (*STJ* – REsp 1.564.030 – (2015/0270309-0), 19.08.2016, Rel. Min. Marco Aurélio Bellizze).

4. Apelação – Condomínio – Rateio de despesas – Pretensão visando à anulação de assembleia condominial, à redução do pagamento dos rateios das despesas ordinárias e à repetição dos valores já pagos. Improcedência dos pedidos em primeiro grau. Inconformismo. Convenção condominial – Rateio das despesas nos termos da convenção condominial que determina seja observada a fração ideal de cada unidade. A convenção é resultado da vontade majoritária dos condôminos e está em conformidade com a legislação civil. Não há qualquer invalidade a ser declarada. Precedentes desse Tribunal e do C.STJ. Repetição de indébito fundado em ato ilícito – Pedido consequente – Na medida em que o pedido de invalidação da convenção é improcedente, este tem o mesmo desfecho. Sucumbência. Majoração dos honorários advocatícios, segundo as disposições do art. 85, § 11, do CPC/2015. Recurso improvido. (*TJSP* – AC 1001747-24.2020.8.26.0565, 1°.07.2021, Relª Rosangela Telles).

Recurso Especial – *Condomínio* – Convenção – Despesas ordinárias – Apartamentos em cobertura – Rateio – Fração Ideal – Art. 1.336, I, do CC/2002 – Regra – Legalidade – 1 – Recurso especial interposto contra acórdão publicado na vigência do Código de Processo Civil de 2015 (Enunciados Administrativos 2 e 3/STJ). 2 – Cinge-se a controvérsia a definir se a convenção condominial pode instituir, para unidades de apartamentos em coberturas, o pagamento de taxa com base na proporção da fração ideal. 3 – A taxa condominial destina-se ao pagamento das despesas de conservação e/ou manutenção do edifício, como limpeza, funcionamento dos elevadores, contratação de empregados, consumo de água e de luz, bem como para possibilitar a realização de obra ou inovações aprovadas pela assembleia geral e pagar eventuais indenizações, tributos, seguros etc. 4 – A divisão do valor da

CAPÍTULO 8 • DESPESAS CONDOMINIAIS   119

em âmbito interno do condomínio é a convenção condominial que somente deverá ser aprovada, ou alterada, diante da concordância de 2/3 (dois terços) de todos os condôminos, nos termos do artigo 1.333 do Código Civil.[5]

Assim, mesmo que não integrantes do condomínio, as lojas localizadas no térreo do prédio se servem das suas dependências, dispondo do acesso, da manutenção do piso da galeria interna, iluminação, limpeza e segurança, devem também, proporcionalmente arcar com o rateio das despesas de sua manutenção. Outro não é o entendimento nos pretórios, no que tange à fachada e à calçada do edifício, cujos reparos devem ser custeados também pelos proprietários das lojas do térreo. Já a utilização e manutenção dos elevadores, para as lojas do térreo causam celeuma e devemos buscar a solução na convenção ou na equidade.

Destarte, cabe à convenção a normatização sobre a fixação das cotas condominiais, podendo esta livremente estabelecer a estipulação do critério de rateio das despesas

---

taxa condominial se dá com base na fração ideal da unidade imobiliária, podendo a convenção estabelecer forma diversa (art. 1.336, I, do CC/2002). Precedentes. 5 – As unidades imobiliárias com fração ideal maior pagarão taxa condominial em valor superior às demais unidades com frações menores, salvo previsão contrária na convenção. 6 – Não há ilegalidade no pagamento a maior de taxa condominial por apartamentos em cobertura decorrente da fração ideal do imóvel. 7 – Na hipótese, a norma que estabelece o pagamento de cota condominial ordinária é a prevista no art. 3º da Convenção do Condomínio Edifício Torre Blanca, cuja base de rateio despesas é a fração ideal do imóvel. 8 – Recurso especial não provido. (*STJ* – REsp 1.778.522/SP – (2018/0294465-9), 04.06.2020, Rel. Min. Ricardo Villas Bôas Cueva).

5. Apelação cível – Embargos à execução – Convenção de condomínio edilício – Obrigatoriedade para todos os condôminos – Taxa condomínio – Modificação de taxa condominial – Assembleia – Edital de convocação – Requisitos legais (arts. 1.333 e 1.334, V, do Código Civil) Inobservância – Sentença mantida – 1 – A convenção que constitui o condomínio edilício deve ser subscrita pelos titulares de, no mínimo, dois terços das frações ideais e torna-se, desde logo, obrigatória para os titulares de direito sobre as unidades ou para quantos sobre elas tenham posse ou detenção (Art. 1.333 CC). 2 – Cabe à Convenção determinar a quota proporcional e o modo de pagamento das contribuições dos condôminos para atender às despesas ordinárias e extraordinárias do condomínio (art. 1333, I, CC). 3 – Qualquer modificação na cláusula que isenta a unidade das embargantes, do pagamento da taxa condominial, deverá ocorrer com assembleia convocada para tal finalidade, prestigiando os princípios da eticidade e da boa-fé. 4 – Para viabilizar, juridicamente, a cobrança das despesas condominiais da parte comercial, pela via executiva, deve o condomínio estabelecer, de forma prévia e hígida, por meio de deliberação em assembleia, os valores das despesas devidas pelas unidades comerciais, conforme fração ideal e, demais diretrizes constantes da Convenção do Condomínio. 5 – Não se fundando a execução em título líquido, certo e exigível, consoante estabelecido no do artigo 783 do Código de Processo Civil, a extinção da execução é medida que se impõe. 6 – Recurso conhecido e desprovido. (*TJDFT* – Proc. 07100302620208070020 – (1372203), 29-9-2021, Rel. Josapha Francisco dos Santos).

Processual – Condomínio Edilício – Rateio de despesas comuns – Execução fundada em título extrajudicial – Título executivo que, na hipótese, corresponde às contribuições ordinárias ou extraordinárias do condomínio, previstas na respectiva convenção ou aprovadas em assembleia geral, desde que documentalmente comprovadas (art. 784, X, do CPC). Requisito não atendido pelo condomínio-exequente. Omissão na juntada de orçamento aprovado em assembleia quanto ao período em cobrança. Ausência de prova documental indicativa da autorização assemblear para os valores especificamente cobrados. Óbice ligado ao plano processual, não substancial. Inexistência de base para a observância da via executiva. Execução mal proposta. Embargos procedentes. Sentença que os acolheu, com extinção do feito principal, confirmada. Apelação do condomínio exequente-embargado desprovida. (*TJSP* – AC 1003239-95.2019.8.26.0400, 06.12.2021, Rel. Fabio Tabosa).

Ação de obrigação de não fazer movida por condôminos em face do condomínio – Condomínios contíguos, que se complementam em complexo de hotelaria – Impugnação à deliberação de um deles, sobre a remoção de muro divisório entre as áreas comuns, cujo objetivo seria a integração, de fato, entre ambos. Necessidade de aprovação por 2/3 dos condôminos das frações ideais do requerido. Ausência de previsão legal ou convencional para o quórum de unanimidade apontado pelos requerentes. Ratificação da medida, por mais de dois terços, em assembleia realizada no curso da lide, cuja validade não é objeto da presente ação. Perda superveniente do objeto. Recurso prejudicado (*TJSP* – AC 1000877-57.2018.8.26.0400, 26.06.2020, Rel. Gomes Varjão).

comuns, não podendo o condômino recusar-se ao seu cumprimento, ainda que seja condômino, em princípio, de uma sala comercial com saída para a via pública.

Assim, ainda que se discorde da cobrança, está a unidade condominial a esta vinculado, e sua irresignação sobre determinada despesa deve ser discutida em assembleia, pois somente a maioria dos votantes pode anulá-la depois de aprovada, carecendo assim de qualquer discussão pela via ordinária sobre sua exigibilidade.

Despesas que podem consistir em situações de discórdias no condomínio são quanto a necessidade de realização de obras. Esse sempre é um ponto saliente de discussão nas assembleias.

O art. 1.341 do Código Civil dispõe sobre à realização de obras:

> A realização de obras no condomínio depende:
>
> I – se voluptuárias, de voto de dois terços dos condôminos;
>
> II – se úteis, de voto da maioria dos condôminos.
>
> § 1º As obras ou reparações necessárias podem ser realizadas, independentemente de autorização, pelo síndico, ou, em caso de omissão ou impedimento deste, por qualquer condômino.
>
> § 2º Se as obras ou reparos necessários forem urgentes e importarem em despesas excessivas, determinada sua realização, o síndico ou o condômino que tomou a iniciativa delas dará ciência à assembleia, que deverá ser convocada imediatamente.
>
> § 3º Não sendo urgentes, as obras ou reparos necessários, que importarem em despesas excessivas, somente poderão ser efetuadas após autorização da assembleia, especialmente convocada pelo síndico, ou, em caso de omissão ou impedimento deste, por qualquer dos condôminos.
>
> § 4º O condômino que realizar obras ou reparos necessários será reembolsado das despesas que efetuar, não tendo direito à restituição das que fizer com obras ou reparos de outra natureza, embora de interesse comum.

Nem sempre será fácil numa assembleia de condomínio obter-se a autorização para realização de obras, tendo em vista que estas necessariamente trazem acréscimos nas despesas de cada condômino, acomete a cada um em circunstâncias diferentes.[6] Ainda

---

6. Apelação – Ação declaratória de nulidade – Condomínio – Assembleia – Aprovação de obras úteis – Quórum atingido – Alegação de alteração da convenção – Quórum igualmente atingido – Sentença mantida – O Código Civil de 2002 é posterior à Convenção e, portanto, prevalente – O artigo 1.341, II, do Código Civil, dispõe que a realização de obras no condomínio depende, se úteis, da maioria dos condôminos – Ainda que desconsiderados os votos das unidades inadimplentes, tem-se que houve a aprovação por maioria simples do total de votos na assembleia – Destaca-se que se considerada a alteração da convenção (art. 1.351, do CC), ainda assim assembleia foi válida, pois, a votação obteve o quórum exigido de dois terços para a votação – Frisa-se que a vida em condomínio exige tolerância e bom senso, devendo a vontade do condomínio emitida na ocasião destinada para tal, entenda-se a assembleia, prevalecer. Apelação desprovida, com observação. (*TJSP* – AC 1054082-08.2017.8.26.0506, 15.10.2021, Rel. Lino Machado).

   Civil e processo civil – Ação de conhecimento – Obrigação de fazer— Condomínio Vertical – Obra em área comum – Instalação de portas no corredor – Previsão nas normas da instituição condominial – Irregularidade – 1 – Na hipótese de instalação de portas na área comum de acesso às unidades imobiliárias que ficam situadas na parte final dos corredores, deve-se avaliar se as referidas obras encontram óbices nas previsões albergadas pelo ordenamento civil, pela Lei 4.591/64 e pelos regramentos do Condomínio em questão. 2 – Nos termos do art. 1.342 do Código Civil, a realização de alteração nas partes comuns depende de aprovação de dois terços dos votos dos condôminos, não sendo permitidas modificações suscetíveis de prejudicar a utilização, por qualquer dos compossuidores, das partes próprias ou comuns. 3 – É defeso a qualquer condômino embaraçar o uso das partes comuns do condomínio. Inteligência do art. 10, IV, da Lei 4.591/64. 4 – O regimento aprovado de forma deliberada pelos condôminos em sede de assembleia regularmente convocada, passa a irradiar direitos e obrigações que vinculam

CAPÍTULO 8 • DESPESAS CONDOMINIAIS

que a convenção não obrigue, é sempre oportuno que o síndico ou a administração apresente ao menos três orçamentos de empresas idôneas, sempre dependendo do vulto da reforma, que podem atingir valores elevados.

Importa salientar a responsabilidade do síndico em imediatamente realizar obras urgentes que se fizerem necessárias, buscando aprovação posterior. O caráter de urgência e necessidade será examinado pela assembleia para conceder a ratificação da sua atuação. Quando há conselhos no condomínio para assessorar o síndico, seu concurso deve ser solicitado nessas premissas

Na omissão do síndico, poderá qualquer condômino efetuar as reparações necessárias, com a impossibilidade de obtenção de autorização prévia.

Caso as despesas demandarem gastos excessivos, o síndico, ou o condômino que tomou a iniciativa, deverá obter a ratificação da assembleia, convocada imediatamente.

8.1.2 Cobrança das despesas condominiais

Conforme já mencionamos, as despesas condominiais têm natureza reipersecutória, vinculando os titulares das unidades autônomas automaticamente, como simples decorrência da propriedade imóvel.

O condomínio não deve tolerar a inadimplência, nem premiar o condômino inadimplente, permitindo o pagamento atrasado da sua quota condominial em detrimento dos demais condôminos. Desse modo, sobre esta mora deve incidir correção monetária, multa e parcela de juros desde o vencimento, como decorre da lei e entende a jurisprudência.

O art. 12 da Lei 4591/64, § 3º permitia a cobrança de correção no patamar de até 20%, apenas no caso de mora por período superior ou igual a 6 (seis) meses

Com significativa alteração para o caso de falta de pagamento da cota condominial dispõe o art. 1.336, § 1º do Código Civil, o seguinte:

> Art. 1.336. São deveres do condômino:
>
> § 1º O condômino que não pagar a sua contribuição ficará sujeito aos juros moratórios convencionados ou, não sendo previstos, os de um por cento ao mês e multa de até dois por cento sobre o débito.

Com a limitação trazida pelo art. 1.336, § 1º, de redução da multa para 2% (dois por cento) faz-se necessário que a convenção tenha a liberdade de estabelecer os juros moratórios, visando coibir a inadimplência, que, indiscutivelmente é situação que coloca em risco a administração do condomínio e a harmonia da vida condominial.

---

todos os condôminos, notadamente quando não extrapolam as balizas legalmente permitidas. 5 – Recurso provido. (*TJDFT* – Proc. 07385161520198070001 – (1311560), 03.02.2021, Rel. Mario-zam Belmiro).

Condomínio edilício – Ação anulatória de deliberação tomada em assembleia geral extraordinária, em que se autorizou contratação de empresa para obras de individualização de medidor de consumo de água – Necessidade de observância de quórum qualificado, quer pela convenção existente, quer por força do disposto no art. 1341 , II, do Código Civil – Confirmação da sentença que declarou nulos os efeitos das deliberações então tomadas – Pertinência na fixação e honorária profissional a favor do réu excluído da relação processual – Recurso parcialmente provido. (*TJSP* – AC 1025330-34.2018.8.26.0007, 06.02.2020, Rel. Caio Marcelo Mendes de Oliveira).

Deste modo, a sanção pecuniária para o condômino faltoso permitida em nossa legislação hoje é a aplicação de multa em 2% juros convencionais, na falta de estabelecido juros legais, a partir da vigência da Lei 10.406, o Código Civil.

Em suma, é ideal que cada convenção condominial contivesse cláusula expressa prevendo para o inadimplemento da unidade condominial, a correção monetária prevista em lei e juros moratórios, visando a vedação do enriquecimento ilícito, situação que nem sempre ocorre.

Na lição de J. Nascimento Franco sobre o dever de pontualidade como essencial ao condomínio, ensina que:

> O pagamento pontual das despesas, na data e na forma usual constitui dever moral de solidariedade, lealdade e honradez de cada um dos condôminos para com os demais, visto como tem por fim o custeio da manutenção do edifício (In: 1997: 225).

Mesmo sob vigência da Lei 4591/64, o entendimento da jurisprudência era para o cômputo da correção desde o vencimento da parcela condominial, mesmo ante o silêncio da convenção.

A inadimplência por vezes é contumaz, em prejuízo da vida no condomínio. Note que quando da transferência da unidade condominial, por disposição do parágrafo único do art. 4º da Lei 4591/64, a alienação ou transferência de direitos desta está condicionada a prova de quitação das obrigações do alienante para com o respectivo condomínio.

Assim, o síndico ou a administração contratada deve fornecer essa declaração de inexistência de débitos de parcelas condominiais, como requisito legal para alienação, para escrituração pública e consequente registro dominial perante o cartório imobiliário.

Cabe ao adquirente pagar despesas pendentes, se falhar com a diligência em buscar essa declaração, assumindo assim o risco do inadimplemento.

O art. 1.345 do Código Civil pontifica a respeito, ratificando a natureza da obrigação *propter rem*:

> O adquirente de unidade responde pelos débitos do alienante, em relação ao condomínio, inclusive multas e juros moratórios.[7]

---

7. Agravo de petição dos exequentes – Adjudicação – Cotas condominiais em atraso – Os adjudicantes são responsáveis pelo pagamento das cotas condominiais em atraso, conforme art. 1.345 do Código Civil, o qual dispõe que o adquirente de unidade responde pelos débitos do alienante, em relação ao condomínio, inclusive multas e juros moratórios. Negado provimento ao agravo de petição dos exequentes. (*TRT-04ª R.* – AP 0105100-45.2002.5.04.0451, 14.10.2021, Rel. Joao Batista de Matos Danda).

   Apelação cível – Direito processual civil – Embargos de terceiro – Preliminar–- Falta de fundamentação – Rejeitada – Mérito – Taxas condominiais – Obrigação *propter rem* – Dever do adquirente – Direito de regresso – Recurso conhecido e não provido – Sentença mantida – 1 – Não há ausência de fundamentação específica quando as razões da Apelação confrontam especificamente os fundamentos trazidos na sentença recorrida, em obediência ao princípio da dialeticidade. Preliminar de falta de impugnação rejeitada. 2 – Nos termos do art. 1.345 do Código Civil, o adquirente de unidade responde pelos débitos do alienante, em relação ao condomínio, inclusive multas e juros moratórios. 4 – Embora a responsabilidade pelo pagamento dos débitos condominiais seja da construtora até a efetiva entrega das chaves ao adquirente do imóvel, a natureza da obrigação é *propter rem*, ou seja, acompanha a coisa mesmo após a transmissão da propriedade. 5 – No caso dos autos, considerando que as taxas de condomínio estão ligadas diretamente ao bem, a responsabilidade pelo pagamento de tais encargos é dos adquirentes da unidade imobiliária, resguardado o direito de regresso contra a construtora/vendedora, que responde de forma subsidiária pela obrigação exequenda. 6 – Legítima, portanto, a penhora que recaiu sobre o imóvel para o pagamento da dí-

8.2 DESPESAS ORDINÁRIAS

Nas despesas ordinárias compreendem todos os gastos frequentes e indispensáveis comumente presentes na manutenção do condomínio, entre eles os de energia elétrica e água das áreas comuns, pagamento de salários e encargos sociais dos empregados e funcionários não terceirizados do condomínio, pagamento de prestadores de serviços terceirizados, encargos fiscais e trabalhistas, manutenção periódica de equipamentos como elevador, gastos com seguros, administrativos, como o da administradora do condomínio, reparos de pequena monta, entre outros. Trata-se de despesas fixas e comum em todos os meses.[8] Avulta, assim, a importância de o síndico ou administrador do condomínio ter

---

vida condominial. 7 – Preliminar rejeitada. Recurso conhecido e não provido. Sentença mantida. (*TJDFT* – Proc. 07129146720208070007 – (1321072), 12.03.2021, Rel. Romulo de Araújo).

Direito civil – Condomínio – Cobrança – *Despesas condominiais* – Responsabilidade do proprietário – I – Legítima a ação de cobrança de despesas condominiais contra o proprietário de imóvel, em razão de a obrigação ser de natureza *propter rem*, ou seja, aquela que persegue a coisa, nos termos dos artigos 1.336, inciso I, e 1.345 do Código Civil. II – Negou-se provimento ao recurso. (*TJDFT* – Proc. 07031482820188070017 – (1246874), 18.05.2020, Rel. José Divino).

8. Apelação cível – Ação de despejo por falta de pagamento c/c cobrança de despesas locatícias – Preliminar de cerceamento de defesa – Rejeitada – Quebra da garantia de uso pacífico do imóvel locado – Aplicação da exceção de contrato não cumprido – Impossibilidade – Pagamento das despesas ordinárias de condomínio – Obrigação do locatário – Apelo parcialmente conhecido e desprovido – Sentença mantida – 1 – Não há falar em cerceamento do direito de defesa se o memorial de cálculo do valor do débito foi apresentado e impugnado pela outra parte, é o caso dos autos. 2 – Cabe ao Juízo da causa analisar o cabimento da prova e deferir ou não a sua produção, sem que isso implique afronta ao direito de defesa das partes. 3 – O fundamento da exceção de contrato não cumprido reside na boa-fé objetiva, consoante disposto no art. 422 do Código Civil e nos Enunciados 24 e 26 da I Jornada de Direito Civil do Conselho da Justiça Federal. 4 – No caso, à luz dos princípios da força obrigatória dos contratos e da boa-fé objetiva, bem como da teoria dos danos evitáveis, não poderiam os locatários simplesmente permanecerem na posse do imóvel locado sem a devida contraprestação pecuniária, tampouco suspender o pagamento dos alugueres de maneira unilateral, baseados em suposta autorização verbal da imobiliária. 5 – O pagamento das despesas ordinárias de condomínio é de responsabilidade do locatário, nos termos do art. 23, XII, da Lei 8.245/1991 e da cláusula V do contrato de locação objeto dos autos. 6 – Apelo parcialmente conhecido e, nessa extensão, desprovido. Sentença mantida. (*TJDFT* – Proc. 07007713020178070014 – (1319219), 05.03.2021, Rel. Roberto Freitas).

Despesas de condomínio – Ação de cobrança promovida contra aquele que figura como proprietário da unidade junto ao cartório de registro de imóveis – Bem já comercializado através de compromisso de compra e venda, não registrado, há mais de quarenta anos – Existência de provas idôneas e suficientes sobre a ciência do condomínio a respeito do negócio – Ilegitimidade de parte do promitente vendedor – Extinção do feito sem resolução do mérito. Apelação provida. (*TJSP* – AC 1008192-70.2016.8.26.0477, 03.09.2021, Rel. Andrade Neto).

Despesas de condomínio – Ação de cobrança promovida contra a companhia habitacional que figura como proprietária do imóvel onde construído o empreendimento – Imóvel objeto de compromisso de compra e venda e entrega da posse há mais de dez anos antes do início da inadimplência – Presunção de ciência do condomínio – Ilegitimidade passiva da proprietária reconhecida – Extinção do feito sem resolução do mérito. Recurso provido. (*TJSP* – AC 1014371-38.2020.8.26.0361, 26.11.2021, Rel. Andrade Neto).

Apelação – *Despesas de condomínio* – Cobrança – Pagamento das cotas condominiais – Alegação de novação da dívida – Inadmissível inovação na fase recursal – Recurso não conhecido nessa parte – No caso, a alegação de novação da dívida em suas razões recursais constitui argumento novo quanto aos fatos e fundamentos expostos na contestação em que baseada a sentença de procedência. Nesse contexto, à luz do art. 1.014 do Código de Processo Civil (CPC) e não provado motivo de força maior, é incognoscível a inovação em sede recursal. Apelação. Despesas de condomínio – Cobrança. Pagamento das cotas condominiais de unidade locada – responsabilidade do condômino – encargos moratórios devidos – recurso improvido, com observação – A cobrança das despesas ordinárias do condomínio encontra respaldo no artigo 12 da Lei de Condomínios e Incorporações, bem como na norma cogente do art. 1.336, I, do Código Civil (CC). Desse modo, perante o condomínio, é o condômino quem tem obrigação de participar do rateio das despesas ordinárias, não seu inquilino. É importante ressaltar que o interesse a ser protegido e há de prevalecer é o da coletividade. O condomínio deve receber o quanto antes os recursos para pagamento das despesas imprescindíveis. Caso o apelante entenda haver incorreções nos gastos do condomínio deve ajuizar a medida judicial

cuidado na previsão orçamentária, pois o contrário levaria à necessidade de chamadas extras, sempre ponto de dissenção nos condomínios.

Com absoluta precisão, a Lei 8245/91 descreve em rol não exauriente as despesas ordinárias que obrigam o locatário no art. 23, § 1º, alíneas "a" até "i", a saber:

§ 1º Por despesas ordinárias de condomínio se entendem as necessárias à administração respectiva, especialmente:

a) salários, encargos trabalhistas, contribuições previdenciárias e sociais dos empregados do condomínio;

b) consumo de água e esgoto, gás, luz e força das áreas de uso comum;

c) limpeza, conservação e pintura das instalações e dependências de uso comum;

d) manutenção e conservação das instalações e equipamentos hidráulicos, elétricos, mecânicos e de segurança, de uso comum;

e) manutenção e conservação das instalações e equipamentos de uso comum destinados à prática de esportes e lazer;

f) manutenção e conservação de elevadores, porteiro eletrônico e antenas coletivas;

g) pequenos reparos nas dependências e instalações elétricas e hidráulicas de uso comum;

h) rateios de saldo devedor, salvo se referentes a período anterior ao início da locação;

i) reposição do fundo de reserva, total ou parcialmente utilizado no custeio ou complementação das despesas referidas nas alíneas anteriores, salvo se referentes a período anterior ao início da locação.

Interessante notar que a Lei do Inquilinato definiu despesas ordinárias e extraordinárias, algo que a lei condominial deveria ter feito.

Na cobrança de despesas ordinárias, a demonstração de sua aprovação não precisa ocorrer, pois autorizadas pela convenção uma vez que se referem a gastos indispensáveis de manutenção e conservação do bem comum.

8.3 DESPESAS EXTRAORDINÁRIAS

As despesas extraordinárias correspondem aquelas anormais não rotineiras, não computadas mensalmente na planilha de gastos do condomínio, mas ocorrem por resoluções tomadas pelos condôminos, visando melhorar o uso e gozo das áreas comuns do edifício. [9]

---

competente. Nesta ação cabe a prova do pagamento das despesas cobradas, o que não ocorreu, restando inconcussa a inadimplência. Nesse contexto, não se presta a afastar os efeitos da mora a alegação de que os boletos eram encaminhados diretamente ao inquilino. Observa-se a aplicação do art. 323 do CPC no presente caso, com escopo de evitar conflitos desnecessários na fase de executiva, tendo em vista ausência de expressa referência na sentença. (*TJSP – AC* 1019308-90.2019.8.26.0114, 07.07.2020, Rel. Adilson de Araujo).

9. Apelação – Ação de cobrança – Despesas condominiais – Responsabilidade pelo pagamento das despesas ordinárias – Apresentação de ata da assembleia que autorizou a cobrança – Desnecessidade – Sentença mantida – Apelação desprovida – A cobrança das despesas ordinárias do condomínio encontra respaldo no artigo 12 e §§, da Lei 4.591/1964, bem como na norma cogente do artigo 1.336, inciso I, do Código Civil. Deste modo, o proprietário de imóvel em condomínio tem obrigação de participar do rateio das despesas ordinárias. O interesse que deve ser protegido e que deve prevalecer é o da coletividade. O condomínio deve receber o quanto antes os recursos para pagamento das despesas imprescindíveis. Caso a parte ré-apelante entenda que existe incorreção nos gastos do condomínio, deve ajuizar a medida judicial competente. Nesta ação cabe a prova do pagamento das despesas cobradas, o que não ocorreu. (*TJSP – AC* 1001351-57.2020.8.26.0400, 15-6-2021, Rel. Adilson de Araújo).

Apelação – Extinção de condomínio e arbitramento de aluguel – Despesas ordinárias e extraordinárias incidentes sobre o bem imóvel que devem ser divididas entre os condôminos na proporção de sua titularidade, após a desocupação do bem – Recurso provido. (*TJSP – AC* 1012944-13.2019.8.26.0564, 11.03.2021, Rel. Luis Mario Galbetti).

CAPÍTULO 8 • DESPESAS CONDOMINIAIS **125**

Da mesma forma que as despesas ordinárias, socorremo-nos da lei de locações que traz previsão exemplificativa delas no art. 22, parágrafo único, alíneas 'a' a 'g', a saber:

> Parágrafo único. Por despesas extraordinárias de condomínio se entendem aquelas que não se refiram aos gastos rotineiros de manutenção do edifício, especialmente:
>
> *a)* obras de reformas ou acréscimos que interessem à estrutura integral do imóvel;
>
> *b)* pintura das fachadas, empenas, poços de aeração e iluminação, bem como das esquadrias externas;
>
> *c)* obras destinadas a repor as condições de habitabilidade do edifício;
>
> *d)* indenizações trabalhistas e previdenciárias pela dispensa de empregados, ocorridas em data anterior ao início da locação;
>
> *e)* instalação de equipamento de segurança e de incêndio, de telefonia, de intercomunicação, de esporte e de lazer;
>
> *f)* despesas de decoração e paisagismo nas partes de uso comum;
>
> *g)* constituição de fundo de reserva".

A alínea c menciona obras destinadas a repor condições de habitabilidade no edifício, demonstrando que embora não sejam gastos necessários a administração do condomínio, de alguma forma preservam a estrutura da edificação e mantém o valor do patrimônio comum. [10]

8.4 DESPESAS NECESSÁRIAS, ÚTEIS E VOLUPTUÁRIAS

Para analisar a natureza das despesas necessárias úteis e voluptuárias que podem surgir no condomínio, temos que cotejar com o conceito de benfeitorias do art. 96 Código Civil.

Apelação cível – Ação de cobrança – Despesas condominiais ordinárias – Previsão em lei – *Taxas extraordinárias* – Deliberação coletiva não comprovada – Ônus da prova – Recurso conhecido e desprovido – 1 – A cobrança judicial da taxa ordinária condominial, por decorrer de previsão legal (artigo 12, Lei 4.591/64), independe da juntada da ata da assembleia que as instituiu. Essa obrigação é presumida, até porque inerente à instituição do condomínio, a necessidade de sua conservação, e tem natureza propter rem. 2 – Para a exigência das taxas extras, ao contrário, faz-se necessário a juntada das atas das assembleias que a criaram, a fim de demonstrar a existência da despesa extraordinária e a necessidade do seu pagamento. Ausente essa prova, não é possível acolher a pretensão formulada contra o condômino. 3 – Apelação conhecida e desprovida. (*TJDFT* – Proc. 07113094120198070001 – (1272567), 19.08.2020, Rel. Luís Gustavo B. de Oliveira).

10. Ação de cobrança – Despesas condominiais – Tratando-se de dever primordial atribuído por lei ao condômino, de contribuir para as despesas do condomínio (arts. 12 da Lei 4.591/64 e 1.336, I, do Código Civil), há presunção de pertinência e legitimidade dos valores cobrados a título de rateio de despesas ordinárias e extraordinárias. Ausência de prova de pagamento referente aos meses indicados na inicial. Recurso improvido. (*TJSP* – AC 1000045-85.2019.8.26.0045, 1º.12.2021, Rel. Gomes Varjão).

Apelação – Cobrança – *Despesas condominiais* – Sentença de procedência – Insurgência dos réus – Justiça gratuita – Alegação de hipossuficiência – Réus com renda e bens incompatíveis com a alegação de hipossuficiência. Indeferimento mantido por decisão monocrática. Determinação de recolhimento do preparo devidamente cumprida. Despesas condominiais – Alegação de ajuste com o síndico no sentido de suspender o pagamento das despesas condominiais extraordinárias (fundo de obra) até a venda do imóvel. Descabimento, sob pena de onerar os demais proprietários do condomínio. Despesa extraordinária autorizada em assembleia, excedendo os poderes do síndico sobre ela deliberar com vistas a constituir liberalidade em favor dos condôminos. Verbas devidas e plenamente exigíveis. Obrigação propter rem. Ressarcimento de eventuais prejuízos que deve ser pleiteado autonomamente em face do síndico. Sentença mantida. Recurso desprovido. (*TJSP* – AC 1005069-53.2018.8.26.0361, 1º.09.2020, Rel. Airton Pinheiro de Castro).

Nossa lei civil conceitua benfeitoria como o melhoramento em um bem com o objetivo de torna-lo útil ou agradável, por isso as benfeitorias são classificadas em voluptuárias, úteis ou necessárias.[11]

Assim, estabelece o código como voluptuárias as benfeitorias de mero deleite, que não aumentam o uso habitual do bem, ainda que o tornem mais agradável ou sejam de elevado valor. Exemplo comum na doutrina são construções como piscinas, jardins e gazebos.

Na hipótese das benfeitorias voluptuárias realizadas de boa-fé, nos termos do art. 1.219 do código, elas são indenizáveis, e se não forem podem ser levantadas sem prejuízo da coisa. Entretanto, se realizadas de má-fé, não são indenizáveis e nem podem ser levantadas, pela dicção do art. 1.220 do Código.

As benfeitorias úteis estão definidas no § 2º do art. 96 do Código Civil, como aquelas que aumentam ou facilitam o uso do bem. Tais benfeitorias são indenizáveis, se realizadas de boa-fé, conforme o art. 1.219 do Código. São úteis, por exemplo, melhorias na segurança do edifício.

Benfeitorias necessárias são aquelas que tem a finalidade de conservação do bem a fim de evitar que ele se deteriore (art. 96, § 3º do Código Civil). Tais benfeitorias são sempre indenizáveis, independente se realizadas de boa-fé ou de má-fé, assegurando o direito de retenção somente ao possuidor de boa-fé (art. 1.220, do Código Civil). Assim, por exemplo, é necessária a reforma de pilastras que sustentam o prédio ou o reparo de adutora de água.

Em conclusão, podem-se afirmar que os condôminos são responsáveis pelas despesas necessárias, ordinárias e extraordinárias, levando em consideração o critério do artigo 1.334, I do Código Civil, com objetivo de manutenção da propriedade condominial, de modo a permitir seu uso e fruição de forma cômoda. Despesas extraordinárias de natureza voluptuárias, aprovadas pela totalidade dos condôminos, tem natureza contratual e obrigam o titular da unidade condominial.

8.5 COBRANÇA DAS DESPESAS CONDOMINIAIS. LEGITIMIDADE

A previsão da cobrança condominial pelo processo de execução está no art. 12 da Lei 4.591/64, que estabelece:

---

11. Apelação – Despesas de condomínio – Cobrança – A obrigação de contribuir com as despesas de condomínio decorre da lei – Lei Federal 4.591/64, art. 12, c.c. Art. 1.336, I, do Código Civil. Cabimento da cobrança das despesas extraordinárias, pelo condomínio, haja vista a aprovação dos gastos em assembleia, com a devida discriminação dos valores e aprovação pelo quórum legal. Mora "ex re". Consignação em pagamento que não elide o direito de cobrança. Justiça gratuita. Indeferimento, por ausência de suporte fático da real necessidade do propugnante. Preliminar afastada. Recurso desprovido, com determinação. (*TJSP* – AC 1081942-72.2016.8.26.0100, 02.02.2021, Rel. Antonio Nascimento).

   Condomínio edilício – Ação anulatória de assembleia – Aprovação de benfeitorias úteis e voluptuárias – Quórum especial do art. 1.341 do Código Civil que está reservado para os investimentos que alterem substancialmente a área comum e envolvam o desembolso de quantias significativas. Acréscimo, no caso, de aproximadamente R$ 10,00 nas despesas condominiais rateadas. Ação improcedente. Recurso desprovido. (*TJSP* – Ap 1055497-80.2017.8.26.0100, 16.02.2020, Rel. Pedro Baccarat).

CAPÍTULO 8 • DESPESAS CONDOMINIAIS **127**

Art. 12. Cada condômino concorrerá nas despesas do condomínio, recolhendo, nos prazos previstos na Convenção, a quota-parte que lhe couber em rateio.

§ 2º Cabe ao síndico arrecadar as contribuições competindo-lhe promover, por via executiva, a cobrança judicial das quotas atrasadas".

A legitimidade de propor a ação executiva é do síndico, que antes de contratar advogado para tal finalidade pode solicitar o protesto do documento de dívida como forma de demonstrar em juízo que foram envidados todos os esforços no sentido receber o crédito amigável ou extrajudicialmente.

O protesto é, portanto, uma forma eficaz de cobrança do condômino inadimplente a pagar as despesas condominiais vencidas. O CPC/2015 superou as discussões e estabeleceu de modo inequívoco que são títulos executivos extrajudiciais as cobranças de despesas condominiais, como de há muito defendíamos em nossa obra de direito civil, ao tratar de protestos:

Art. 784, X – O crédito referente às contribuições ordinárias ou extraordinárias de condomínio edilício, prevista na respectiva convenção ou aprovadas em assembleia geral, desde quer documentalmente comprovadas.

Destarte, pela sistemática da lei adjetiva, o crédito referente às contribuições condominiais aprovadas em assembleia pode ser protestado quando não for pago no vencimento.[12]

Além disso, a necessidade de simples operações aritméticas para apurar o crédito exequendo não retira a liquidez da obrigação constante do título" (art. 786, parágrafo único).

Destarte, o condomínio deve comprovar a liquidez, certeza e exigibilidade do crédito, o apresentando ao Cartório de Protesto os seguintes documentos: a) cópia da convenção do condomínio; b) cópia do orçamento aprovado pela assembleia; c) ata da assembleia que aprovou orçamento; d) documento de dívida (boleto ou recibo); e) planilha de cálculo, destacando os valores das contribuições devidas, os juros moratórios, a multa e a correção da dívida.

O condomínio pode optar pelo procedimento comum para cobrança judicial, ou pelo processo de execução, a pela nova sistemática da lei adjetiva, a existência de título executivo extrajudicial não impede a parte de optar pelo processo de conhecimento, a fim de obter título executivo judicial" (CPC, art. 785). Talvez o condomínio prefira o

---

12. Agravo de instrumento – Título executivo extrajudicial – Crédito referente às contribuições ordinárias ou extraordinárias de condomínio edilício – Manutenção da r. decisão – 1 – Documentos juntados pelo condomínio que são suficientes para atender o disposto no inciso X, do artigo 784, do CPC. 2 – Manutenção da r. decisão por seus próprios e bem lançados fundamentos – Artigo 252 do Regimento Interno do Tribunal de Justiça de São Paulo. Agravo improvido. (*TJSP* – AI 2110543-07.2021.8.26.0000, 29.06.2021, Relª Maria Lúcia Pizzotti).

Despesas de condomínio – Ação de cobrança – Ilegitimidade do compromissário, com extinção do processo, e inclusão do incorporador no polo passivo – Nulidade – Inocorrência – Preservação da ampla defesa e do contraditório – Cláusula contratual prevendo transferência da responsabilidade ao compromissário comprador até rescisão definitiva do contrato – *Res inter alios* – Ausência de imissão na posse do compromissário comprador – Responsabilidade legal do proprietário reconhecida – Despesas aprovadas em assembleia e registrada no cartório de imóveis – Ação procedente. Apelação desprovida. (*TJSP* – AC 1020296-44.2015.8.26.0602, 27.02.2020, Rel. Andrade Neto).

procedimento comum para tentar uma mediação judicial com o inadimplente, o que não é possível no processo executivo.

Os créditos decorrentes das multas previstas no art. 1.336 e 1.337 do Código Civil não constitui título executivo extrajudicial, não podendo ser protestado nem tampouco executado, mas sua cobrança judicial deve ser feita pelo procedimento comum, garantindo ao condômino direito a ampla defesa, que também deve ser garantido na fase administrativa *interna corporis* do condomínio.

Conforme asseverado, o condomínio, representado pelo síndico, tem legitimidade ativa para cobrança judicial das taxas condominiais não pagas no vencimento.

A legitimidade passiva para esta cobrança é do proprietário, tanto na execução como na cobrança pelo procedimento comum.

O adquirente da unidade condominial deve observar a regra prevista no art. 1.345 do Código Civil, que prescreve que o adquirente da unidade autônoma responde pelos débitos do alienante em relação ao condomínio, inclusive multa e juros moratórios. Consequência da natureza reipersecutória da obrigação.

Isso significa que, o adquirente da unidade condominial que está inadimplente perante o condomínio, responderá por estes débitos pretéritos, contribuições condominiais vencidas e não pagas, assumindo assim o polo passivo da ação de cobrança.

As despesas condominiais são encargos da própria coisa, conforme art. 833, § 1º do CPC, que dispõe que a impenhorabilidade não é oponível à execução de dívida relativa ao próprio bem, inclusive àquela contraída para a sua aquisição.

Assim, as despesas condominiais são encargos da própria coisa porque necessárias à sua conservação e subsistência, e têm, portanto, natureza *propter rem*, gravando o imóvel que as geram.

Da natureza das despesas condominiais decorre que a execução judicial do crédito relativo às contribuições condominiais possibilita a penhora da unidade autônoma do condômino devedor, mesmo quando gravado com a cláusula de impenhorabilidade e inalienabilidade.

Assim, a impenhorabilidade da unidade autônoma por disposição voluntária ou por força da Lei 8.009/1990 não impede a penhora do imóvel fundada em débitos de despesas condominiais.

Pela dicção do art. 1.339, § 2º do Código Civil, é permitido ao condômino alienar parte acessória da sua unidade imobiliária, no caso a vaga de garagem, quando não se tratar de vaga coletiva, mas devidamente individualizada e vinculada à unidade autônoma, conforme instituição, constituição do condomínio na respectiva matrícula imobiliária, bem como, com distinta inscrição cadastral imobiliária no município. Veja o que falamos a respeito da alienação de garagens. Há temperamentos e restrições sobre essa alienação.[13]

---

13. *Vaga de garagem* – Registro Individualizado – Unidade Autônoma – Se a vaga de garagem possui registro individualizado e matrícula própria junto ao Cartório de Registro de Imóveis, a toda evidência afigura unidade autônoma em relação à unidade residencial. Tanto assim que o parágrafo 2º, do artigo 1339 do Código Civil, permite ao

CAPÍTULO 8 • DESPESAS CONDOMINIAIS

129

Esta alienação pode ocorrer, respeitando o direito de preferência nos termos do art. 1.331, § 1º do Código Civil:

As partes suscetíveis de utilização independente, tais como apartamentos, escritórios, salas, lojas e sobrelojas, com as respectivas frações ideais no solo e nas outras partes comuns, sujeitam-se à propriedade exclusiva, podendo ser alienada e gravada livremente por seus proprietários, exceto os abrigos para veículos, que não poderão ser alienados ou alugados a pessoas estranhas ao condomínio, salvo autorização expressa na convenção do condomínio.

Do cotejo destes dispositivos legais podemos inferir que a vaga de garagem penhorada por débitos condominiais deve respeitar o direito de preferência de aquisição do condomínio, como ente personalizado, que poderá, conforme decisão da assembleia, mantê-la ou alienar a condômino ou a terceiro, conforme regras da legislação civil.

No caso de declarada a falência do condômino, as despesas condominiais por ele devidas serão encargos da massa falida, acompanham a coisa (imóvel) e são por ela garantidos, portanto, não há necessidade da habilitação no juízo universal da falência, devem ser pagas pelo administrador judicial mediante a alienação da unidade, sempre respeitando o direito de preferência do condomínio. O mesmo se diga na hipótese de insolvência civil.

Assim, a unidade autônoma de condomínio edilício é garantia de pagamento das contribuições condominiais, inclusive no processo falimentar, o que garante ao condomínio invocar o direito de preferência, sem a necessidade de propor ação judicial, mormente quando houver aprovação em assembleia, e fundo de reserva neste sentido, este pode exercer o direito de preferência na aquisição, quando a unidade autônoma ou a vaga na garagem for penhorada ou arrecadada.

8.6 DESPESAS CONDOMINIAIS. ALGUNS ASPECTOS

8.6.1 Penhora do bem de família para pagamento

Em temas anteriores nesta obra, tratamos da natureza *propter rem* das obrigações condominiais.

Assim, como a despesa condominial existe em decorrência da posse ou propriedade da unidade respectiva, esta, ainda que seja único bem do núcleo familiar, pode ser penhorado para pagamento de débitos condominiais, o que está expressamente previsto na Lei 8009/90 que dispõe no art. 3º, IV:

Art. 3º A impenhorabilidade é oponível em qualquer processo de execução civil, fiscal, previdenciária, trabalhista ou de outra natureza, salvo se movido:

---

condômino alienar parte acessória de sua unidade imobiliária a outro condômino, ou a terceiro, caso autorizado pelo ato constitutivo do condomínio e se a ela não se opuser a respectiva assembleia geral. Em síntese, a vaga de garagem que possui matrícula imobiliária própria não integra, para os efeitos da Lei 8.009/90, a indivisibilidade do imóvel considerado bem de família e, portanto, a ela não se estende o manto da proteção legal em questão. Eventual uso como fonte de renda (aluguéis) dos moradores da unidade residencial não lhe atribui o caráter social e a dignidade de bem de família. O direito constitucional à moradia não pode ser invocado nesse caso, considerando que a tal fim social não se destina a vaga de garagem. Agravo de petição a que se nega provimento. (*TRT-02ª R. – AP 00632004720075020036 – (20140009803), 24.01.2014, Rel. Juíza Jane Granzoto Torres da Silva*).

IV – para cobrança de impostos, predial ou territorial, taxas e contribuições devidas em função do imóvel familiar.

Trata-se da exclusão da impenhorabilidade do bem de família, e decorrente de obrigações geradas pela própria existência da coisa, pelas quais o próprio imóvel deve "responder".

A jurisprudência pátria tem entendimento pacífico de que é possível a penhora do bem de família na hipótese de execução de dívida originária de despesas condominiais quando o devedor não indica outros bens à penhora ou não os possui.[14]

O art. 1.715 do Código Civil, ao tratar do bem de família em geral, dirimiu qualquer dúvida quanto a esta matéria, estabelecendo, no mesmo sentido, que:

O bem de família é isento de execução por dívidas posteriores à sua instituição, salvo as que provierem de tributos relativos ao prédio, ou de despesas de condomínio.

Ainda, as despesas de condomínio levam em conta o princípio da solidariedade condominial, incluindo outros títulos além das despesas ordinárias, como a responsabilidade por indenizações, tributos, seguros etc.

Dessa forma, é de se recordar que o condômino responde pela dívida decorrente de fato anterior à sua aquisição e que eventualmente tenha gerado penhora da unidade, ainda que esta seja seu único bem.

Em função do caráter solidário das despesas de condomínio, a execução desse valor recai sobre o próprio imóvel, ocorrendo o afastamento da proteção dada ao bem de família, como forma de impedir o enriquecimento sem causa do condômino inadimplente, em detrimento dos demais.[15]

---

14. STJ – Jurisprudência em Teses: Edição 68: Condomínio – 1) É possível a penhora do bem de família para assegurar o pagamento de dívidas oriundas de despesas condominiais do próprio bem. Processual civil. Agravo regimental no agravo em recurso especial. Execução. *Penhora. Bem de família. Dívidas condominiais.* Possibilidade. Menor onerosidade. Matéria fático-probatória. Súmula 7 do superior tribunal de justiça. Recurso não provido. 1. Diante do quadro fático delineado pelas instâncias ordinárias, é inviável, na via estreita do recurso especial, discutir-se acerca da menor onerosidade da penhora para o executado, da suficiência dos bens nomeados, bem como da existência de outros bens passíveis de constrição, tendo em vista o óbice da Súmula 7/STJ. 2. O acórdão recorrido foi proferido em consonância com a jurisprudência do Superior Tribunal de Justiça, no sentido de que "é permitida a penhora do bem de família para assegurar pagamento de dívidas oriundas de despesas condominiais do próprio bem está em sintonia com a jurisprudência deste Superior Tribunal de Justiça. Aplicação da Súmula 83 do STJ" (AgRg no Ag 1.041.751/DF, Quarta Turma, Rel. Min. João Otávio De Noronha, DJe de 19.04.2010) 3. Agravo regimental a que se nega provimento (*STJ* – AgRg no AgRg no AREsp 198372 / SP. Agravo Regimental no Agravo Regimental no Agravo em Recurso Especial 2012/0137365-7, 19.11.2013, 4ª Turma, Rel. Min. Raul Araújo).

Agravo de instrumento – *Condomínio* – Execução de título extrajudicial – Bem de família – 1 – Questões estranhas à decisão agravada não comportam apreciação da corte revisora, sob pena de supressão de instância. 2 – Tratando-se de ônus propter rem que grava o próprio bem, este pode ser penhorado, não cabendo a alegação da excludente de bem de família. 2 – O Juízo não possui o condão de obrigar as partes a transigirem, principalmente fora do momento previsto no art. 334, do CPC, sendo que, caso desejem, podem compor-se extrajudicialmente e carrear o acordo para homologação. Agravo conhecido em parte, e nesta, desprovido. (*TJSP* – AI 2005861-35.2020.8.26.0000, 03.04.2020, Rel. Felipe Ferreira).

15. Agravo de instrumento – Execução de título extrajudicial – Despesas condominiais – Penhora – Imóvel com alienação fiduciária – Admissível a constrição judicial dos direitos do devedor fiduciante decorrentes do contrato de aquisição do imóvel objeto de alienação fiduciária, mas não sobre o próprio bem, tal como constou da r. decisão ora agravada. Agravo desprovido. (*TJSP* – AI 2136628-30.2021.8.26.0000, 19.07.2021, Rel. Lino Machado).

8.6.2 A execução de créditos relativos a despesas condominiais

As taxas condominiais podem ser objeto de ação executória, quando previstas na Convenção do Condomínio ou aprovadas em Assembleia Geral.

Essa faculdade de utilização do processo de execução para cobrança das despesas condominiais em atraso não era do condomínio, mas sim competia apenas ao proprietário da unidade para cobrar a inadimplência do locatário, pois esse crédito era tido como exequível.

Grande era a divergência na doutrina quanto à natureza contratualista ou estatutária da convenção, porque se estatutária não teria liquidez necessária a um título executivo extrajudicial.

A busca pela tutela jurisdicional mais célere certamente influenciou as decisões judiciais no sentido de admitir a execução de cotas pelo condomínio contra o condômino. Constando do orçamento e da convenção esta previsão de despesas torna a dívida líquida, certa e exigível, sendo esta a via a ser utilizada.

Assim, os condomínios ao aprovarem as contribuições em assembleias gerais possuem essa prerrogativa, se elas retratarem uma obrigação certa, líquida e exigível nos termos do art.784, VIII do CPC.

A via executiva deve ser estabelecida em assembleia ou prevista na Convenção. A petição inicial da execução deve ser acompanhada desses documentos autorizadores. Os boletos emitidos pelo condomínio não constituem por si sós títulos executivos.[16]

Execução – *Despesas de condomínio* – Penhora da unidade devedora – Pedido da executada, de que fosse penhorado outro dos imóveis pertencentes ao coexecutado, seu ex-marido – Não aceitação por parte do credor, ordenada a penhora da unidade devedora – Imóvel ainda não avaliado – Imóveis indicados pela executada como pertencentes ao coexecutado que, alguns deles, não são da exclusiva propriedade, tornando difícil a alienação, além de outros situarem-se em comarca diversa daquela onde se processa a execução – Acordo entre os devedores na ação de divórcio que não obriga o condomínio – Possibilidade, no entanto, de se tentar a penhora "online" nas contas do executado, antes de se proceder à alienação da unidade condominial, meio menos gravoso para satisfazer a execução – Agravo de instrumento provido em parte. (*TJSP* – AI 2159004-44.2020.8.26.0000, 28.08.2020, Rel. Sá Duarte).

16. Agravo de instrumento–- Despesas Condominiais – Execução de título extrajudicial– Imóvel gravado por hipoteca – Possibilidade da penhora incidir sobre o próprio imóvel hipotecado e não somente sobre os direitos. As despesas condominiais são obrigações "propter rem" que visam a preservação do conjunto condominial e da unidade autônoma, constituindo crédito privilegiado frente aos créditos hipotecários. Inteligência do Enunciado da Súmula 478 do C. STJ. Imprescindível a intimação da credora hipotecária, nos termos do disposto no art. 799, I do CPC. Decisão reformada. Recurso do exequente provido. (*TJSP* – AI 2103577-28.2021.8.26.0000, 1º.06.2021, Relª Berenice Marcondes Cesar).

Apelação cível – Ação de cobrança – *Condomínio* – Juntada de documentos novos em fase recursal – Impossibilidade – Aplicação de multa – Notificação – Ausência – Despesas condominiais – Juros de mora convencionais – Artigo 1.336, § 1º, do Código Civil – Previsão em assembleia condominial – 1 – Trata-se de apelação cível interposta contra sentença que julgou parcialmente procedentes os pedidos iniciais e condenou a apelada a pagar despesas condominiais atrasadas, com incidência de juros de mora de 1% ao mês, bem como julgou improcedente pedido de cobrança de multas aplicadas pelo condomínio. 2 – Inviável a análise de documentos novos juntados em fase recursal cujo conhecimento e acesso já estava disponível à parte antes mesmo do ajuizamento da demanda. 3 – Não demonstrada a devida aplicação de multa, com comprovante de recebimento de notificação pelo preposto da parte, não se pode impor o pagamento de referida penalidade. 4 – Nos termos do artigo 1.336, § 1º, do Código Civil, os juros de mora devidos pelo condômino inadimplente serão aqueles convencionados, apenas se aplicando 1% (um por cento) ao mês em caso de falta de previsão. 5 – Apelação conhecida e parcialmente provida. (*TJDFT* – Proc. 07224549420198070001 – (1264721), 29.07.2020, Rel. Cesar Loyola).

A execução certamente permite a negativação do nome do devedor, bem como a imediata constrição de seus bens. Aos condomínios que não aprovaram suas contribuições em assembleias, somente restará o longo caminho do processo comum, para chegar na fase da execução.

A penhora da unidade habitacional que deu origem ao débito condominial não pode ser autorizada em prejuízo de quem não tenha sido parte na ação de cobrança em que formado o título executivo. [17]

A prescrição para a ação de cobrança de cotas condominiais obedece a previsão do art. 206, § 5º, I do Código Civil que estabelece prazo quinquenal. [18]

A Tese sob o Recurso Repetitivo 949/STJ que colocou em discussão o prazo prescricional para a cobrança de despesas condominiais firmou o entendimento que, na vigência

---

Agravo de instrumento – Execução de título extrajudicial – Despesas Condominiais – Imóvel alienado fiduciariamente em garantia – Penhora que pode recair apenas sobre os direitos do executado. Inadmissibilidade da penhora sobre o próprio imóvel. Proprietário fiduciário que não integra a lide. Precedentes. Produto da arrematação que deve ser destinado integralmente ao condomínio. Ausência de concurso, a justificar o estabelecimento de preferência entre credor fiduciário e condomínio. Recurso parcialmente provido. (*TJSP* - AI 2260866-24.2021.8.26.0000, 24.11.2021, Rel. Milton Carvalho).

17. *Jurisprudência em teses STJ – Edição 68: Condomínio*: Agravo interno no recurso especial. Direito civil e processual civil. *Despesas condominiais*. Promissário comprador. Ação de cobrança promovida contra promitente vendedor. Execução que atingiu o imóvel gerador da dívida, afetando patrimônio do promitente Comprador. Inadmissibilidade. Princípios da ampla defesa e do contraditório. 1. Aplicabilidade do novo Código de Processo Civil, devendo ser exigidos os requisitos de admissibilidade recursal na forma nele prevista, nos termos do Enunciado Administrativo 3 aprovado pelo Plenário do STJ na sessão de 9/3/2016: Aos recursos interpostos com fundamento no CPC/2015 (relativos a decisões publicadas a partir de 18 de março de 2016) serão exigidos os requisitos de admissibilidade recursal na forma do novo CPC. 2. A penhora da unidade habitacional que deu origem ao débito condominial não pode ser autorizada em prejuízo de quem não tenha sido parte na ação de cobrança em que formado o título executivo. 3. A natureza *propter rem* da dívida não autoriza superar a necessária vinculação entre o polo passivo da ação de conhecimento e o polo passivo da ação de execução. 4. Agravo interno não provido, com imposição de multa e majoração da verba honorária (*STJ* – AgInt no REsp 1368254 / RJ, 013/0018764-0, 28.03.2017, 3ª Turma – Rel. Ministro Moura Ribeiro).

Direito civil – Embargos à execução – Despesas condominiais – Responsabilidade do promissário comprador – Imóvel novo – entrega direta pela construtora – Exigibilidade a partir da posse efetiva do bem – Recurso Especial Repetitivo 1.345.331/RS (TEMA 886) – Sentença mantida – 1- Conforme definido pelo STJ no Recurso Especial repetitivo 1.345.331/RS, o que define a responsabilidade pelo pagamento das obrigações condominiais não é o registro do compromisso de compra e venda, mas a relação jurídica material com o imóvel, representada pela imissão na posse pelo promissário comprador e pela ciência inequívoca do condomínio acerca da transação. 2 – Tratando-se de imóvel novo, entregue à Embargante/Executada diretamente pela construtora, a responsabilidade pelo pagamento do rateio das despesas condominiais inicia-se com a posse efetiva do bem, tendo em vista a modulação jurisprudencial dos efeitos da natureza *propter rem* da obrigação pelos débitos condominiais. Apelação Cível desprovida. (*TJDFT* – Proc. 07104431520198070007 – (1325070), 23.03.2021, Rel. Angelo Passareli).

18. *Jurisprudência em teses STJ – Edição 68: Condomínio*: Agravo interno no agravo em recurso especial. Ação de cobrança. *Taxa condominial. Prescrição quinquenal*. Súmula 83/STJ. Indicação de precedentes contemporâneos. Necessidade. 1. A jurisprudência desta Corte firmou-se no sentido de que o prazo prescricional aplicável à pretensão de cobrança de taxas condominiais é de 5 (cinco) anos. 2. A impugnação da incidência da Súmula 83/STJ só se aperfeiçoa com a indicação de precedentes contemporâneos ou supervenientes aos referidos na decisão agravada, de forma a demonstrar que outra é a orientação jurisprudencial nesta Corte Superior. 3. Agravo interno não provido (*STJ* – AgInt no AREsp 883973 / DF 2016/0065124-9, 07.06.2016, 3ª Turma – Rel. Ministro Ricardo Villas Bôas Cueva).

Agravo interno em recurso especial – Cobrança de taxa condominial – Dívida de natureza líquida – Prescrição – Prazo quinquenal aplicável na vigência do Código Civil de 2002 (art. 205, § 5º, I), a contar do dia seguinte ao vencimento da obrigação (tema 949). Ausência de demonstração do desacerto da aplicação do entendimento estabelecido no E. STJ em julgamento repetitivo. Decisão mantida. Recurso desprovido. (*TJSP* – AGInt 2282703-09.2019.8.26.0000,14.04.2021, Rel. Dimas Rubens Fonseca).

CAPÍTULO 8 • DESPESAS CONDOMINIAIS

133

do Código Civil de 2002, é quinquenal o prazo prescricional para que o condomínio geral ou edifício (horizontal ou vertical) exercite a pretensão de cobrança da taxa condominial ordinária ou extraordinária constante em instrumento público ou particular, a contar do dia seguinte ao vencimento da prestação (STJ – Resp1483930/DF, 26.08.2017, Rel. Min. Luis Felipe Salomão).

A jurisprudência do STJ orienta que o crédito resultante de despesas condominiais tem preferência sobre o crédito hipotecário.[19]

8.6.3 As cotas condominiais e a responsabilidade dos compradores de unidades condominiais

A dívida acompanha o bem condominial; esta sua patente natureza reipersecutória.[20] A lei não atribui qualquer distinção quanto a natureza da dívida relacionada a despesa

---

19. *Jurisprudência em teses STJ – Edição 68: CONDOMÍNIO:* 2) Na execução de crédito relativo a cotas condominiais, este tem preferência sobre o hipotecário. (Súmula n. 478/STJ). Agravo regimental no recurso especial. Violação do artigo 557 do CPC. Inexistência. Crédito condominial e hipotecário. Direito de preferência. Julgado de acordo com a jurisprudência desta corte. Súmula 83/STJ. 1. O julgamento monocrático da causa pelo relator, utilizando os poderes processuais do artigo 557 do CPC, não ofende o princípio do devido processo legal se o recurso se manifestar inadmissível ou improcedente, prejudicado ou em confronto com súmula ou com jurisprudência dominante do respectivo tribunal, do Supremo Tribunal Federal ou de Tribunal Superior, sendo certo, ainda, que eventual mácula fica superada com o julgamento colegiado do recurso pelo órgão competente. Precedente. 2. O Superior Tribunal de Justiça tem entendimento firme de que o crédito condominial prefere ao hipotecário. 3. Estando o acórdão recorrido em consonância com a jurisprudência pacífica desta Corte, tem incidência a Súmula 83/STJ, aplicável por ambas as alíneas autorizadoras. 4. Agravo regimental não provido. (*STJ* – AgRg no REsp 1479319 / GO 2014/0225259-7, 06.08.2015, 3ª Turma – Rel. Ministro Ricardo Villas Bôas Cueva).

    Agravo de instrumento – Cumprimento de sentença – Preferência do crédito condominial sobre o hipotecário – Súmula 478 STJ – O débito condominial tem natureza *propter rem* e se presta a garantir a própria existência e manutenção da coisa; – Nesse contexto, restou assentado o entendimento de que o crédito condominial precede ao crédito hipotecário, conforme a Súmula 478 do Colendo Superior Tribunal de Justiça: Súmula 478: Na execução de crédito relativo a cotas condominiais, este tem preferência sobre o hipotecário – O entendimento predominante é de que o crédito condominial também precede ao crédito fiduciário. Recurso provido. (*TJSP* – AI 2242825-09.2021.8.26.0000, 03.12.2021, Relª Maria Lúcia Pizzotti).

    Recurso – Apelação cível – Condomínio – Taxa condominial em atraso – Ação monitória – Monitória visando constituição de título contra condômino inadimplente. Ausência de oposição de embargos monitórios. Sentença de parcial acolhimento da monitória, declarada a prescrição de parte do débito. Apelo do condomínio alegando causa interruptiva da prescrição. Descabimento. Mero registro interno de contato com o devedor para cobrança das cotas que não constitui prova de fato interruptivo do lapso prescricional (artigo 202 e incisos do Código Civil). Acertada a sentença ao aplicar o prazo previsto no § 1°, inciso I do artigo 206 do Código Civil. Necessidade de aclaração da sentença sobre o cabimento de multa condominial de 2% (dois por cento) sobre o débito, conforme disposição do regulamento condominial, acolhido em parte o apelo para tal finalidade. Procedência parcial. Sentença parcialmente reformada apenas para a declarar a exigibilidade de multa. Recurso de apelação em parte provido para declarar a inexigibilidade da multa sobre o valor da condenação, descabida a majoração da honorária advocatícia da parte adversa com base no § 11 do artigo 85 do Código de Processo Civil. (*TJSP* – AC 1022421-06.2020.8.26.0506, 1°.07.2021, Rel. Marcondes D'Ângelo).

20. *Jurisprudência em teses STJ – Edição 68: Condomínio:* 3) As cotas condominiais possuem natureza *proptem rem*, razão pela qual os compradores de imóveis respondem pelos débitos anteriores à aquisição. Processual civil. Agravo regimental em recurso especial. Falta de prequestionamento. Incidência das súmulas n. 282 e 356 do STF. *Taxas condominiais em atraso*. Cobrança. Possuidor do imóvel. Aquisição posterior. Legitimidade passiva. 1. A ausência de prequestionamento dos dispositivos legais tidos por violados atrai a incidência das Súmulas n. 282 e 356 do STF. 2. O adquirente de imóvel em condomínio responde pelas cotas condominiais em atraso, ainda que anteriores à aquisição, ressalvado o seu direito de regresso contra o antigo proprietário. 3. Agravo regimental desprovido. (REsp n. 1.119.090/DF) (*STJ* – AgRg no AREsp 215906 / RO, 2012/0167884-7, 15.03.2016, 3ª Turma, Rel. Min. João Otávio de Noronha).

condominial, se ordinária, extraordinária se oriunda de danos causados pelo imóvel do alienante a outra unidade, se resultante da solidariedade do condomínio e seu dever de indenizar um terceiro, Somente resta instituída a responsabilidade do adquirente pelos débitos do alienante em relação ao condomínio, transmissíveis estes na sua totalidade.[21]

A Lei 4.591/64 estabelece no art. 4º, parágrafo único a importância de o adquirente buscar a quitação perante o condomínio:

> Art. 4º, Parágrafo único. A alienação ou transferência de direitos de que trata este artigo dependerá de prova de quitação das obrigações do alienante para com o respectivo condomínio.

Os adquirentes devem exigir a prova da quitação. No caso de inventários extrajudiciais, esta exigência é requisito para a transmissão da propriedade aos herdeiros.

Não adotada as devidas cautelas, o adquirente assumirá o risco de eventuais débitos porventura persistentes sobre a unidade condominial.

O art. 1.345 do Código Civil não mais exige a prova da quitação das obrigações do alienante, mas deixa claro que a responsabilidade se transfere ao adquirente.

Assim, não pode o novo proprietário eximir-se de encargos pretéritos, diante da regra clara prevista no Código Civil, que demonstra que a obrigação segue a coisa (*propter rem*).

Da mesma forma, esta responsabilidade cabe também aos que prometeram adquirir e aos cessionários do imóvel, nos termos do art. 1.334, § 2º. O STJ firmou tese em Recurso Repetitivo de que a responsabilidades pelas despesas de condomínio em compromisso de compra e venda não levado a registro, podem ser suportadas tanto sobre o promitente vendedor quanto sobre o promissário comprador, dependendo das circunstâncias de cada caso concreto. (Tese julgada sob o rito do art. 543-C do CPC/73 – Tema 886). [22]

Condomínio – Ação de cobrança – Arrematação do bem penhorado – Natureza *propter rem* da obrigação – Encargos vinculados à coisa imóvel que são de responsabilidade do novo adquirente com relação ao credor – Arrematante responde pela dívida – Imissão na posse do imóvel não constituiu pressuposto da obrigação de pagamento das cotas condominiais em atraso – Cobrança que deverá ser feita pelas vias próprias pelo arrematante. Recurso não provido. (*TJSP* – AI 2113756-21.2021.8.26.0000, 20.07.2021, Rel. Sá Moreira de Oliveira).

21. Despesas de condomínio – Embargos à execução de título extrajudicial – Unidade condominial nova – Responsabilidade da incorporadora até a entrega das chaves à adquirente – A responsabilidade pelo pagamento das despesas condominiais anteriores à posse de adquirente de unidade condominial nova é da incorporadora, sendo esta a parte legitimada para figurar no polo passivo de demanda em que o condomínio busca o recebimento de quotas condominiais relativas a tal período. Entendimento consolidado do Superior Tribunal de Justiça (REsp repetitivo 1.345.331/RS). Honorários sucumbenciais. Verba fixada em conformidade com os parâmetros de balizamento previstos na legislação processual e que não se mostra excessiva. Recurso não provido. Arbitramento de honorários sucumbenciais recursais. (*TJSP* – AC 1033904-06.2020.8.26.0224, 26.11.2021, Rel. Cesar Lacerda).

Apelação – Ação de cobrança – *Condomínio* – Legitimidade passiva – Promissário comprador – Responsabilidade exclusiva desde a posse do imóvel – tema 886 do C. STJ Os pressupostos fáticos para definição do responsável pelo débito condominial em casos envolvendo compromisso de compra e venda não levado a registro são: (i) promissário comprador ter se imitido na posse e (ii) ciência inequívoca do condomínio acerca da transação imobiliária (Tema 886 do C. STJ). Pressupostos demonstrados. Legitimidade passiva da atual possuidora mantida. Recursos não providos. (*TJSP* – AC 1022351-82.2015.8.26.0564, 21.05.2020, Rel. Maria Lúcia Pizzotti).

22. *Jurisprudência em teses STJ – Edição 68: Condomínio:* 4) Havendo compromisso de compra e venda não levado a registro, a responsabilidade pelas despesas de condomínio pode recair tanto sobre o promitente vendedor quanto sobre o promissário comprador, dependendo das circunstâncias de cada caso concreto. (Tese julgada sob o rito do art. 543-C do CPC/73 – Tema 886) – Agravo interno nos embargos de declaração no agravo em recurso especial. Ação de cobrança. 1. Cobrança de cotas condominiais promovida contra o promissário comprador. Atual titular do

CAPÍTULO 8 • DESPESAS CONDOMINIAIS **135**

bem. Legitimidade passiva para responder pela dívida. Obrigação propter rem. Situação distinta do entendimento proferido no Resp n. 1.345.331/rs. 2. Decisão monocrática não serve para comprovação de divergência jurisprudencial. 3. Agravo improvido. 1. De fato, o STJ entende que, "com relação à legitimidade passiva, observa-se que, em se tratando de obrigação propter rem, o pagamento de taxas condominiais deve ser exigido de quem consta na matrícula do imóvel como seu proprietário. Havendo, porém, promessa de compra e venda não levada a registro, a cobrança deve ser direcionada ao promitente comprador desde que a) o promitente comprador tenha se imitido na posse do imóvel; e, b) o condomínio tenha sido cientificado da transação" (AgRg no REsp 1.510.419/PR, Rel. Ministro Moura Ribeiro, Terceira Turma, julgado em 1º/12/2016, DJe 19/12/2016). 1.1. Na hipótese, o TJDFT manteve a responsabilidade do recorrente pelo pagamento das obrigações condominiais, em razão da particularidade de ser o recorrente o atual proprietário do imóvel, possuindo, assim, relação jurídica material com o bem em questão, por exercer a posse desde 30/8/2013, portanto, o acórdão recorrido se alinhou ao entendimento desta Corte, em razão da natureza *propter rem* das cotas condominiais. 1.2. A situação dos autos é distinta daquela aplicada no entendimento jurisprudencial proferido no REsp n. 1.345.331/RS. 2. As decisões monocráticas desta Corte Superior não se prestam à comprovação da divergência jurisprudencial. 3. Agravo interno a que se nega provimento (*STJ* – AgInt nos EDcl no REsp 1841042 / DF, 2019/0294239-0, 04.05.2020, 3ª Turma – Rel. Ministro Marco Aurélio Bellizze).

Direito Civil – Processo Civil – Apelação Cível – Cobrança de despesas condominiais – Transferência da titularidade por instrumento particular não registrado em cartório – Ciência inequívoca do condomínio da negociação – Resp 1.345.331/RS (Tema 886) – Imissão na posse pelo adquirente comprovada – Preliminar de ilegitimidade passiva acolhida – Sentença reformada – 1 – O Superior Tribunal de Justiça firmou o entendimento, em julgamento de recurso especial processado sob o rito dos recursos repetitivos, de que a obrigação de pagar as despesas condominiais pode recair tanto sobre o vendedor quanto sobre o comprador do imóvel, desde que comprovada a posse do comprador e a ciência inequívoca do condomínio (REsp 1345331/RS). 2 – O adquirente sem título registrado, mas que esteja no exercício da posse de unidade imobiliária, responde pelas respectivas despesas e tem legitimidade para figurar no polo passivo da ação de cobrança de taxas condominiais, afastando, por conseguência, a legitimidade da construtora pelo débito condominial reclamado. 3 – O fato de o nome do adquirente do imóvel constar como devedor na planilha de débitos do condomínio, na qualidade de responsável pela unidade imobiliária, implica ciência inequívoca da alienação. 4 – Apelação conhecida e provida. Preliminar de ilegitimidade passiva acolhida. Unânime. (*TJDFT* – Proc. 07068974420188070020 – (1308525), 21-1-2021, Relª Fátima Rafael).

Processual civil. Agravo interno no agravo em recurso especial. *Ação de cobrança. Despesas condominiais.* Responsabilidade. Compromisso de compra e venda não registrado. Legitimidade passiva. Comprovação. Caso concreto. Reexame do acervo fático-probatório. Impossibilidade. Incidência da súmula 7 do STJ. Novo CPC. Inaplicabilidade. Decisão mantida. 1. A Segunda Seção deste Tribunal Superior, por meio do rito do art. 543-C do CPC/73, no julgamento do Tema 886, consolidou o entendimento de que em havendo compromisso de compra e venda não levado a registro, a responsabilidade pelas despesas de condomínio pode recair tanto sobre o promitente vendedor quanto sobre o promissário comprador, dependendo das circunstâncias de cada caso concreto (REsp 1.345.331/ RS, Rel. Ministro Luis Felipe Salomão, julgado 08.04.2015, DJe 20.04.2015). 2. O referido julgado consignou que para se definir a legitimidade passiva nas ações em que se discute a responsabilidade pelas despesas condominiais, necessário se torna a análise do caso concreto, devendo estar comprovado nos autos (i) que o promissário comprador se imitira na posse; e (ii) o condomínio teve ciência inequívoca da transação, afasta-se a legitimidade passiva do promitente vendedor para responder por despesas condominiais relativas a período em que a posse foi exercida pelo promissário comprador. 3. A alteração das conclusões do acórdão recorrido exige reapreciação do acervo fático-probatório da demanda, o que faz incidir o óbice da Súmula 7 do STJ. 4. Inaplicabilidade do NCPC a este julgamento ante os termos do Enunciado 1 aprovado pelo Plenário do STJ na sessão de 0.03.2016: Aos recursos interpostos com fundamento no CPC/1973 (relativos a decisões publicadas até 17 de março de 2016) devem ser exigidos os requisitos de admissibilidade na forma nele prevista, com as interpretações dadas até então pela jurisprudência do Superior Tribunal de Justiça. 5. Agravo interno não provido (*STJ* – AgInt no AREsp 733185 / SP 2015/0150293-0, 24.05.2016, 3ª Turma – Rel. Min. Moura Ribeiro).

Apelação – Ação de cobrança – *Condomínio* – Sentença de extinção por ilegitimidade passiva – Insurgência do condomínio – Responsabilidade pela obrigação condominial de quem tem relação jurídica com o imóvel. Proprietário e compromissário comprador. O detentor do domínio somente se isenta do débito se comprovar a formal imissão na posse do compromissário comprador, ou seja, que o condomínio teve ciência inequívoca do contrato de cessão havido entre o proprietário e o promissário comprador. Precedente do C.STJ em recurso especial repetitivo. Ônus da prova do réu não observado a contento. Natureza propter rem da obrigação. Proprietário deve arcar com o débito, preservado eventual direito de regresso. Hipótese de *error in procedendo*. Causa madura, no entanto, dando azo ao pronto conhecimento da questão posta à apreciação em seu mérito (CPC, art. 1013, § 3º, III). Réu que não controverte a existência da dívida nem o seu quantum. Procedência do pedido. Sentença reformada. Recurso provido. (*TJSP* – AC 1000517-79.2017.8.26.0361, 1º.04.2020, Rel. Airton Pinheiro de Castro).

Diante da expressa previsão legal, o novo proprietário ou equiparado será o responsável por despesas pretéritas perante o condomínio. Eventual disposição contratual em contrário entre adquirente e transmitente da unidade será ineficaz perante o condomínio.[23]

O condomínio pode lançar mão de cotas extras para pagamento de dívidas para com terceiros.

Esgotados os recursos do condomínio, qualquer das unidades tornam-se suscetíveis de constrição, respondendo pelas obrigações comuns, ante a responsabilidade solidária mencionada. Os condôminos suportam na proporção de suas respectivas cotas as consequências decorrentes de obrigações do condomínio inadimplente.

Essa solidariedade há de ser suportada em obrigações de natureza tributárias, trabalhistas, condenação judicial, obras comuns nocivas, entre outras tantas situações já mencionadas.

Neste sentido, aplica-se a regra contida no art. 1.345 do Código Civil mesmo no caso de execução de imóvel hipotecado, tendo em vista que, taxas de condomínio e encargos decorrentes são preferenciais mesmo se a unidade do condômino se encontra hipotecada.

Assim, ocorrendo execução hipotecária, com a adjudicação ou arrematação do imóvel pelo credor hipotecário ou por terceiro, persiste o crédito por dívida relativa a encargos condominiais, em favor do condomínio, que poderá cobrá-la sobre a mesma unidade e contra o novo adquirente.

---

23. Civil e processo civil – Cobrança de taxas condominiais – Responsabilidade pelo pagamento de despesas condominiais pelo comprador da venda direta online – Obrigação *propter rem* – Precedentes do STJ e TJDFT – 1 – As taxas condominiais têm natureza *propter rem*, ou seja, existem em razão da coisa, e não em função de obrigação pessoal. 2 – Tratando-se de obrigação *propter rem* e havendo disposição expressa no edital de venda direta da Caixa, a responsabilidade pelas cotas condominiais a partir da homologação da proposta é do comprador. 3 – Apelo não provido. (*TJDFT* – Proc. 07026513320218070009 – (1378425), 27-10-2021, Rel. Arnoldo Camanho).

Despesas condominiais – Cumprimento de sentença – *Compromissário comprador* – Penhora dos direitos – Pertinência – Decisão mantida – Recurso não provido – Nos termos do art. 591 do CPC, o devedor somente responde com seus bens no cumprimento de suas obrigações, de sorte que, sendo o título executivo formado entre o condomínio credor e o compromissário comprador, à revelia do titular do domínio, somente os bens do devedor é que podem responder pelas suas obrigações. O art. 1.334, § 2º, do CC equipara o compromissário comprador, ou o promitente comprador e cessionário, ao proprietário para fins de responsabilidade patrimonial, todavia não autoriza a que, na execução, possa ser penhorado direito não ostentado pelo executado. Já o art. 1.345 imputa ao sucessor a responsabilidade pelos débitos pretéritos, todavia, não indica permissão para que seja objeto de constrição judicial bens que não componham o patrimônio do devedor. (*TJSP* – AI 2261263-54.2019.8.26.0000, 26.02.2020, Rel. Paulo Ayrosa).

Direito civil – Apelação – Ação de cobrança – *Cotas de despesas de condomínio* – Obrigações de natureza propter rem – Proprietários do bem – Responsabilidade – 1 – As obrigações condominiais têm natureza propter rem, vinculando-se à coisa, e não à pessoa do morador da unidade no momento da constituição do débito, e, dessa forma, a responsabilidade pelo pagamento de cotas de despesas de condomínio recaem tanto sobre o proprietário do imóvel quanto sobre o ocupante da unidade a qualquer título, seja como compromissário comprador, locatário, comodatário, dentre outros. 2 – Basta a demonstração de que o devedor é proprietário ou possuidor do imóvel para que esteja configurada a sua responsabilidade pelo pagamento das despesas condominiais. 3 – Ao condomínio é facultado o exercício do direito de cobrança contra o proprietário do imóvel ou quem esteja na posse do bem, podendo a ação de cobrança ser ajuizada contra um ou outro, individualmente, ou contra ambos em litisconsórcio passivo facultativo. 4 – Apelação do primeiro réu desprovida. 5 – Apelação da segunda ré desprovida. (*TJDFT* – Proc. 07124792520188070020 – (1242680), 04.05.2020, Rel. Hector Valverde).

CAPÍTULO 8 • DESPESAS CONDOMINIAIS 137

Da mesma forma transferem-se ao adquirente as dívidas condominiais por não se tratarem de dívidas do alienante, mas sim encargos da própria coisa, e, embora o valor apurado na venda vá para o credor hipotecário, ou o exequente, as dívidas acompanham a unidade na transferência para quem quer que arremate o imóvel em hasta. Desse modo, o leilão ou hasta não modifica a obrigação reipersecutória. O edital de hasta pública deve prever a existência dos débitos sobre o imóvel para caracterizar a responsabilidade do arrematante.[24]

8.6.4 A inaplicabilidade do CDC nas relações jurídicas entre condomínio e condôminos

No condomínio as relações entre este e os condôminos são caracterizadas por uma obrigação de natureza *propter rem*, a obrigação em relação à coisa, ou unidade condominial da qual são titulares ou possuidores de qualquer natureza, cujas relações, portanto, estão regulamentadas pelas normas do Código Civil, razão pela qual inaplicáveis as disposições do Código de Defesa do Consumidor.

O Código de Defesa do Consumidor regula as relações entre consumidor e fornecedor, definidos diante da compra de um produto ou da prestação de um serviço.

---

24. *Jurisprudência em teses STJ – Edição 68: Condomínio:* 5) O arrematante só responde pelo saldo remanescente do débito condominial se constar no edital da hasta pública a informação referente ao ônus incidente sobre o imóvel. Agravo interno no recurso especial. Processual civil. Execução judicial. Dívidas condominiais pretéritas. Omissão no edital de praça. Responsabilidade do arrematante. Impossibilidade. 1. Não obstante a natureza *propter rem* das dívidas condominiais, se não constar do edital de praça a existência de tal ônus incidente sobre o imóvel, não é possível responsabilizar o arrematante 2. Agravo interno não provido. (*STJ* – AgInt no REsp 1582933 / SP 2016/0034124-2, 14.06.2016, 3ª Turma – Rel. Ministro Ricardo Villas Bôas Cueva).

Apelação – Cobrança de contribuições condominiais promovida pelo condomínio edilício em face da adquirente do imóvel – Transação firmada com a proprietária – Posterior recebimento do crédito junto à incorporadora – Autora que impugna a cobrança relativa ao período anterior à transmissão da posse, pleiteando restituição em dobro dos valores pagos e indenização de dano moral. Sentença que condenou o condomínio à restituição simples dos valores pagos pela autora. Inaplicabilidade do art. 42, parágrafo único do CDC, inexistindo relação de consumo. Não caracterização de dano moral. Recurso desprovido. (*TJSP* – AC 1056051-08.2018.8.26.0576, 22.06.2021, Rel. Enéas Costa Garcia).

Agravo de instrumento – *Imóvel arrematado em hasta pública* – Discussão acerca da responsabilidade pelo pagamento de débitos condominiais anteriores à arrematação – Caráter *proter rem* – Obrigação do arrematante – Recurso desprovido – 01 – Em face da natureza propter rem as taxas condominiais estão vinculadas a coisa, não havendo restrição da obrigação somente ao seu proprietário. Admite-se que a cobrança seja também efetivada a quem detém a posse ou o direito no seu domínio. 02 – A aquisição em hasta pública não tem o condão de anular as dívidas condominiais existentes, ou de isentar o arrematante do pagamento das mesmas, em face justamente do caráter propter rem do débito. Desse modo, o arrematante responde pelos débitos resultantes das taxas condominiais, ainda que anteriores à arrematação. 03 – Recurso desprovido. Unânime. (*TJDFT* – Proc. 07254264020198070000 – (1233929), 11.03.2020, Rel. Romeu Gonzaga Neiva).

Despesas condominiais – Ação de cobrança – Arrematação – Aquisição originária – Débito condominial não previsto no edital de hasta pública – Ausência de responsabilidade do arrematante pelo débito anterior à arrematação – Precedentes do STJ – Procedência da ação de consignação em pagamento – Valor da causa – Impugnação – Fixação nos termos do pedido – Inicial que busca o reconhecimento da inexigibilidade das prestações pretéritas – Art. 292 do CPC – Recurso parcialmente provido – I – O valor da causa há que ter pertinência com os pedidos e, constatando-se que a ação não se limita à consignação em pagamento, mas também à declaração de inexigibilidade de valores, deve este ser computado para a fixação do valor da causa, nos termos do art. 292 do CPC; II – Apesar da obrigação condominial ter natureza "propter rem", tratando-se de aquisição originária, livre e desembaraçada de qualquer ônus, não se pode atribuir ao arrematante a responsabilidade por dívidas anteriores à arrematação, posto não discriminadas no edital. (*TJSP* – AC 1034125-47.2018.8.26.0001, 25.08.2020, Rel. Paulo Ayrosa).

Entretanto, não são raras situações em que seus condôminos arvoram-se em "consumidores", e estes desatentamente levam ao judiciário demandas pugnando pela aplicação do CDC nas relações entre condôminos e condomínios.

A inaplicabilidade da lei consumerista é muito clara nas relações entre condômino e condomínio, mantendo por exemplo os juros e mora previstos na convenção para o caso de inadimplência de despesas condominiais.

Assim, as decisões dos tribunais, são unânimes ao afirmar que os conceitos de condômino e condomínio não se amoldam aos de consumidor e fornecedor de serviços, pois não existe aí relação de consumo, não se atendendo minimamente os requisitos que conceituam consumidor e fornecedor nos termos do art. 2º e 3º da Lei 8.078/90 do CDC.[25]

8.6.5 As taxas de manutenção criadas por associações de moradores

As questões que envolvem taxas de manutenção criadas por associações de moradores, comumente existentes em condomínios fechados, estão sob a liberdade associativa.

Essas pessoas jurídicas, que constituem associações para gerir assuntos comuns da comunidade, colocam serviços à disposição de todos os proprietários e muitos destes proprietários, fazendo uso do seu direito de não fazerem parte da associação dos moradores, negam-se ao pagamento das taxas relativas a estes serviços.

As associações de moradores por sua vez, como colocam o serviço a disposição de todos, entendem que, o não pagamento das taxas por todos os proprietários, associados ou não, usufruindo dos serviços de segurança, zeladoria, entre outros, constitui enriquecimento ilícito, no que, em princípio estão certos a nosso ver.

No nosso ordenamento jurídico, temos duas fontes de obrigações: a lei ou o contrato.

---

25. *Jurisprudência em teses STJ – Edição 68: Condomínio*: 10) Nas relações jurídicas estabelecidas entre condomínio e condôminos não incide o Código de Defesa do Consumidor. Civil – Cobrança – Associação de moradores – *Condomínio irregular – Relação de consumo – Inexistente* – Construção de unidades residenciais autônomas – Rateio de despesas comuns – Contribuições devidas – Sentença mantida – 1 – Trata-se de apelação interposta contra sentença que julgou procedente o pedido para condenar a ré ao pagamento do débito descrito na petição inicial, vencido a partir do mês 06/2017, no montante de R$ 10.544,28 (dez mil quinhentos e quarenta e quatro reais e vinte e oito centavos), além das obrigações vencidas e inadimplidas no curso da demanda. 2 – A relação jurídica existente entre as partes não se submete ao Código de Defesa do Consumidor, tendo em vista não se amoldarem aos conceitos de consumidor e fornecedor, previstos nos artigos 2º e 3º do CDC, respectivamente. 4 – Os apartamentos edificados pelo requerido em sua propriedade devem participar do rateio das despesas condominiais, sob pena de enriquecimento sem causa, haja vista que os moradores se beneficiam do empreendimento comum e dos serviços proporcionados pela Associação de Moradores. 5 – A construção de prédios e/ou unidades autônomas dentro de um mesmo lote eleva o número de moradores e onera a associação/condomínio, pois evidente o aumento das despesas comuns, justificando a cobrança prevista. 6 – Recurso conhecido e desprovido. (*TJDFT* – Proc. 07032037620188070017 – (1252050), 08.06.2020, Rel. Sandoval Oliveira).

Compromisso de compra e venda – Ação de obrigação de fazer c.c indenização por danos materiais e morais – Aquisição de unidade em construção pelo regime de administração, a preço de custo. Extinção da ação em face da construtora (art. 485, VI do CPC). Improcedência em face do condomínio. Irresignação do autor. Ilegitimidade passiva da construtora (art. 58 da Lei 4.591/64). Inaplicabilidade das disposições do CDC ao caso concreto. Licitude da alteração da forma de pagamento do preço do imóvel, regularmente deliberada em assembleia, bem como do condicionamento da imissão na posse à quitação integral do preço, compreendido o crédito relativo ao aditivo. Precedente desta Corte envolvendo o mesmo empreendimento. Licitude da cobrança das despesas inerentes ao imóvel originadas antes da imissão na posse, retardada por culpa exclusiva do autor. Inexistência de danos materiais e morais indenizáveis. Sentença mantida. Recurso desprovido. (*TJSP* – AC 1008332-89.2016.8.26.0482, 19.05.2021, Rel. Alexandre Marcondes).

Da mesma forma, a Constituição garante que ninguém pode ser compelido a fazer algo senão em virtude de lei, além de garantir a liberdade de associação, e sendo uma associação de moradores uma associação civil, esta deve respeitar os direitos e garantias individuais, não lhe cabendo impor obrigações a quem não se vinculou livremente.

A previsão legal da vedação ao enriquecimento sem causa constante do art. 884 do Código Civil deve também respeitar as garantias individuais presente na CRFB/88, razão pela qual, que proprietários de loteamos fechados não vinculados livremente à associação não podem ser cobrados por taxas de serviços, cumprindo ao estatuto da associação regular a matéria.[26]

A Tese firmada no Recurso Repetitivo 882/STJ e em Repercussão Geral Tema 492/STF pacificou as decisões estaduais firmando o entendimento: Cobrança, por parte de associação, de taxas de manutenção e conservação de loteamento imobiliário urbano de proprietário não associado assim pacificou o assunto: "As taxas de manutenção criadas por associações de moradores não obrigam os não associados ou que a elas não anuíram. Questão referente à validade da cobrança de taxas de manutenção ou contribuição de qualquer natureza por associação de moradores ou administradora de loteamento de proprietário de imóvel que não seja associado nem tenha aderido ao ato que instituiu o encargo. "Validade da cobrança de taxas de manutenção ou contribuição de qualquer natureza por associação de moradores ou administradora de loteamento de proprietário de imóvel que não seja associado nem tenha aderido ao ato que instituiu o encargo." REsp 1.280.871/SP sobrestado pelo Tema 492/STF (decisão da Vice-Presidência do STJ de 06/08/2015). RESPs n. 1.280.871/SP e 1.439.163/SP – Relator para acórdão Ministro Marco Buzzi. Vide Controvérsia 52/STJ (Condomínio de fato. No caso, a associação "não pode ser considerada um condomínio nos moldes da Lei 4.591/1964") – Aplicação, revisão ou distinção do Tema n. 882/STJ.

O posicionamento do STJ, no entanto, não resolveu a questão de forma definitiva, pois as associações, via de regra interpõem, além do Recurso Especial para o STJ, também

---

26. Loteamento – Associação de moradores – Taxa de manutenção – Condomínio não configurado – Inconstitucionalidade da cobrança da taxa em face de proprietário não associado até o advento da Lei 13.465/17 ou de anterior lei municipal que discipline a questão, exigindo-se a partir de então anuência ao ato constitutivo da entidade ou a existência do ato constitutivo da obrigação registrado no CRI. Tese firmada no STF (Tema 492). Condições não comprovadas. Enriquecimento sem causa que, por si só, não autoriza a cobrança. Precedentes do STJ. Ação improcedente. Recurso provido. (*TJSP* – AC 1005898-79.2018.8.26.0152, 09.11.2021, Rel. Augusto Rezende).

Associação de moradores – Cobrança – Taxa de manutenção – Propriedade de lote que não é circunstância suficiente à admissibilidade e ao cabimento da ação de cobrança. Ausência de cláusula convencional averbada na matrícula do imóvel. Obrigação propter rem não configurada. Relação obrigacional que exige vontade expressamente declarada pelo proprietário do imóvel no sentido de associar-se. Orientação do STJ firmada no REsp 1.439.163/SP (e REsp 1.280.871/SP). Princípio do enriquecimento sem causa. Admissibilidade de cobrança de serviços efetivamente prestados ou melhorias concretamente introduzidas em prol de todos os comunheiros. Fato não comprovado (art. 373, I, do CPC/2015). Precedente do STJ que ressalta tal possibilidade. Hipótese que não se afina como o caso dos autos. Ação improcedente. Recurso desprovido. (*TJSP* – AC 1006653-16.2017.8.26.0451, 12.08.2020, Rel. Rômolo Russo).

Associação de moradores – Loteamento – Ação de cobrança – Sentença de improcedência – Insurgência da autora – Taxa de associação de moradores – Aplicação do REsp 1280871/SP que, em regime de recursos repetitivos (art. 543-C do CPC/73), firmou entendimento de que "As taxas de manutenção criadas por associações de moradores não obrigam os não associados ou que a elas não anuíram". Prova inequívoca de que a ré anuiu ao pagamento dos valores desde a data de aquisição do lote (agosto de 2004), cujo inadimplemento somente ocorreu a partir de dezembro de 2018. Inexistência de qualquer pedido de desfiliação. Cobrança devida. Recurso provido. (*TJSP* – AC 1003114-43.2019.8.26.0428, 1º.09.2020, Rel. Maria de Lourdes Lopez Gil).

o Recurso Extraordinário ao STF. O Supremo Tribunal Federal, assim decidiu em sede de repercussão geral (tema 492): "É inconstitucional a cobrança por parte de associação de taxa de manutenção e conservação de loteamento imobiliário urbano de proprietário não associado até o advento da Lei nº 13.465/17, ou de anterior lei municipal que discipline a questão, a partir da qual se torna possível a cotização dos proprietários de imóveis, titulares de direitos ou moradores em loteamentos de acesso controlado, que i) já possuindo lote, adiram ao ato constitutivo das entidades equiparadas a administradoras de imóveis ou (ii) sendo novos adquirentes de lotes, o ato constitutivo da obrigação esteja registrado no competente Registro de Imóveis"

O condomínio ou loteamento fechado é modalidade de estrutura habitacional regulada pela Lei 6.766/79 e alterações, muitas vezes denominado condomínio fechado, pois, muitas vezes conta com infraestrutura de lazer, segurança, com controle de acesso de visitantes.

A expressão consagrada como "condomínios fechados", sob o aspecto jurídico estrito, não é a melhor, mas é a que nos dá melhor compreensão, pois seus pontos de contato com os condomínios são evidentes.[27]

A Lei 13.465/2017 que, dentre outras providências, incluiu o art. 36-A na lei 6.766/79, dispondo sobre as Associações de Proprietários que administram os Loteamentos Fechados traz redação imperfeita, mas deixa claro o objetivo do legislador de estabelecer a obrigatoriedade do pagamento das taxas associativas pelos proprietários não vinculados à associação dos moradores:

> Art. 36-A. As atividades desenvolvidas pelas associações de proprietários de imóveis, titulares de direitos ou moradores em loteamentos ou empreendimentos assemelhados, desde que não tenham fins lucrativos, bem como pelas entidades civis organizadas em função da solidariedade de interesses coletivos desse público com o objetivo de administração, conservação, manutenção, disciplina de utilização e convivência, visando à valorização dos imóveis que compõem o empreendimento, tendo em vista a sua natureza jurídica, vinculam-se, por critérios de afinidade, similitude e conexão, à atividade de administração de imóveis.
>
> Parágrafo único. A administração de imóveis na forma do caput deste artigo sujeita seus titulares à normatização e às disciplinas constantes de seus atos constitutivos, cotizando-se na forma desses atos para suportar a consecução dos seus objetivos.'

---

27. Apelação cível – Direito civil – Condomínio irregular – Associação de moradores – Cobrança de taxa – Anuência – Subscrição de convenção de administração de condomínio – Gratuidade – Deferimento – Não retroativo – Valor da causa – 1 – O colendo Superior Tribunal de Justiça, por meio do Tema Repetitivo 882, definiu que "As taxas de manutenção criadas por associações de moradores não obrigam os não associados ou que a elas não anuíram". 2 – A contrário *sensu*, comprovado nos autos que o possuidor do imóvel participa da associação, usufruindo de seus benefícios, resta configurada a anuência de que trata o Tema Repetitivo 882. 3 – Recurso conhecido e provido. (*TJDFT* – Proc. 0701678522019807008 – (1292323), 19.03.2021, Rel. Fábio Eduardo Marques).

    Apelação – *Loteamento fechado* – *Associação de moradores* – Taxa de manutenção – Ação de cobrança de taxas anteriores à aquisição do imóvel pelo Apelado – Proprietário de imóvel não associado – Leis estadual e municipal conferem à associação poder de cobrar taxa de manutenção – Competência exclusiva da União para legislar sobre Direito Civil –Leis inaplicáveis, pois posteriores às taxas vencidas – Jurisprudência estabeleceu que proprietário não associado não tem obrigação de pagar taxa de manutenção – Possibilidade subsidiária de cobrança com base na proibição do enriquecimento sem causa – Apelante não demonstrou benefícios ao Apelado – Pagamento de taxas a partir da entrada no imóvel não implica assunção tácita da obrigação de pagar taxas vencidas anteriormente – Apelante não se confunde com condomínio – Taxas de manutenção não têm natureza "propter rem" – Recurso improvido. (*TJSP* – AC 1008946-90.2019.8.26.0320, 09.09.2020, Rel. Luiz Antonio Costa).

CAPÍTULO 8 • DESPESAS CONDOMINIAIS

A análise do parágrafo único deste dispositivo os proprietários são obrigados a ratear as despesas da associação, não fazendo o legislador qualquer distinção entre proprietários associados e não associados.

Esta lei pode levar o STJ poderá reexaminar sua posição e adotar entendimento diverso a do mencionado Recurso Repetitivo.

O tema deve ser definitivamente esclarecido durante o julgamento do já mencionado Recurso Extraordinário representativo da controvérsia em sede de Repercussão Geral ou por meio de ação própria de inconstitucionalidade, em abstrato face ao mencionado dispositivo da Lei dos Loteamentos.

8.6.6 Sala térrea com acesso próprio á via pública – Despesas condominiais

A convenção do condomínio é livre para determinar os critérios de rateio das despesas comuns a todas as unidades autônomas, e as normas assim obtidas, se estiverem em conformidade com a lei que rege os condomínios, devem ser respeitadas por todos.

O proprietário de lojas térreas, com acesso independente não pode simplesmente deixar de pagar as despesas condominiais previstas na Convenção, sob o argumento de que suas lojas possuem entrada independente e não usufruem os serviços.

Assim, para que o proprietário de lojas térreas deixe de participar do rateio de despesas comuns, seria necessário que houvesse a previsão expressa na convenção condominial.

Desta forma, cada condômino concorre para as despesas do condomínio, na proporção da fração ideal de sua propriedade, a menos que seja de outra maneira acordado em convenção de condomínio, conforme disposição do artigo 1.336, inciso I do Código Civil de 2002. A isenção dos proprietários de lojas localizadas no térreo quanto às despesas relacionadas à conservação de elevadores e escadas rolantes é legal quando aprovada pela assembleia e prevista em convenção de condomínio.[28]

---

28. *Jurisprudência em teses STJ – Edição 68: CONDOMÍNIO:* 17) A loja térrea, com acesso próprio à via pública, não concorre com gastos relacionados a serviços que não lhe sejam úteis, salvo disposição condominial em contrário. Agravo regimental no agravo em recurso especial. Ação anulatória. Convenção condominial. Loja térrea. Autônoma. Critério de rateio expresso. Validade. 1. A loja térrea, com acesso próprio à via pública, não concorre com gastos relacionados a serviços que não lhe sejam úteis, salvo disposição condominial em contrário. Soberania da convenção do Condomínio. Precedentes. 2. Agravo regimental não provido (STJ – AgRg no AREsp 495526 / RJ, 2014/0076196-5, 02.02.2016, 3ª Turma – Rel. Ministro Ricardo Villas Bôas Cueva).

    Ação declaratória de inexigibilidade de débito c.c devolução de quantia paga e consignação em pagamento – Rateio condominial – Loja localizada em andar térreo, cujos proprietários reclamam a inexigibilidade da dívida formada pelas despesas decorrentes do salário dos ascensoristas, da utilização e manutenção dos elevadores, do uso de água nas áreas comuns e do pagamento e manutenção das catracas eletrônicas para acesso ao prédio, com a devolução da quantia paga a esse título após o ajuizamento e a consignação em Juízo do valor tido por correto, sob a alegação de que não usufruem de todos os serviços, áreas e equipamentos postos à disposição pelo Condomínio réu. Sentença de improcedência. Apelação dos autores, que visam a anulação da sentença por cerceamento de defesa a pretexto de privação da prova pericial, insistindo quanto ao mérito na procedência da Ação. Exame: Cerceamento de defesa configurado. Convenção condominial que prevê a dispensa do pagamento dos encargos comuns "segundo o critério da possibilidade de utilização das partes e coisas comuns de modo que essas despesas, sempre que não afetem ao todo, recairão somente sobre os condôminos beneficiados", em consonância com o disposto no artigo 1.340 do Código Civil e a orientação traçada pelo C. Superior Tribunal de Justiça. Controvérsia nos autos pendente acerca do benefício decorrente da disponibilização dos serviços, áreas comuns e equipamentos pelo Condomínio réu aos demandantes, proprietários da mencionada loja localizada no andar térreo do edifício que forma o condomínio demandado. Caso que comporta efetivamente a produção da prova pericial pugnada pelas partes na fase própria pelas partes. Inteligência do artigo 464, § 1º, do Código de Processo Civil. Perícia que se mostra mesmo útil para o exame da controvérsia. Sentença anulada. Recurso provido. (*TJSP* – AC 1130256-44.2019.8.26.0100, 16.04.2021, Relª Daise Fajardo Nogueira Jacot).

Despesas de condomínio – Ação de cobrança Cotas de rateio comum – Demanda em face de empresa proprietária de loja comercial situada no andar térreo – Sentença de procedência – Manutenção do julgado – Cabimento – Pretensão da ré em nomear à autoria o promitente comprador da unidade autônoma – Aludido negócio particular que, no entanto, jamais foi comunicado ao condomínio – 'Res inter alios acta' e que, portanto, não produz efeitos com relação a terceiros – Responsabilidade da atual proprietária que remanesce – Alegação de que está isenta dos pagamentos por força da Convenção, pois seu relógio de força e de água são independentes – Inconsistência jurídica – Atas de assembleias gerais ordinárias que aprovaram os serviços de limpeza, jardinagem, de reforma de fachadas e de vistoria do Corpo de Bombeiros – Serviços que efetivamente beneficiaram à unidade autônoma em comento – Obrigação 'propter rem' – Existência. Apelo da ré desprovido. (*TJSP* – AC 1043890-50.2016.8.26.0506, 06.08.2020, Rel. Marcos Ramos).

Apelação cível – *Taxa de condomínio* – Ação revisional – Loja comercial situada no térreo – Despesas comuns pela fração ideal – Critério de rateio – Disposição da convenção condominial – Validade – Recurso conhecido e desprovido – 1 – A loja térrea, com acesso próprio à via pública, não concorre com gastos relacionados a serviços que não lhe são úteis, salvo previsão condominial em contrário. Soberania da convenção do condomínio. Precedentes do STJ. 2 – Conforme o art. 1.336, I, do Código Civil e art. 12, § 1º, da Lei 4.951/64, a cobrança da taxa condominial calcada na proporção da fração ideal do imóvel é permitida e recomendável, salvo disposição contrária em convenção. 3 – Recurso conhecido e desprovido. (*TJDFT* – Proc. 20170710010943APC – (1144691), 21.01.2019, Rel. Luís Gustavo B. de Oliveira).

Capítulo 9
ASSEMBLEIA GERAL DE CONDÔMINOS

Sumário: 9.1 Convocação. 9.2 Contagem de votos. Quórum. 9.3 Ata notarial. 9.4 Ainda sobre o conselho consultivo. 9.5 Mudança de destinação do edifício ou de unidade condominial.

9.1 CONVOCAÇÃO

A assembleia dos condôminos representa o poder legislativo do instituto condominial, enquanto o síndico representa seu poder executivo. O órgão colegiado é deliberativo para o qual devem ser convocados todos os condôminos. Trata-se de órgão máximo do condomínio.

A ausência de convocação geral idônea sujeita a assembleia à nulidade: "A assembleia não poderá deliberar se todos os condôminos não forem convocados para a reunião" (art. 1.354).[1] A convenção deve especificar a forma de convocação. Se não o fizer, há de se atentar para qualquer que seja o meio idôneo utilizado, que atinja a todos os interessados. O extinto projeto 6.920/2002 objetivou acrescentar a esse artigo que os condôminos poderão fazer-se representar por procuração, sendo vedada a outorga de mais de três mandatos à mesma pessoa. Esse texto deveria mesmo constar da lei. Já consta de muitas convenções e regulamentos internos, por vezes restringindo a apenas uma procuração por comparecente à assembleia. Essa disposição visa justamente evitar que uma única vontade ou algumas poucas vontades dominem todo o condomínio, esvaziando o sentido da assembleia, estabelecendo uma ditadura.

Para efeito de comparecimento às assembleias, a lei se refere também aos compromissários compradores e cessionários promitentes das unidades, os quais se equiparam aos proprietários (art. 1.334, § 2º).

O art. 24 da lei anterior e o art. 1.350 do Código estabelecem a necessidade de uma assembleia ordinária anual, convocada pelo síndico, na forma da convenção. Além que qualquer matéria que pode ser colocada na ordem do dia, essa assembleia tem a missão de discutir e aprovar as verbas do condomínio, sua conservação e manutenção, podendo, contudo, tratar de outros assuntos de interesse condominial (art. 1.350). Se o síndico não convocar a assembleia, um quarto dos condôminos poderá fazê-lo (art.

---

1. Condomínio edilício – Ação de nulidade de assembleia geral extraordinária – Vício formal quanto à convocação – Irregularidade na convocação determina a nulidade da assembleia – Pedido parcialmente procedente —- Apelo parcialmente provido. (*TJSP* – AC 1012932-33.2019.8.26.0003, 16.11.2021, Relª Silvia Rocha).

   Condomínio – Documento novo – Assembleia geral extraordinária – Convocação dos condôminos – Descumprimento – Nulidade – 1 – Não configura documento novo aquele que já existia à época da propositura da ação e que era acessível à parte que serodiamente, somente na fase recursal, o juntou aos autos. 2 – O descumprimento de requisito essencial para a realização de assembleia, de natureza extraordinária, como o ato de convocação, previsto como formalidade estatutária, enseja prejuízo aos condôminos e a consequente nulidade da reunião. (*TJDFT* – Proc. 0718105822018807001 – (1225605), 11.02.2020, Rel. Fernando Habibe).

1.350 §1º).[2] As deliberações da assembleia, tomadas pelo quórum exigido em cada hipótese, obrigam todos os condôminos. Frustrando-se a convocação de assembleia, por qualquer motivo, o juiz poderá fazê-lo, por iniciativa de qualquer condômino, com suficiente embasamento para tal (art. 1.350, §2º).[3] Embora esse dispositivo se inclua na matéria da assembleia ordinária, pode ser utilizado para convocar extraordinária (Rizzardo, 2019:221).

O Código Civil mantém a mesma possibilidade de realização de assembleias extraordinárias sempre que houver necessidade, convocada pelo síndico, ou por condôminos que representem uma quarto, no mínimo, do condomínio, observada a representatividade em frações ideais ou outro método adotado na convenção (art. 25 da lei anterior e 1.355 do Código Civil).[4] As matérias a serem discutidas nessa assembleia devem constar da ordem do dia.[5]

---

2. Condomínio – Ação de anulação de assembleia condominial extraordinária – Convocação pelo Conselho Fiscal – Legalidade – Pauta especificada – Destituição do síndico – Ausência de defesa oportuna – Suspensão de multas – Assembleia que obedeceu às estipulações contidas na convenção de condomínio e os dispositivos legais aplicáveis. Sentença mantida. Recurso não provido. (*TJSP* – AC 1043048-88.2020.8.26.0002, 15.029.2021, Rel. Cesar Lacerda).

3. Apelação – Ação declaratória de nulidade – Condomínio – Assembleia – Aprovação de obras úteis – Quórum atingido – Alegação de alteração da convenção – Quórum igualmente atingido – Sentença mantida – O Código Civil de 2002 é posterior à Convenção e, portanto, prevalente – O artigo 1.341 , II , do Código Civil, dispõe que a realização de obras no condomínio depende, se úteis, da maioria dos condôminos – Ainda que desconsiderados os votos das unidades inadimplentes, tem-se que houve a aprovação por maioria simples do total de votos na assembleia – Destaca-se que se considerada a alteração da convenção (art. 1.351, do CC), ainda assim assembleia foi válida, pois, a votação obteve o quórum exigido de dois terços para a votação – Frisa-se que a vida em condomínio exige tolerância e bom senso, devendo a vontade do condomínio emitida na ocasião destinada para tal, entenda-se a assembleia, prevalecer. Apelação desprovida, com observação. (*TJSP* – AC 1054082-08.2017.8.26.0506, 15.10.2021, Rel. Lino Machado).

   Agravo de instrumento – Ação anulatória – Assembleia de condomínio – Alteração da convenção – Necessidade de quórum qualificado – Indícios de não observância – Deferimento da antecipação dos efeitos da tutela – Aprovação de benfeitoria – Alegação de nulidade – necessidade de dilação probatória - Na linha do quanto disposto nos artigos 1.333 e 1.351, do Código Civil, a modificação da convenção de condomínio demanda aprovação por quórum qualificado, composto por 2/3 dos condôminos. A inobservância do referido quórum revela indícios de nulidade da alteração levada a efeito. A classificação de benfeitoria aprovada em assembleia demanda dilação probatória, em observância ao devido processo legal. (*TJDFT* - Proc. 07200613420218070000 - (1362677), 23-8-2021, 23-8-2021, Rel. Esdras Neves).

   Condomínio – Vaga de garagem – Vício na convocação de assembleia – Não observada a convenção do condomínio – Artigos 1.350 e 1.354 do Código Civil – Nulidade – Autora que foi tolhida de seu direito de participar da reunião – Apelação da autora provida, prejudicado o recurso do réu. (*TJSP* – AC 1016309-64.2018.8.26.0482, 31.03.2020, Rel. Sá Moreira de Oliveira).

4. Agravo de instrumento – Condomínio – Assembleia – Ação de obrigação de fazer cumulada com pedido de tutela de urgência – Pedido de convocação de assembleia geral extraordinária por ¼ dos condôminos – Cabimento – Recurso desprovido. (*TJSP* – AI 2158636-98.2021.8.26.0000, 09.08.2021, Rel. Antônio Nascimento).

   Agravo de instrumento – *Condomínio Edilício* – Administração – Assembleia geral extraordinária – Convocação – Legalidade – Critérios – Quórum – Antecedência mínima – Observados o quórum exigido pelo art. 1.355 do Código Civil e o prazo de antecedência mínima estabelecido na convenção de condomínio, firma-se a legalidade da convocação de Assembleia Geral Extraordinária. (*TJDFT* – Proc. 07011345420208070000 – (1270545), 13.08.2020, Rel. Carmelita Brasil).

5. Anulatória– Condomínio edilício – Assembleia geral extraordinária – Destituição de síndico e novas eleições – Convocação da assembleia e votação que se deu de forma absolutamente regular, observando-se as exigências do Código Civil (arts. 1.349 e 1.355) e da convenção condominial – Improcedência da ação que se mantém – Honorários advocatícios que se reduz, em adequação ao § 2º, do art. 85 do Código de Processo Civil – Recurso parcialmente provido. (*TJSP* – AC 1070228-23.2013.8.26.0100, 06.05.2021, Rel. Fábio Quadros).

CAPÍTULO 9 • ASSEMBLEIA GERAL DE CONDÔMINOS

145

Para alteração da convenção (e não para o regimento interno), exige-se quórum especial de dois terços dos condôminos (art. 1.351).[6] Pretendeu-se limitar os votos de quem possuísse várias unidades no mesmo prédio. Essa situação pode ocorrer quando o incorporador mantém a propriedade de várias unidades. Esse texto não foi aprovado.

O regimento interno pode ser aprovado de forma mais simples, desde que haja convocação específica para tal finalidade, não se aplicando o quórum qualificado do art. 1.351. A Lei 10.931/2004 excluiu o regimento interno do quórum exigido para alteração da convenção. Basta, portanto, maioria simples dos presentes para aprovação de sua alteração (art. 1.350). [7]

Agravo de instrumento – *Condomínio em edifício* – Ação de anulação de assembleia – Tutela de urgência indeferida – Agravante que pretende a suspensão da Assembleia Geral Extraordinária, por vício na convocação, inobservância de quórum e votação de questões fora da pauta – Fatos narrados que recomendam a prévia instauração do contraditório – Ausente prova suficiente nos autos para evidenciar a probabilidade do direito e risco ao resultado útil do processo – Tutela indeferida – Inteligência do artigo 300 do CPC –. Decisão agravada mantida – Recurso improvido. (*TJSP* – AI 2133056-03.2020.8.26.0000, 01.07.2020, Rel. Luis Fernando Nishi).

6. Condomínio edilício – Demanda declaratória de nulidade de assembleia extraordinária – Tutela antecipada – Provimento de urgência, voltado a limitar poderes da síndica eleita, sem, no entanto, atacar os efeitos da assembleia que a nomeou, ou a própria continuidade da gestão, incongruente. Alegação de irregularidade na convocação da assembleia extraordinária. Tentativa arbitrária dos autores em transformar, à sua conveniência, em assembleia ordinária ato que não foi convocado com tal qualificação. Impossibilidade de nomeação de síndico externo. Norma do art. 1.347 do CC que não é inovadora, repetindo o que já dispunha a respeito o art. 22, § 4º, da Lei 4.591/64. Convenção em sentido contrário datada de 1960, tendo o condomínio, entretanto se acomodado, ao que consta, à permissão legal, tanto que passou a nomear síndicos profissionais desde 2014. Verossimilhança do direito invocado inexistente. Ocultação pelos condôminos autores de detalhes relevantes. Decisão concessiva da tutela de urgência reformada. Agravo de instrumento do condomínio-réu provido. (*TJSP* – AI 2132980-76.2020.8.26.0000, 03.03.2021, Rel. Fabio Tabosa).

    Condomínio – Ação anulatória de assembleia condominial cumulada com obrigação de fazer – Locação por temporada – Assembleia Geral Extraordinária em que foi aprovada proibição de locação por temporada por meio de plataformas digitais – Direito de propriedade que não é absoluto – Entretanto, em se tratando de restrição ao meio de veiculação da locação, necessária previsão expressa na Convenção do Condomínio – Vício no quórum da aprovação – Não observada a convenção do condomínio – Artigo 1.351 do Código Civil – Nulidade. Recurso provido. (*TJSP* – AC 1055835-86.2019.8.26.0002, 29.07.2020, Rel. Sá Moreira de Oliveira).

7. Agravo de instrumento – Ação anulatória – Assembleia de condomínio – Alteração da convenção – Necessidade de quórum qualificado – Indícios de não observância – Deferimento da antecipação dos efeitos da tutela – Aprovação de benfeitoria – Alegação de nulidade – Necessidade de dilação probatória – Na linha do quanto disposto nos artigos 1.333 e 1.351, do Código Civil, a modificação da convenção de condomínio demanda aprovação por quórum qualificado, composto por 2/3 dos condôminos. A inobservância do referido quórum revela indícios de nulidade da alteração levada a efeito. A classificação de benfeitoria aprovada em assembleia demanda dilação probatória, em observância ao devido processo legal. (*TJDFT* – Proc. 07200613420218070000 – (1362677), 23-8-2021, Rel. Esdras Neves).

    Apelação cível – *Condomínio* – Ação declaratória de nulidade da assembleia extraordinária – Instituição de multa condominial – Ausência de quórum qualificado – Sentença reformada – 1 – A alteração da Convenção do Condomínio exige a presença de 2/3 (dois terços) dos condôminos, não se fazendo necessário tal quórum quando a modificação for do Regimento Interno, a teor do que dispõe o art. 1.351 do Código Civil (com a redação que lhe fora dada pela Lei 10.931/04). Ausente o quórum qualificado de 2/3 dos condôminos, caracterizado está o vício formal a macular de nulidade as deliberações assemblares aprovadas. 2 – As normas que estabelecem regras de utilização das áreas comuns de modo a não comprometer a salubridade, a segurança e o sossego coletivo, não são meras regras casuísticas e sim, normas disciplinadoras das relações mantidas entre o Condomínio e os condôminos, que devem ser obrigatoriamente observadas, inclusive, sob pena de aplicação de multa, a qual deve estar prevista na convenção do condomínio. 3 – Prevalece, portanto, a regra do § 2º do art. 1.336 do Código Civil que estatuiu o quórum qualificado da seguinte forma: Art. 1.336. São deveres do condômino: IV – dar às suas partes a mesma destinação que tem a edificação, e não as utilizar de maneira prejudicial ao sossego, salubridade e segurança dos possuidores, ou aos bons costumes (...) § 2º O condômino, que não cumprir qualquer dos deveres estabelecidos nos incisos II a IV, pagará a multa prevista no ato constitutivo ou na convenção, não podendo ela ser superior a

Fica em aberto e em dúvida se a convenção pode estabelecer quórum diferente do art. 1.351 para sua alteração, algo que a lei omite e permitindo em tese essa interpretação (Avvad, 2017:157).

Os votos tomarão por base as frações ideais de cada condômino, salvo disposição diversa na convenção. Conforme o art. 1.352, salvo quando exigido quórum especial, as decisões assembleares serão tomadas em primeira convocação, por maioria de votos dos condôminos presentes que representem a metade das frações ideais, salvo disposição diversa na convenção. Em segunda convocação, a assembleia se realiza com os condôminos presentes, cujos votos também são tomados por maioria, não havendo exigência de quórum especial (art. 1.353). Geralmente, por praxe ou economia, a segunda convocação é estabelecida para meia ou uma hora depois da primeira convocação.

Em caso de não ser realizada a assembleia devidamente convocada, ou qualquer óbice seja oposto para sua instalação, a questão pode ser levada ao Judiciário, não se chegando a uma conciliação (art. 1.350, §2º).

Como se vê, ao menos uma assembleia anual deve ser realizada. A lei não estipula a modalidade de convocação, desde que se comprove que todos foram cientificados. De qualquer forma, é obrigatória a forma escrita. Não há limite para discussão de temas ordinários na assembleia ordinária, ainda que na convocação não conste "assuntos gerais". Contudo, é de extrema conveniência que questões sensíveis constem da ordem do dia ou sejam relegadas para uma assembleia extraordinária.

9.2 CONTAGEM DE VOTOS. QUÓRUM

Na contagem de votos nas assembleias, não se computa o escrutínio por cabeça, mas proporcionalmente às frações ideais de cada condômino, salvo se dispuser diferentemente a convenção, como áreas privativas ou outro critério. O voto é, desse modo, proporcional ao conteúdo e extensão do direito condominial. É permitido o voto por procuração, como já apontamos, sendo conveniente que a convenção ou regimento restrinja o número de procuradores para cada condômino presente. Número livre de procuradores pode permitir abusos. Nosso legislador não se preocupou com a matéria, quando deveria fazê-lo. Se a convenção ou o regimento interno não limitar as procurações, os condôminos, em assembleia poderão decidir a esse respeito, para futuras assembleias. As procurações poderão conter poderes amplos, ou se limitar à discussão de determinadas matérias.

À minoria dissidente cabe discutir a legalidade das decisões tomadas, mas enquanto não anulada a assembleia, terá plena eficácia e aplicabilidade.

Note que há matérias pontilhadas na lei que exigem quórum mínimo para aprovação. O art. 1.349 estabelece o quórum de maioria absoluta para destituição do síndico.[8]

---

cinco vezes o valor de suas contribuições mensais, independentemente das perdas e danos que se apurarem; Não havendo disposição expressa, caberá à assembleia geral, por dois terços no mínimo dos condôminos restantes, deliberar sobre a cobrança da multa . 4 – Recurso parcialmente provido. (*TJDFT* – Proc. 07113873520198070001 – (1233857), 18.03.2020, Rel. Leila Arlanch).

8. Apelação – Condomínio edilício – Ação de destituição de síndico e prestação de contas – Ilegitimidade ativa dos condôminos para exigir contas do síndico – O síndico tem o dever de prestar contas perante a Assembleia, nos

CAPÍTULO 9 • ASSEMBLEIA GERAL DE CONDÔMINOS   147

Em assembleia especialmente convocada para esse fim. Na verdade, essa hipótese de destituição se entrosa com o § 2º do artigo anterior, que dispõe sobre a convocação de assembleia para delegação de poderes do síndico. Pelo que se infere, a assembleia pode ser convocada para delegar funções do síndico, mas permite sua destituição. É estranha a forma como o legislador tratou dessa situação, embora deixando claro o quórum para referida destituição. Quando o síndico é destituído, a assembleia deve dar posse ao subsíndico, se houver, esclarecendo se este assume provisória ou efetivamente, ou proceder a nova eleição.

O síndico, como condômino, também votará nas decisões, salvo se a questão se referir a sua pessoa, como a sua destituição, por exemplo.

O controle judicial examinará, a par da questão formal da assembleia, eventuais abusos de direito. Trata-se de regra geral de uso da propriedade. Os princípios gerais de nulidade e anulabilidade devem ser sopesados. Cuida-se da regra geral para os negócios jurídicos. O prazo decadencial para situações de anulabilidade da assembleia por erro, dolo, coação, fraude contra credores é de quatro anos (art. 178 do Código Civil). É admissível também que esse prazo seja de dois anos, para outras situações, na forma do art. 179, quando a lei não estabelece prazo específico para a anulação.

As medidas cautelares ou prévias que impeçam, a realização ou cumprimento das decisões assembleares devem ser concedidas com muita prudência. Nada impede que o juiz designe representante seu para acompanhar ou presidir assembleia, como auxiliar do juízo, tal como perito, se a situação de beligerância dos condôminos assim exigir.

As ações anulatórias de assembleias são o meio idôneo para impugnar decisões ilegais, cabendo aos condôminos apontá-las.[9]

---

termos dos arts. 1.348, VIII, e 1.350, ambos do Código Civil – Assente na jurisprudência do C. STJ e deste E. TJSP que o condômino, isoladamente, não possui legitimidade para propor ação de prestação de contas em face do síndico. Destituição de síndico – Falta de interesse processual do condômino – Questão que deve ser decidida em assembleia convocada especialmente para este fim, mediante maioria absoluta dos condôminos (CC, art. 1.349) – Sentença mantida – Recurso improvido. (*TJSP* – AC 1016694-34.2019.8.26.0625, 22.11.2021, Rel. Luis Fernando Nishi).
Agravo de instrumento – *Destituição de síndico – Quorum qualificado* – Maioria absoluta – Art. 1349 CC – 1 – A destituição de síndico é matéria da maior gravidade dentre as possíveis deliberações dentro de um condomínio, de forma que norma civil insculpida no art. 1.359 do CC, visa, especialmente, resguardar quórum qualificado para tal situação. 2 – A destituição do síndico somente poderá ser feita pelo voto favorável da maioria absoluta dos membros da assembleia (art. 1.349 do Código Civil), que nesse caso consiste em metade mais um de todos os condôminos. 3 – A regra exige quórum definido sobre o total de condôminos, e não apenas considerados os presentes à reunião específica, dada a exigência de maioria absoluta. 4 – Agrado conhecido e desprovido. Agravo interno prejudicado. (*TJDFT* – Proc. 07008037220208070000 – (1255542), 22.06.2020, Rel. Gilberto Pereira de Oliveira).

9. Apelação cível – Civil e processual civil – Anulação de assembleia geral extraordinária – Condomínio – Contribuição extraordinária ("taxa" extra) destinada a obras de pavimentação asfáltica de área comum – Obra útil – Quórum qualificado – Convenção coletiva – Não exigência – Assembleias válidas – Recurso improvido – 1 – Em se tratando de obra útil – Pavimentação asfáltica de área comum do condomínio de casas localizado na Ponte Alta do Gama – Com instituição de contribuição extraordinária ("taxa" extra), a própria convenção condominial dispensa a sua aprovação por meio de quórum qualificado, bem assim o art. 1.341, II, do Código Civil, bastando a maioria simples dos presentes em assembleia (22/12/2019), como de fato ocorreu, razão pela qual não há falar em nulidade dessa mesma assembleia, muito menos da próxima, realizada em 13/02/2020, na qual houve mera referência à primeira. 2 – Recurso conhecido e desprovido. (*TJDFT* – Proc. 07103009820208070004 – (1372776), 28.09.2021, Rel. Alfeu Machado).

Apelação cível – Civil – Obras úteis, necessárias ou voluptuárias nos condomínios – *Anulação assembleia de condomínio* – Realização sem observar o quórum mínimo para benfeitorias voluptuárias – art. 1.341 do código

Questão que pode ocorrer é ninguém comparecer à assembleia, mormente quando a matéria exige quórum qualificado. Tendo sido regularmente convocados todos os condôminos, essa ausência tem que ser entendida como aquiescência sobre as matérias tratadas, sob pena de travar a administração do condomínio.

Como ato-regra, as decisões das assembleias obrigam todos os condôminos, presentes ou não na reunião.

9.3 ATA NOTARIAL

O art. 384 do CPC de 2015 incluiu entre os meios de prova admitidos, a *Ata Notarial*, que no passado já era utilizada esporadicamente. No meio condominial esse meio pode representar papel importante, como, por exemplo, retratar integralmente uma assembleia. O parágrafo único do dispositivo completa essa norma, admitindo dados representados por som e imagem. Como aponta a clássica obra de Caio Mário, certamente com a atualização da lavra do saudoso Sylvio Capanema de Souza: *"ela pode produzir excelentes resultados, contribuindo para resolver intrincadas questões de fato que ocorrem, frequentemente, nas assembleias gerais"* (2018: 168). *"Temos, entretanto, certeza de que em futuro não muito distante as atas notariais passarão a fazer parte da rotina condominial, com larga e efetiva utilização"* (2018: 169). A ata notarial tem fé pública e pode documentar tudo que ocorreu na assembleia, facilitando sua aprovação, evitando discussões estéreis, bem como dúvidas persistentes e inúteis.

Assim, quando adredemente se sabe que haverá discussão acirrada na assembleia, conveniente que se acautele o síndico ou os condôminos pedindo a presença de notário responsável por elaborar a ata. Note que a ata notarial constata fatos, é meio de prova, não criando nem modificando direitos. A presença do cartorário não substitui o secretário da Assembleia, sempre indicado para o ato.

9.4 AINDA SOBRE O CONSELHO CONSULTIVO

Já expusemos acerca do Conselho Consultivo, como dispunha o art. 9º, § 3º da lei anterior. Na prática esse órgão exerce a função de conselho fiscal, até levando essa denominação.[10] O art. 1.356 do Código permite facultativamente sua presença, composto

---

civil – taxa extra instituída – nula – recursos conhecidos e desprovidos – sentença mantida – 1 – Preliminar de ilegitimidade da administradora afastada. Pela teoria da asserção, aceita pela doutrina e pela jurisprudência, a verificação das condições da ação deve ser feita com base nas alegações do autor conforme formuladas na petição inicial, tratando-se a correspondência entre o alegado e a realidade, de matéria a ser apreciada por ocasião da análise do mérito. 2 – A deliberação para a realização de obras voluptuárias depende de quórum especial, nos termos do art. 1.341 do Código Civil. 3 – Correta a anulação da assembleia quando a realização de obras voluptuárias em condomínio não atingir concordância de 2/3 (dois terços) dos condôminos. 4 – A realização de obras voluptuárias sem a devida aprovação da assembleia de condôminos configura ato ilícito e impõe o dever de ressarcimento dos valores despendidos pelo condomínio como taxa extra. 5 – Recursos conhecidos e desprovidos. Sentença mantida. (*TJDFT* – Proc. 07388589420178070001 – (1231271), 09.03.2020, Rel. Robson Barbosa de Azevedo).

10. Apelação cível – Civil e processual civil – Anulação de assembleia geral extraordinária – Condomínio – Contribuição extraordinária ("taxa" extra) destinada a obras de pavimentação asfáltica de área comum – Obra útil – Quórum qualificado – Convenção coletiva – Não exigência – Assembleias válidas – Recurso improvido – 1 – Em se tratando de obra útil – Pavimentação asfáltica de área comum do condomínio de casas localizado na Ponte Alta do Gama –

CAPÍTULO 9 • ASSEMBLEIA GERAL DE CONDÔMINOS   **149**

de três membros eleitos em assembleia, por prazo não superior a dois anos, a quem compete fiscaliza as contas do síndico e do condomínio. Outros órgãos auxiliares podem ser criados, como apontamos. Enquanto o síndico pode ser pessoa estranha ao corpo de condôminos, estes sempre integrarão os conselhos.

9.5 MUDANÇA DE DESTINAÇÃO DO EDIFÍCIO OU DE UNIDADE CONDOMINIAL

Pedro Elias Avvad (2017:158) qualifica como o mais infeliz dos dispositivos aquilo que consta da parte final do art. 1.351: exigência da unanimidade dos condôminos para se alterar a destinação do edifício ou de unidade condominial.

A crítica desse autor é acerba, racional e justa. Em princípio, a unanimidade pode tudo e não necessitaria que a lei o dissesse. O texto legal infringe, sem dúvida, o princípio basilar da finalidade social da propriedade. Imagine-se que o condomínio pretenda alterar um apartamento residencial do andar térreo, geralmente de valor menor que os demais, para utilização comercial. A exigência de unanimidade praticamente inviabiliza a decisão. Imagine-se então obter unanimidade para mudança da destinação do edifício. Quanto maior o número de unidades, mas árdua é a obtenção de unanimidade. E lembre-se, agora, mais atualmente, da possibilidade de os edifícios atuarem sob o regime da multipropriedade. Haverá também mudança de finalidade do imóvel. A matéria tem que ser revista legislativamente, exigindo temperamentos.

Com instituição de contribuição extraordinária ("taxa" extra), a própria convenção condominial dispensa a sua aprovação por meio de quórum qualificado, bem assim o art. 1.341, II, do Código Civil, bastando a maioria simples dos presentes em assembleia (22/12/2019), como de fato ocorreu, razão pela qual não há falar em nulidade dessa mesma assembleia, muito menos da próxima, realizada em 13/02/2020, na qual houve mera referência à primeira. 2 – Recurso conhecido e desprovido. (*TJDFT* – Proc. 07103009820208070004 – (1372776), 28.09.2021, Rel. Alfeu Machado).

Apelação cível – *Condomínio* – Multa por infração ao regulamento – Se a aplicação de multa dependia de aprovação do conselho consultivo, nos termos da convenção condominial, e ausente prova de deliberação nesse sentido, de julgar-se improcedente a cobrança – Eventual deliberação pela via adequada no sentido de aplicação da multa poderá, em tese, dar causa à cobrança. Recurso provido, com observação. (*TJSP* – AC 1009530-31.2017.8.26.0223, 27.04.2020, Lino Machado).

CAPÍTULO 10
LEI GERAL DE PROTEÇÃO DE DADOS E O CONDOMÍNIO. PORTARIA REMOTA

Sumário: 10.1 Introdução. 10.2 A inteligência artificial no condomínio – Portaria remota.

10.1 INTRODUÇÃO

A Lei Geral de Proteção de dados, Lei 13.709/18 afeta diferentes setores e serviços, incluindo todos os cidadãos individualmente, empresas, órgãos governamentais, não deixando de fora, portanto, entes com personalidade anômalas, como os condomínios.

Esta lei regula situações que compreendem da publicidade à tecnologia de compras *online*, redes sociais, hospitais, bancos, escolas, teatros, hotéis e órgãos públicos, todos que coletam dados de indivíduos.

Na definição do conceito de dados pessoais, esta lei estabelece de maneira clara o que são dados pessoais no art. 5º, I, estabelecendo que, há alguns desses dados sujeitos a cuidados ainda mais específicos, como os sensíveis, e os dados de crianças e adolescentes, e que, tanto dados coletados em meios físicos como nos meios digitais estão sujeitos à sua regulação.

Assim a Lei de Proteção de Dados tem como finalidade e necessidade precípua o tratamento de dados pessoais, com informação prévia, tendo o consentimento como base para que possa ocorrer o tratamento e controle de dados de pessoas. A exceção ao consentimento prévio, se dá se houver necessidade de cumprimento de critérios legais estabelecidos pela própria lei, conforme disposição do art. 7º, II.

Além disso, em análise desta lei vemos que entre os princípios que norteiam as atividades de tratamento de dados pessoais está a responsabilização e prestação de contas, ou seja, mediante demonstração, pelo agente, da adoção de medidas eficazes e capazes de comprovar a observância e o cumprimento das normas de proteção de dados pessoais e, inclusive, da eficácia dessas medidas, conforme art. 6º, X.

O art. 6º, VII, da LGPD estabelece o princípio da segurança, situação que comumente pode ser afeta ao condomínio, principalmente no quesito de monitoramento de segurança:

VII – segurança: utilização de medidas técnicas e administrativas aptas a proteger os dados pessoais de acessos não autorizados e de situações acidentais ou ilícitas de destruição, perda, alteração, comunicação ou difusão.

Neste sentido a gestão de banco de dados deve ser transparente, demonstrando uma gestão de riscos e falhas, pois se ocorrer vazamentos de dados os indivíduos afetados devem ser avisados desse vazamento de dados.

O cadastro de moradores, locadores e visitantes de um condomínio pode assumir proporções enormes dependendo da abrangência da comunidade condominial, situação que implicará na gestão de dados individuais com responsabilidade, razão pela qual deve esse estabelecer gestão de riscos e falhas dessa coleta de dados. Além disso, a convenção do condomínio deve prever a gestão da atividade de controle e consentimento de coleta de dados. Outra questão que aflora aqui é a utilização das unidades condominiais por custos espaços de tempo, como nos planos chamados AIRBNB e similares.

Pela mais forte razão, a Lei Geral de Proteção de Dados aplica-se a *qualquer* operação de coleta de dados e tratamento realizada por pessoa natural ou por pessoa jurídica de direito público ou privado, independentemente do meio, do país de sua sede ou do país onde estejam localizados os dados (art. 3º), prevendo essa responsabilidades, administrativa e civil, para as pessoas físicas e jurídicas, públicas e privadas, que tratem de dados sensíveis das pessoas naturais, com penalidades rígidas e multas pesadas.

Desta forma, podemos entender por tratamento de dados, como toda operação realizada com dados pessoais, referentes a coleta, produção, recepção, classificação, utilização, acesso, reprodução, transmissão, distribuição, processamento, arquivamento, armazenamento, eliminação, avaliação ou o controle da informação, modificação, comunicação, transferência, difusão ou extração.

Quanto aos dados pessoais, esses são todos os relacionados à pessoa natural identificada ou identificável, inclusive números identificativos, dados locacionais ou identificadores eletrônicos quando estes estiverem relacionados a uma pessoa, ou seja, moradores ou não, que serão identificados pelo sistema de controle do condomínio terão seus dados coletados sob responsabilidade deste e para uso do mesmo, visando a segurança de todos e patrimonial.

A Lei 13.709/18, sem dúvidas, procura estabelecer cenário de segurança jurídica válido em todo território nacional, não importando se o centro de dados contratado para coleta e controle está localizado fora do país, assinalando uma abrangência extraterritorial.

10.2 A INTELIGÊNCIA ARTIFICIAL NO CONDOMÍNIO – PORTARIA REMOTA

Novas tecnologias de segurança têm alcançado também os condomínios, sejam estes de pequeno ou grande porte.

A introdução dessas tecnologias no condomínio, em prol da segurança da comunidade condominial, objetiva principalmente reduzir a vulnerabilidade de portarias e porteiros, como também, o compromisso e responsabilidade de todos os moradores no controle do seu acesso na unidade condominial.

Entre as soluções tecnológicas muito utilizadas, está a portaria remota, que aparece como solução tecnológica inovadora de segurança condominial, permitindo o controle de acesso de visitantes e prestadores de serviços à distância, por meio de central de monitoramento. Em muitas situações portarias remotas localizadas até fora do país, controlam acessos a condomínios em diversas localidades do território nacional.

CAPÍTULO 10 • LEI GERAL DE PROTEÇÃO DE DADOS E O CONDOMÍNIO. PORTARIA REMOTA **153**

Trata-se assim, da automação da vigilância em condomínios residenciais e de outras naturezas, de pequeno ou grande porte, reduzindo a vulnerabilidade de porteiros e condôminos, restringindo o contato pessoal bem como procurando reduzir falhas humanas, e, a longo ou médio prazo, trazendo economia e maior eficiência para o condomínio.

O circuito de câmeras de vigilância e o sistema de voz do local, por exemplo, devem estar integrados a um software de controle, e todo esse sistema envolve o gerenciamento de dados pessoais, que está sob regulamentação no nosso ordenamento pela Lei 13.709/18.

Pela dicção dessa lei a automatização nos moldes necessários à comunidade condominial pode ocorrer com autorização, o consentimento previsto na lei, que garante ao indivíduo que ele pode solicitar que dados sejam deletados ou alterados, ou mesmo, que seu consentimento dado seja depois revogado ou transferido para outro fornecedor de serviços, entre outras ações possíveis. A convenção ou assembleia dos condôminos deve autorizar esse procedimento, incluindo-o no regulamento interno, para maior segurança jurídica.

Se um morador locatário de um condomínio revoga um consentimento de uso de seus dados pessoais em portaria remota, por situação de mudança de endereço, ou mesmo se solicita a transferência de dados para outros bancos de dados, este deve ser feito levando em consideração quesitos de necessidade e finalidade. Ainda, o indivíduo deve ser informado que pode intervir, pedindo revisão de dados coletados de forma automatizada, se da leitura dele entender que não reflete sua personalidade, e a toda esta análise o controlador do banco de dados deve ter ciência.

A convenção condominial ou as futuras assembleias dos condôminos deve estar atenta a esse diploma legal recente ainda, sem paradigma jurisprudencial. O que de fato resta evidente é que, a gerência da base de dados pessoais requer normas de governança, adoção de medidas preventivas de segurança e boas práticas e certificações existentes no mercado.

Se ocorrer, por exemplo, vazamento de dados, a Autoridade Nacional de Proteção de Dados Pessoais (ANPD) e os indivíduos afetados devem ser imediatamente avisados, uma vez que todos os agentes envolvidos sujeitam-se à lei.

Dessa forma, todos, inclusive subcontratados para tratar dados respondem em conjunto pelos danos causados, e falhas de segurança podem gerar multas de até 2% do faturamento anual da organização no Brasil – e no limite de R$ 50 milhões por infração, que, não sabemos como será esta aplicação se estendida à comunidade condominial. A autoridade nacional (ANPD) fixará níveis de penalidade segundo a gravidade da falha, e certamente regulamentará sua aplicação.

Certamente teremos dúvidas a resolver com a aplicação a nova norma, mas um desafio para os legisladores e intérpretes do universo condominial. Aqui apenas deixamos e apontamos as primeiras noções, aguardando a aplicação da nova legislação.